Verhaltensmodifikation

Diagnostik · Beratung · Therapie

herausgegeben von

Hanko Bommert
Stefan Schmidtchen

Hanko Bommert
Ulf Plessen

Psychologische Erziehungsberatung

Verlag W. Kohlhammer
Stuttgart Berlin Köln Mainz

CIP-Kurztitelaufnahme der Deutschen Bibliothek

Bommert, Hanko:
Psychologische Erziehungsberatung / Hanko Bommert; Ulf Plessen.
Stuttgart, Berlin, Köln, Mainz: Kohlhammer, 1978.
  (Verhaltensmodifikation)
  ISBN 3-17-004890-2
NE: Plessen, Ulf.

Alle Rechte vorbehalten
© 1978 Verlag W. Kohlhammer GmbH
Stuttgart Berlin Köln Mainz
Verlagsort: Stuttgart
Umschlag: hace
Gesamtherstellung: W. Kohlhammer GmbH
Grafischer Großbetrieb Stuttgart
Printed in Germany

Inhaltsverzeichnis

Vorwort 7

Der Prozeß psychologischer Erziehungsberatung 9

1. *Theoretische Grundlagen psychologischer Erziehungsberatung* 12
1.1. Beratung aus psychoanalytischer Sicht 14
1.2. Beratung aus gesprächspsychotherapeutischer Sicht 19
1.3. Beratung aus verhaltenstherapeutischer Sicht 25
1.4. Ähnlichkeiten und Unterschiede 29

2. *Ein Prozeßmodell psychologischer Erziehungsberatung* ... 32
2.1. Strukturschemata klinisch-psychologischer Arbeit 33
2.2. Prozeßmodell psychologischer Erziehungsberatung 36

Der diagnostische Urteilsprozeß 49

1. *Das diagnostische Vorgehen beeinflussende Faktoren* 50
2. *Modelle für den diagnostischen Urteilsprozeß* 53
2.1. Der deskriptiv-explanative Ansatz 54
2.2. Der normative Ansatz 62
2.3. Vergleich der Modelle für den diagnostischen Urteilsprozeß 64
3. *Konsequenzen für die diagnostische Praxis* 67

Veränderungsbereiche und Veränderungselemente 74

1. *Veränderungsbereich Beziehung* 84
1.1. Der Bereich des Gesprächs 92
1.2. Der Bereich der Konfliktbearbeitung 102

2. *Veränderungsbereich Verhalten* 108
2.1. Aufbau von Verhalten 114
2.2. Abbau von Verhalten 120
2.3. Regelsteuerung von Verhalten 124

2.4. Eigensteuerung von Verhalten 128

3. *Veränderungsbereich Selbsterfahrung* 134
3.1. Problemorientierte Selbsterfahrung 136
3.2. Praxisbeispiele problemorientierter Selbsterfahrung 142

4. *Integration und Indikation* 146

Fall - Beispiel 154

Literatur 167

Autorenregister 176

Sachregister 179

Vorwort

Der Anstoß zur Konzeption des vorliegenden Buches ergab sich für uns im wesentlichen aus den Überlegungen und Erfahrungen, die wir im Kontext der Ausbildung von Beratern des Praxisfeldes Erziehungsberatung realisieren konnten; so beschäftigt sich das Buch mit theoretischen und praktischen Problemen aus diesem Bereich. Es wird dabei angezielt, die praktische Arbeit im Feld der Erziehung effektiver zu gestalten und zu einer befriedigenderen Lösung von sich dort ergebenden Problemen beizutragen.
Das ständige Ineinandergreifen von theoretischen Überlegungen, praktischem Handeln und kritischer Reflexion und Evaluation hat dabei im Laufe der Zeit ein Konzept entstehen lassen, das sich in mehreren Kernpunkten von herkömmlichen Ansätzen in der Erziehungsberatung unterscheidet:

– Erstens wird die Beratungstätigkeit im Sinne eines Prozeßmodells verstanden, das von einem fortlaufenden Ineinandergreifen verschiedenster Prozesse und Methoden der Informationserhebung und -verarbeitung, der Zieldefinition, des Einsatzes von Modifikationselementen und der Evaluation gekennzeichnet ist. Erziehungsberatung wird damit als – unabhängig von der Einzelproblematik – formal darstellbarer, d. h. transparent zu machender Prozeß aufgefaßt.
– Zweitens wird die grundsätzliche Eigenverantwortlichkeit der Klienten für sich und die Lösung ihrer Probleme betont. Der Berater wird dabei als unterstützende Person verstanden, deren helfende Maßnahmen kein Ersatz für verantwortliche Eigenaktivität der Klienten sein können und sollen. Vielmehr wird angesteuert, daß die Klienten möglichst frühzeitig wieder ohne Hilfe des Beraters auskommen.
– Drittens wird davon ausgegangen, daß die Entstehung und Behandlung von Problemen als in einem Feld sozialer Bedingungen eingebettet zu sehen ist, und daraus u. a. gefolgert, daß Veränderungsprozesse nicht einseitig in Richtung der Kinder und Jugendlichen vorzunehmen sind, sondern Erzieher in die Problem- und Zieldefinition einbezogen werden müssen.
– Viertens wird die Auffassung vertreten, daß die ausschließliche Orientierung an einer der herkömmlichen, orthodoxen »Schulen« der Beratungstätigkeit mit einer Einschränkung praktischer Hilfsmöglichkeiten einhergeht, die es durch einen problemorientierten Einsatz von Interventionselementen unterschiedlicher »Schulen« zu überwinden gilt. Dabei kann eine Trennung zwischen »beratender«

und »therapeutischer« Tätigkeit den praktischen Anforderungen im Erziehungsfeld nicht gerecht werden.

Wir gehen dabei davon aus, daß eine Vielzahl der dabei dargestellten Gedanken und praktischen Vorschläge nicht auf den Bereich der Psychologischen Erziehungsberatung beschränkt zu sehen ist, sondern auf andere Teildisziplinen der psychosozialen Versorgung (z. B. andere Formen und Felder der Beratung und Therapie) übergreift.
Die beiden ersten Abschnitte des Buches befassen sich mit grundlegenden theoretischen Gesichtspunkten und deren Einfluß auf die praktische Beratungsarbeit. Die Abschnitte drei und vier geben eine Darstellung von für den Bereich der Erziehungsberatung wesentlichen praktischen Interventionen und deren integrierter Einsatzmöglichkeit.

Das Buch wendet sich zunächst an Personen, die beruflich im Feld der Beratung in der Erziehung tätig sind (z. B. Pädagogen, Psychologen, Soziologen, Sozialarbeiter u. ä. m.) und versucht, diesem Personenkreis sowohl bei der täglichen Praxisarbeit als auch bei deren Reflexion und Einordnung neue Denkanstöße und praktische Hinweise zu geben.
Wir haben uns aber bemüht, die Darstellung so zu gestalten, daß über diesen Personenkreis hinaus auch engagierte Erzieher Anregungen zur Gestaltung und Veränderung praktischer Erziehungssituationen mitnehmen können.

Münster, im April 1978 *Hanko Bommert*
 Ulf Plessen

Der Prozeß psychologischer Erziehungsberatung

Es wird ein Prozeßmodell vorgestellt, das sich aus der Analyse der notwendigen Beratungsschritte und ihrer funktionalen Abhängigkeiten ergibt. Dazu werden zunächst die Begriffe »Beratung« und »Therapie« bzw. »Beratung« und »Erziehungsberatung« genauer definiert. Drei theoretische Ansätze, die heute von wesentlicher Bedeutung für die Erziehungsberatung sind (Psychoanalyse, Gesprächspsychotherapie und Verhaltenstherapie), werden in ihren für den Beratungsprozeß bedeutsamen Grundlagen und den sich daraus für das praktische Vorgehen ergebenden Konsequenzen dargestellt. Es wird aufgezeigt, daß keine der drei Theorien allein zur Konstruktion eines praktikablen Modells psychologischer Erziehungsberatung ausreichend ist; vor allem ergibt sich, daß die Ausrichtung an einem einzigen Modell zu einer zu großen Einschränkung der beraterischen Handlungsmöglichkeiten führt.

Im täglichen Sprachgebrauch enthält der Begriff »Beratung« eine Reihe unterschiedlicher Bedeutungen; ihr einziger gemeinsamer Nenner besteht im Grunde darin, daß eine einzelne Person bzw. eine Gruppe von Personen einem Gesprächspartner bzw. einer Gruppe von Gesprächspartnern zu bestimmten, problematischen Fragen Ratschläge oder Empfehlungen erteilen. Solche Gespräche können mit unterschiedlichen Intentionen geführt werden (vgl. z. B. Duhm 1965): Besteht die Beratung eher in der Vermittlung von Informationen, so soll dem Beratenen meist aufgrund der vermittelten Informationen eine eigene Entscheidungsfindung ermöglicht werden. Andere Arten von Beratungsgesprächen können dagegen zum Ziel haben, daß der Beratene die vom Berater für richtig gehaltenen Entscheidungen möglichst auch für sich selbst übernimmt.

Beratungen im Sinne einer spezifisch *psychologischen Beratung* werden u. a. in der Berufs-, Bildungs-, Ehe-, Erziehungs-, Familien-, Lebens-, Schul- oder Sexualberatung durchgeführt; doch läßt sich aus einer solchen Aufzählung verschiedener Praxisbereiche noch keine Begriffsbestimmung der »psychologischen Beratung« ableiten. Soll diese nicht nur auf sehr stark verallgemeinerte Beschreibungen der äußeren Situation beschränkt bleiben, z. B.

»Beratung vollzieht sich als ein Phänomen sozialer Interaktion zwischen einem Menschen, der berät, und einem Menschen, der beraten wird.« (Schubenz 1968, S. 1),

bietet es sich zunächst an, von den Zielen psychologischer Beratung auszugehen.
Diese können z. B. darin liegen,

»dem Gesprächspartner die Voraussetzung zur Änderung von Verhaltensweisen, Gewohnheiten und Einstellungen zu verschaffen; zur Lösung emotionaler Konflikte, zur Verarbeitung von Spannungen und Ängsten beizutragen; ihm zur Realisierung blockierter Fähigkeiten, zur Verbesserung von Arbeitstechniken und zur Anpassung des Selbstbildes an die Realität zu verhelfen.« (Duhm 1965, S. 223).

Lüders (1974, S. 11) sieht als Ziel:

»Durch psychotherapeutische Beratung soll Verhalten geändert werden; nicht irgendein Verhalten, sondern das gestörte, das symptomatische Verhalten.«

In der amerikanischen Literatur wird häufig als Ziel die Einleitung eines Lernprozesses beim Klienten in den Vordergrund gestellt: Beratung (›counseling‹) wird definiert als

»a learning process designed to increase adaptive behavior and to decrease maladaptive behavior« (Dustin & George 1973, S. 7); bzw.
»Counseling is a learning process in which individuals learn about themselves, their interpersonal relationships, and behaviors that advance their personal development.« (Shertzer & Stone 1976, S. 162).

Eine andere Möglichkeit zur Begriffsbestimmung liegt in der Abgrenzung von ähnlichen Begriffen. Die meisten Berater wissen sicher genau, was sie unter »Beratung« und »Psychotherapie« verstehen, bis sie versuchen, beide voneinander zu unterscheiden – vgl. Shertzer & Stone (1976). Das ist zum einen sicher in den ähnlichen Zielen von Beratung und Therapie begründet; andererseits müssen aber umfassende Bestimmungen beider Begriffe so allgemein gehalten werden, daß dann keine Differenzierung zwischen ihnen mehr möglich ist.*

Rogers (1976) geht bei seinem Versuch, die Stellung der Beratung zu definieren, u. a. auch von der äußeren Tatsache aus, daß hier versucht wird, durch »Interviews« bestimmte Ziele zu erreichen.

»Für diese Interviews gibt es verschiedene Bezeichnungen. »Behandlungs-Interview« ist ein einfacher und anschaulicher Begriff. Der Terminus »Beratung« wird besonders im pädagogischen Bereich immer häufiger benutzt. Kontakte mit dem Ziel der Heilung und Wiederherstellung kann man als »Psychotherapie« bezeichnen; dieser Terminus wird meistens von Psychologen und Psychiatern verwendet. Im vorliegenden Buch werden alle diese Bezeichnungen mehr oder weniger austauschbar verwandt werden, und zwar weil sie sich alle auf die gleiche grundlegende Methode beziehen — auf eine Reihe direkter Kontakte mit dem Individuum, die darauf abzielen, ihm bei der Änderung seiner Einstellungen und seines Verhaltens zu helfen.« (Rogers 1976, S. 17).

Demgegenüber betonen Jacobi & Bastine (1977), indem sie die Ansätze und Zielsetzungen von Beratung und Psychotherapie einander gegenüberstellen, als Unterschied: Psychotherapie setze meist bei

---

* Im amerikanischen Sprachgebrauch sind »guidance«, »counseling« und »psychotherapy« zu unterscheiden, während im Deutschen eigentlich nur die Begriffe »Beratung« und »Therapie« von Bedeutung sind. Eine Differenzierung zwischen »guidance« und »counseling« würde den deutschen Verhältnissen nicht entsprechen; daher werden ggf. beide Begriffe synonym mit »Beratung« übersetzt.

schwierigeren, länger andauernden und komplexeren Problemen an und ihr Schwerpunkt liege in der Behandlung bereits aufgetretener Probleme; dagegen erfolge Beratung häufig in aktuellen Krisensituationen bzw. sie sei eher präventiver Art. – Andere Unterscheidungen zwischen diesen beiden Begriffen finden sich z. B. bei Arbuckle (1970), Lewis (1970), Patterson (1969, 1973) oder Scheller & Heil (1977).
Es zeigt sich jedoch durchgängig, daß etwa bestehende Unterschiede überzeichnet werden müssen, um überhaupt zwischen den Begriffen differenzieren zu können. Hier wird deutlich, daß eine Abgrenzung intensiver und erfolgreicher Beratung von intensiver und erfolgreicher Psychotherapie nicht möglich ist - vgl. Rogers (1976). Wenn dennoch die Begriffe »Beratung« und »Psychotherapie« hier nicht immer synonym gebraucht werden, so entspricht dies einer Konzession an den derzeitigen Sprachgebrauch. Dabei ist es u. E. noch am sinnvollsten, als Unterscheidungsmerkmal die zeitliche Dauer der beratenden/behandelnden Maßnahmen heranzuziehen: Maßnahmen, die in kürzeren Zeitabschnitten erfolgreich abgeschlossen werden, können dann als *Beratung* und alle länger andauernden Maßnahmen als *Psychotherapie* bezeichnet werden.
Beim Versuch, den engeren Begriff »psychologische *Erziehungsberatung*« genauer zu bestimmen, ergeben sich dann ähnliche Definitionsschwierigkeiten. Ein Überblick ergibt, daß trotz zahlreicher Veröffentlichungen (z. B. Ertle 1976; Koblank 1967; Pfistner 1968; Siegfried 1969) bis heute keine präzise Definition dieses Begriffes in der Literatur aufzufinden ist – vgl. auch Keil (1975). Beschränkt sich die Begriffsbestimmung zunächst deskriptiv auf Aufgaben und Ziele der Erziehungsberatung, sind als wesentliche Aufgabenbereiche anzuführen – vgl. Bundeszentrale für gesundheitliche Aufklärung (1975), Keil (1975):
– Die Abklärung und Festlegung von Verhaltensauffälligkeiten, Erziehungsschwierigkeiten und Entwicklungsstörungen einschließlich der zugrundeliegenden Bedingungen unter Berücksichtigung ihrer psychischen, physischen und sozialen Faktoren.
– Die Veranlassung oder Durchführung der notwendigen Maßnahmen zur Behebung der festgestellten Auffälligkeiten; damit schließen diese Maßnahmen die Durchführung der notwendigen Beratungen von Kindern, Jugendlichen und Eltern sowie anderen beteiligten Personen oder Institutionen ein und umfassen auch die Durchführung der erforderlichen Behandlungen durch entsprechende Therapieformen oder pädagogische Maßnahmen.
– Die Mitwirkung im Bereich vorbeugender Maßnahmen gegen Erziehungsfehler.
Beratung bedeutet allgemein die wissenschaftlich fundierte Klärung und Beeinflussung individuellen menschlichen Verhaltens mit dem

Ziel der Behandlung und Prophylaxe von Fehlentwicklungen. Dazu werden wissenschaftliche Erkenntnisse der Psychologie, Soziologie, Medizin oder Pädagogik in der Praxis genutzt.
Psychologische Erziehungsberatung ist dann als Sonderfall psychologischer Beratung bezogen auf die umschriebene Klientengruppe von Kindern, Jugendlichen und Eltern/Erziehern anzusehen. Im Sinne der oben vorgenommenen Definition von psychologischer Beratung umfaßt sie alle aus psychologischer Sicht notwendigen Maßnahmen; sie kann selbstverständlich auch eine länger andauernde Behandlung ausmachen und damit zur eher quantitativ abgegrenzten »Psychotherapie« werden.

1. Theoretische Grundlagen psychologischer Erziehungsberatung

Aus dem Anspruch der Erziehungsberatung, wissenschaftlich fundiert vorzugehen, muß sich u. a. ableiten lassen, daß die Anweisungen für das praktische Vorgehen in der Beratung aus einer entsprechenden übergeordneten Theorie entwickelt werden können. Es zeigt sich aber, daß kein allseits anerkannter theoretischer Ansatz vorhanden ist, sondern daß eine Fülle unterschiedlicher Standpunkte bestehen – vgl. z. B. Ertle (1976), Scheller & Heil (1977), Shertzer & Stone (1976). Dabei handelt es sich aber zumeist nicht um theoretische Grundlagen speziell psychologischer Erziehungsberatung, sondern um allgemeinere Ansätze beratenden/behandelnden Vorgehens.
Cunningham & Peters führen bereits 1973 in ihrer Übersicht etwa vierzig unterschiedliche Theorien der Beratung an. Heute (vgl. auch Kovel 1977) können als Beispiele für verschiedenartige Ansätze ohne den Anspruch eines repräsentativen Querschnitts u. a. genannt werden:
Die Bioenergetik nach Lowen (1967), die Daseinsanalyse von Binswanger (1955), Developmental Counseling (Blocher 1965), Ego-Analyse nach Rapaport (1960), Gestalt-Therapie (Perls 1974), die Individual-Psychotherapie von Adler (1965), die Klientenzentrierte Gesprächspsychotherapie von Rogers (1973), Kommunikationstheoretische Ansätze (Watzlawik, Beavin & Jackson 1969), Frankls Logotherapie (1961), die Neopsychoanalyse von Horney (1975) oder Sullivan (1953), die Psychoanalyse nach S. Freud (1938), die Rational-emotive Psychotherapie von Ellis (1977), Glassers Realitätstherapie (1972), die sozialpsychologische Analyse nach Fromm (1954), die Transaktionsanalyse von Berne (1975) oder die vielfältigen Ansätze verhaltenstherapeutischen Vorgehens, wie sie sich etwa mit den Namen Eysenck (1960), Kanfer & Phillips (1975), Krumboltz (1966), Lazarus (1978), Meichenbaum (1977), Rotter (1954), Skinner (1973) oder Wolpe (1974) verbinden lassen.

Entsprechende Ordnungsversuche können z. B. von der zugrundeliegenden Persönlichkeitstheorie (etwa Gestalttheorie, Lerntheorie, Psychoanalyse, »trait-and-factor«-Ansatz u. a.) ausgehen. Unter einem anderen Gesichtspunkt ist eine Strukturierung mit Hilfe eines Paradigmas aus der Philosophie möglich – vgl. Barclay (1968): das Schema wird durch die beiden bipolaren Achsen »Existenz (a posteriori Entwicklung)« vs. »Essens (a priori Struktur)« und »Objekt (äußere Realität)« vs. »Subjekt (innere Realität)« bestimmt.

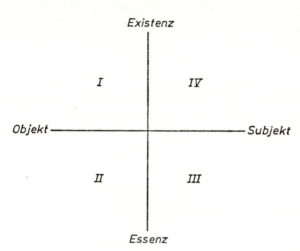

Abb. 1: Ein zweidimensionales Schema zur Einordnung unterschiedlicher Theorien der Beratung – vgl. Barclay (1968).

Der Quadrant I des Schemas (vgl. Abb. 1) umfaßt Ansätze, die von der Wahrnehmung der äußeren Realität ausgehen und nicht durch a priori – Annahmen über die Natur dieser Realität eingeschränkt sind; hier sind vor allem die verhaltenstherapeutischen Vorgehensweisen angesiedelt. Im II. Quadranten steht wiederum die äußere Realität im Vordergrund, doch bestehen a priori – Annahmen über ihre Struktur: dem entsprechen etwa die Annahmen einer rationalen Psychotherapie.
In den beiden rechten Quadranten richten sich die Grundannahmen auf das Subjekt, die innere Realität. In Beratungstheorien, wie sie etwa in den III. Quadranten einzuordnen sind, wird die Natur des Menschen und seine psychische Struktur als determiniert angesehen: hier können vor allem Psychoanalyse, Neoanalyse und Daseinsanalyse genannt werden. Als Beispiel für Ansätze, die dem Quadranten IV entsprechen, kann die klientenzentrierte Gesprächspsychotherapie angesehen werden: ihre Annahmen richten sich auf die innere Reali-

tät des Menschen und gehen von einem existentialistischen Ansatz aus. Von wesentlicher praktischer Bedeutung sind derzeit jedoch immer noch nur drei größere Theorien (vgl. Junker 1977; Wild-Missong & Teuwsen 1977), mit denen etwa drei der vier Felder des Ordnungsschemas abgedeckt werden können: Verhaltenstherapie (I), Gesprächspsychotherapie (IV) und Psychoanalyse (III).

Von einigen Autoren wird in neuerer Zeit der »trait-and-factor«-Ansatz als theoretische Grundlage für psychologische Beratung angeführt (L. R. Martin 1975; Scheller & Heil 1977). Dieser Ansatz wird hier jedoch nicht weiter verfolgt, da er zumindest im deutschsprachigen Bereich heute kaum praktische Bedeutung hat, vor allem aber, weil sich aufgrund dieses Ansatzes kein größeres Spektrum von Modifikationsmöglichkeiten zugunsten des Klienten ergibt.

Die drei ausgewählten Theorien werden in der Reihenfolge ihrer Entstehung (Psychoanalyse, Gesprächspsychotherapie, Verhaltenstherapie) kurz dargestellt. Dabei geht diese Darstellung von allgemein akzeptierten und damit eher etwas orthodox anmutenden Grundlagen der drei Theorien aus und das auch nur in dem Maße, wie es in etwa hilfreich zum Verständnis der daraus ableitbaren Konsequenzen der beraterischen Praxis sein kann. In diesem Kontext ergeben sich als Schwerpunkte der Darstellung (vgl. etwa auch Cunningham & Peters 1973) jeweils die historische Entwicklung, Menschenbild, Persönlichkeitstheorie und Ziele des einzelnen Konzepts, das daraus für den Beratungsprozeß ableitbare Modell sowie die Konsequenzen für die beraterische Praxis.

1.1. Beratung aus psychoanalytischer Sicht

Historisch betrachtet (vgl. z. B. Menninger & Holzman 1977) geht die Psychoanalyse von Leiden besonderer Art und unklarer Genese aus (Becker 1975), die ursprünglich mit dem Begriff Hysterie bezeichnet wurden, und dann unter dem weiteren Begriff der Neurose zusammengefaßt sind. Vor Freud war die Geschichte der Neurose vor allem auch eine Geschichte der Hysterie, wobei Hysterie letztlich auf mangelnde sexuelle Befriedigung zurückgeführt wurde – vgl. Pongratz (1973).

Die systematische Erforschung der Hysterie ist lange Zeit mit dem Namen Charcot verbunden, als dessen Schüler Freud im Jahre 1885 in Paris weilte. Charcots Definition der Hysterie enthält bereits die beiden wichtigen Momente, die später auch in den Freudschen Neurosebegriff eingehen: den traumatischen Ursprung und den Faktor der Unbewußtheit.

Vor allem aufgrund der Erfahrungen, die Freud zusammen mit Breuer bei der hypnotischen Behandlung der Hysterie machte, ergab sich die erfolgreiche Entdeckung, Hypnose nicht mehr wie bisher zur suggestiven Zudeckung der Symptome zu benutzen, sondern mit ihrer Hilfe im Sinne des Aufhellens hinter die Symptome zu sehen und die Ursachen der Erkrankung anzugehen — vgl. Freud (1895).

Eine Vorstufe zur Psychoanalyse ist in Freuds »kathartischer Methode« zu sehen, die eine reinigende, intensive Affektäußerung in Verknüpfung mit der Erinnerung an bislang unterdrückte Erinnerungen bedeutet; die Begriffe »kathartische« und »analytische« Methode werden von Freud bis 1905 noch synonym benutzt – vgl. Bekker (1975); Hämmerling-Balzert (1978). Trotz der zumindest kurzzeitigen positiven Wirkung des Abreagierens führten die Unzulänglichkeiten bei der Anwendung der hypnotischen Katharsis Freud (1905) zu einer Änderung seines Vorgehens: die Patienten wurden nun aufgefordert, sich in wachem Zustand bei ihren Erinnerungen »gehen zu lassen«. Seitdem ist die »freie Assoziation« ein wesentlicher Bestandteil der psychoanalytischen Standardtechnik geblieben – vgl. Freud (1938).
Abwandlungen von der ursprünglichen Standardtechnik ergaben sich z. B. aus der Notwendigkeit, bei der psychoanalytischen Behandlung von Kindern auf die freie Assoziation verzichten zu müssen. Dabei mißt Klein (1932) den Elementen kindlichen Spiels die gleiche Bedeutung zu wie den freien Assoziationen bei erwachsenen Patienten; bei A. Freud (1973) sind es Träume, Phantasien, Zeichnungen und ähnliches. Auch wurden Abwandlungen bei der Behandlung von Psychosen – vgl. Fromm-Reichmann (1959), Rosen (1964) notwendig oder ergaben sich aus der Forderung nach einer verkürzten Behandlungszeit; hier sind vor allem die Arbeiten von Alexander & French (1946) oder Balint (1957) anzuführen. Als Beispiele für therapeutisches Vorgehen mit Patientengruppen können etwa die Arbeiten von Bion (1970), Foulkes & Anthony (1965), Heigl-Evers (1972) oder Slavson (1950) genannt werden. – Gänzlich andere Abwandlungen der Psychoanalyse beziehen sich nicht auf die ursprüngliche Standardtechnik, sondern auf Veränderung der psychoanalytischen Theorie; hier sind u. a. Adler (1965) und Jung – vgl. Jacobi (1959), aber auch Fromm (1954), Horney (1975) oder Schultz-Hencke (1951) zu nennen.
Das *Menschenbild* der Psychoanalyse ergibt sich vor allem aus der ihr zugrundliegenden *Persönlichkeitstheorie*. Freuds häufig mißverstandener Begriff der »Überdeterminierung« des Seelischen bezieht sich dabei nicht auf das philosophische Problem der Willensfreiheit, sondern geht von einer mehrfachen Determinierung desselben seelischen Effektes aus. Für die Persönlichkeitsentwicklung des Einzelnen bedeutet dies ein Zusammenwirken von konstitutionellen mit erlebnismäßigen Faktoren.
Die Konfliktdynamik als zentraler Punkt der Persönlichkeitstheorie von Freud (1923) schlägt sich im Modell der Persönlichkeitsstruktur nieder, das sich in die funktionalen Bereiche des »Es«, »Ich« und »Überich« gliedert. Dabei ist das Ich die zentrale Instanz, die einerseits allein die Verbindung zur Außenwelt aufrechterhält, auf der an-

deren Seite aber den Anforderungen von Es und Überich ausgesetzt ist. Das Ich ist die integrierende und adaptierende Einheit, während das Es als Sammelbegriff aller triebhaften Tendenzen und das Überich als die moralische Forderungen stellende Instanz anzusehen ist.
In der Persönlichkeitsentwicklung des Individuums sind aufgrund seiner Einbettung in das soziale Umfeld eine Reihe typischer Konfliktsituationen vorgegeben, unter denen die »ödipale Konstellation« als Beziehung des Kindes zu beiden Elternteilen einen besonderen Platz einnimmt – vgl. Becker (1975). Für die Entstehung der Neurosen ist die Entwicklung innerer Konflikte von besonderer Bedeutung; dies gilt vor allem für mißglückte Lösungsversuche in der Kindheit. Bei den am Patienten zu beobachtenden Symptomen handelt es sich dann um das Ergebnis einer mißglückten Abwehr konfliktbedingter Inhalte des Es, die vom Ich nicht verarbeitet werden können – vgl. »Das Ich und die Abwehrmechanismen«, A. Freud (1946).
Psychoanalytiker sehen das *Ziel* einer analytischen Therapie oft als erreicht an, wenn sich die Arbeits- und Liebesfähigkeit des Patienten innerhalb normaler Grenzen relativ verbessert hat und wenn seine neurotische Misere auf ein »normales Unglücksichsein« reduziert ist. Es geht also nicht nur um die Beseitigung von einzelnen Symptomen, sondern um die Reorganisation der gesamten Persönlichkeit – vgl. Menninger & Holzmann (1977). In der psychoanalytischen Begriffswelt bedeutet das: die Energien des Es müssen mobiler, das Überich muß toleranter und das Ich angstfreier werden – vgl. Ruffler (1958). Das bedeutet u. a.: Aufdeckung verborgener Traumata, adäquate Bewältigung der Entwicklungsphasen, emotionale Reife, Integration und Selbstverwirklichung, Möglichkeit zur Wiederaufnahme persönlicher Beziehungen.
Insgesamt soll der Klient zu einer autonomen Persönlichkeit werden, die lebenstüchtig ist und sich kritisch mit ihren Schwierigkeiten auseinandersetzt. Heilung kann als Selbstentfaltung verstanden werden. Die Beseitigung des Leidensdruckes erfolgt durch die Auffindung der Ursachen und nicht durch die Behandlung des Symptoms. Dem Patienten wird die soziale Anpassung ermöglicht, und er erkennt, daß nicht nur er persönlich Schwierigkeiten hat, sondern auch die »normalen« Menschen in seiner Umgebung.

Der *Prozeß* der psychoanalytischen Behandlung wird einerseits durch die »psychoanalytische Grundregel« als Arbeitsvoraussetzung für den Patienten, sowie durch die »Abstinenzhaltung« des Analytikers bestimmt.
Der Patient ist der psychoanalytischen Grundregel verpflichtet, nach der er nicht nur alles mitteilen soll, was er absichtlich und gerne sagt, sondern auch alles andere, was ihm seine Selbstbeobachtung liefert, was ihm in den Sinn kommt, auch wenn es ihm unangenehm, unwich-

tig oder unsinnig erscheint – vgl. Freud (1938). Sinn dieser Regel ist es, die bewußten Absichten und Ziele des Patienten auszuschalten, damit umso leichter unbewußte und irrationale Impulse zutage treten können. Der Klient lernt begreifen, daß er sich von ihm selbst abgelehnte Regungen eingestehen darf, ohne sich deshalb gleich verurteilen oder als schlechter Mensch fühlen zu müssen. Er befindet sich damit in einer für ihn neuartigen und einmaligen Beziehung zu einem anderen Menschen. Er macht neue Erfahrungen und kommt deshalb mit seinen alten Verhaltensweisen nicht mehr aus; damit wird er zu einer inneren Umstellung veranlaßt.

Das Gegenstück zur analytischen Grundregel ist auf der Seite des Analytikers die Abstinenzhaltung. Der Analytiker muß in der Lage sein, ohne irgendwelche Auswahl, Zensur oder Verzerrung seinerseits die Mitteilungen des Patienten aufzunehmen. Damit ist Abstinenz keine kalte Distanziertheit, sondern eine sich selbst kontrollierende Haltung, die es ermöglichen soll, mit dem Patienten ein tragfähiges Verhältnis aufzubauen.

Neben den beiden grundlegenden Regeln sind zur Beschreibung des psychoanalytischen Prozesses eine Reihe weiterer Begriffe erforderlich; dazu gehören vor allem:

Aufgabe der Psychoanalyse ist es, »Widerstände« zu erkennen und sie in ihrer genetischen und augenblicklichen Struktur zu verstehen. Gelingt es, die Widerstände zu beseitigen, so ergibt sich das »Durcharbeiten« des Verdrängten und seine Integration in die Person von selbst. Die Widerstandsanalyse soll darüber Klarheit bringen, wie ein Mensch mit sich selbst umgeht, zu sich Stellung nimmt, sich selbst unterdrückt oder sich im Wege steht.

Der Patient wird durch sein Leiden zur Behandlung getrieben und sucht in dieser die Befreiung von seinen Leiden; doch sucht er diese Befreiung nur dann, wenn der aus dem neurotischen Symptom sich für ihn ergebende Gewinn geringer ist als das durch das Symptom verursachte Leiden. Die »Versagungsregel« verlangt nun vom Patienten, daß die Behandlung unter der Bedingung der Enthaltsamkeit von Ersatzbefriedigungen durchgeführt wird: außerhalb der Psychoanalyse, die zumindest anfangs für den Patienten eine Ersatzbefriedigung bedeutet, sind alle anderen, wie Pflege von Interessen oder Ausüben von Hobbies verboten, da sie das Interesse des Patienten an der Psychoanalyse vermindern könnten. Weiter wird er dazu angehalten, alle einigermaßen wichtigen Entscheidungen in seinem Alltagsleben vorher mit seinem Analytiker durchzusprechen; er soll damit lernen, den sich aus der Aktivität ergebenden Lustgewinn aufzuschieben und Frustrationen zu ertragen.

Unter »Übertragung« ist eine Form des Agierens des Patienten in der Analyse zu verstehen, in der er für ihn charakteristische Einstellungen und Erwartungen auf den Analytiker überträgt. Dabei ist zwischen »positiver Übertragung« (zärtliche und liebesbedürftige Regungen werden vom Patienten auf den Analytiker projiziert) und »negativer Übertragung« (ursprünglich meist den Eltern geltende feindliche Tendenzen kommen gegen den Analytiker zum Ausdruck) zu unterscheiden. Der Patient agiert in der Übertragung; Kindheitserlebnisse werden wiederholt und auf den Analytiker projiziert. Die Übertragung ist ein unmittelbarer Ausdruck der neurotischen Symptome; ihre Handhabung durch den Therapeuten erhält daher eine entscheidende Bedeutung für das Gelingen der Psychoanalyse. Erinnern, Wiederholen und Durcharbeiten sind die Schlüsselbegriffe für die kunstgerechte Auflösung der Übertragung.

Als »Widerstand« des Patienten werden alle Kräfte verstanden, die sich der analytischen Arbeit entgegenstellen. Der Analytiker versucht, die Widerstände aufzudecken, die der Selbsterkenntnis des Patienten im Wege stehen; er versucht, dem Patienten die unbewußten und verdrängten Triebregungen bewußt zu machen. Der Widerstand ist Ausdruck der verfestigten Haltung des Patienten, aus der sich die Symptome bzw. sein Leiden ergeben haben; der Patient sträubt sich gegen die Aufdeckung, die Deutung seines Unbewußten. Daher genügt das reine Aufzeigen des Widerstandes durch den Analytiker nicht für seine Beseitigung. Der Patient muß vielmehr den ihm unbekannten Widerstand kennenlernen, er muß ihn durchzuarbeiten und zu überwinden lernen, indem er trotz des Widerstandes die Analyse fortsetzt. Freud (1914) sieht in diesem Durcharbeiten das Charakteristikum der psychoanalytischen Behandlung, das sie von Suggestivbehandlung unterscheidet. Der Patient wehrt sich gegen die Bemühungen des Analytikers, ihm die Realitäten bewußt zu machen, die er selbst aus den verschiedensten Gründen nicht wahrhaben will. Dabei muß sich der Analytiker zunächst bemühen, dem Patienten überhaupt bewußt zu machen, daß bei ihm Widerstände vorhanden sind. In einem zweiten Schritt wird er ihm dann die Gründe dafür darlegen, warum er überhaupt Widerstand leistet. Erst danach besteht die Aufgabe des Analytikers darin, den Patienten zur Aufgabe seiner Widerstände und zur weiteren Zusammenarbeit zu bringen.

»Deutung« heißt die Ableitung dessen, was der Patient wirklich meint, aus dem, was er sagt, und die Mitteilung dessen durch den Analytiker, der hier einem Übersetzer gleicht. Daneben ist es Aufgabe des Analytikers, aufgrund der Erinnerungsbruchstücke, die der Patient ihm mitteilt, die Lücken aufzufüllen und die Erinnerungsreihe zu »konstruieren«. Deutung und Konstruktion unterliegen im wesentlichen denselben Anwendungsregeln. Sie sind verbale Eingriffe mit dem Ziel, die verborgenen Bedeutungen bestimmter Verhaltensweisen und ihre unbewußten Verursachungen aufzudecken. Die Unterscheidung zwischen Deutung und Konstruktion hat sich im analytischen Sprachgebrauch nicht durchgesetzt; der Begriff Deuten umfaßt meist beide Aspekte.

Neben der Aufgabe, frei zu assoziieren, muß der Patient die Deutungen, die ihm der Analytiker zusammen mit entsprechenden Erläuterungen gibt, »durcharbeiten«. Freud wendet sich dagegen, daß der Analytiker dem Patienten seine Deutung sofort mitteilt, wenn er diese für sich gefunden hat. Vielmehr ist sie dem Patienten erst dann zu geben, wenn dieser selbst kurz vor einer entsprechenden Erklärungsmöglichkeit steht.

Damit ergibt sich als *Konsequenz* für das praktische Vorgehen in der Psychoanalyse etwa der folgende Prozeß: der der analytischen Grundregel verpflichtete Patient äußert sich verbal, indem er z. B. assoziiert oder Träume erzählt. Der Analytiker nimmt die Patientenäußerungen entsprechend der Abstinenzregel auf, konstruiert Erinnerungslücken, deutet die Äußerungen. Darauf versucht der Patient die Deutungen des Analytikers durchzuarbeiten (vgl. Abb. 2).

Dieser formale Ablauf der psychoanalytischen Situation ist kennzeichnend für alle Stadien analytischer Therapien. Es werden damit keine Aussagen über die spezifischen Inhalte der Beziehung zwischen Analytiker und Patient gemacht, doch beschreibt das Modell auf einer formaleren Ebene deren Interaktion.

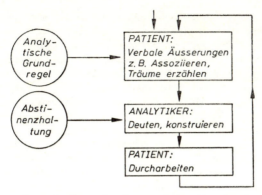

Abb. 2: Formale Beschreibung der therapeutischen Situation in der Psychoanalyse.

1.2. Beratung aus gesprächspsychotherapeutischer Sicht*

Die *historische Entwicklung* der Gesprächspsychotherapie läßt sich in drei Phasen unterteilen, wobei es sich zunächst um die nicht-direktiven, theorielosen Anfänge handelt, dann der Schwerpunkt des Interesses auf den Vorgängen im Klienten liegt, während in der dritten Phase das Verhalten des Therapeuten stärker Beachtung findet.

Auch in der *ersten* Phase sind zwar schon bestimmte theoretische Konzepte in Ansätzen vorhanden, doch liegt eine explizite Theorie zu diesem Zeitpunkt noch nicht vor. Rogers (1942) geht vielmehr von Erfahrungen aus, die sich aus seiner Tätigkeit als klinischer Psychologe ergeben haben. Danach helfen psychoanalytische Interpretationen dem Klienten nicht weiter; dominate und autoritäre Verhaltensweisen haben höchstens eine oberflächliche Wirkung. Andererseits weiß der Klient selbst am besten, was ihn stört, welche Konflikte er hat und wie er sich weiterentwickeln will.

Bei seinem Konzept der nicht-direktiven Beratung geht Rogers davon aus, daß es im Individuum eine Tendenz gibt, sich in die Richtung von Wachstum, Gesundheit und Anpassung der Ziele an die eigenen Fähigkeiten zu entwickeln. Daher kann es nicht Aufgabe des Beraters sein, den Klienten zu bestimmten Handlungsweisen zu veranlassen, sondern der Therapeut muß für diesen eine angstfreie und entspannte Atmosphäre schaffen. Dies gelingt ihm vor allem dadurch, daß er die offen ausgedrückten Gefühle des Klienten akzeptiert und klärt; der Klient wird dadurch ermutigt, sich frei auszudrücken, gewinnt so allmählich Einsicht in seine Situation und kann aufgrund der gewonne-

---

* Die Darstellung in diesem Abschnitt orientiert sich an Bommert (1977).

nen Einsichten effektiver handeln. Dabei wird die therapeutische Beziehung selbst als eine Erfahrung von Wachstum verstanden.
Kennzeichnend für die *zweite* Phase ist Rogers' Buch »Clientcentered Therapy« (1951) wobei sich schon aus der Umbenennung des therapeutischen Vorgehens von »nicht-direktiv« in »klientenzentriert« ablesen läßt, daß nun die Welt des Klienten im Mittelpunkt des Interesses steht. Das *»Selbst«* wird nun zu einem zentralen Begriff in der Theorie der Persönlichkeit. Es geht nicht so sehr um die Anwendung bestimmter Techniken, sondern um die Orientierung des Therapeuten an den Vorgängen im Klienten, um seine Einstellung zum Klienten. Wenn der Therapeut die Person des Klienten akzeptiert und sich von der Annahme leiten läßt, daß der Klient fähig ist, konstruktiv mit den Aspekten seines Lebens umzugehen, die ihm bewußt werden können, wird es für ihn leicht sein, klientenzentriert vorzugehen. Die Aufgabe des Therapeuten besteht dann darin, die Welt gleichsam durch die Augen des Klienten wahrzunehmen, d. h. dessen »inneren Bezugsrahmen« anzunehmen, und etwas von diesem »einfühlenden Verständnis« wiederum dem Klienten mitzuteilen. Als angemessene therapeutische Technik wird die Reflexion der Gefühle des Klienten durch den Therapeuten angesehen. Das bewirkt beim Klienten eine Reorganisation des Selbst: bisher verzerrt wahrgenommene oder verleugnete Erfahrungen können nun bewußt werden und in das Selbstkonzept integriert werden. Der veränderten Wahrnehmung entsprechend kann sich dann auch das Verhalten ändern.
Die Forschung in dieser Phase ist stärker theoriegeleitet und beschäftigt sich dabei vor allem mit verschiedenen Aspekten der Veränderung des Klienten im Verlauf der Therapie. Auch wird nun der klientenzentrierte Ansatz auf andere Bereiche menschlicher Interaktion übertragen: Spieltherapie mit Kindern, Unterricht, Gruppenleitung u. ä..
Der Schwerpunkt des Interesses in der *dritten* Phase liegt beim Therapeutenverhalten, den notwendigen und hinreichenden Bedingungen erfolgreicher Therapie – vgl. Rogers (1957). In vielen Forschungen kann der von Rogers postulierte Zusammenhang zwischen den Therapeutenvariablen »Einfühlendes Verstehen«, »Unbedingte positive Zuwendung« und »Echtheit« mit konstruktiven Therapieprozessen und -effekten beim Klienten aufgewiesen werden. Dabei zeigt sich u. a., daß oftmals die Technik der Verbalisierung von Gefühlen nicht ausreichend ist, sondern daß der Therapeut sich selbst stärker in die therapeutische Beziehung einbringen muß; damit steigt die Bedeutung der Variablen Echtheit.
Daneben werden in der dritten Phase neue theoretische Ansätze zur Erklärung der Prozesse in der Gesprächspsychotherapie entwickelt: Gendlin (1970) stellt in seiner Theorie der Persönlichkeitsveränderung den subjektiven Erlebnisprozeß (experiencing) des Klienten in den

Mittelpunkt der Veränderung durch Beratung – vgl. Bommert & Dahlhoff (1978). Truax & Carkhuff (1967), D. G. Martin (1975) bzw. Tausch (1975) versuchen, einzelne Aspekte der Gesprächspsychotherapie lerntheoretisch zu erklären.
Für das *Menschenbild* in der Gesprächspsychotherapie ist bezeichnend, daß Rogers selbst sich als einen »optimistischen Existentialisten« (vgl. Hall 1967) sieht. Er geht von der Annahme einer im Grunde positiven menschlichen Natur aus. Der Mensch wird als rational, sich selbst verwirklichend und realistisch angesehen; er hat die Möglichkeit, seine psychische Unangepaßtheit zu erkennen, sein Selbst-Konzept zu organisieren und Anderen mit Zuwendung und Wärme akzeptierend gegenüberzutreten.
Diese Sichtweise des Menschen beruht vor allem auf den therapeutischen Erfahrungen von Rogers (1973 a). Er geht davon aus, daß es langfristig nicht hilft, so zu handeln, als wäre man jemand anders. Dagegen ist es für einen selbst effektiver, wenn man sich selbst akzeptierend zuhört, wenn man sich selbst gestattet, man selbst zu sein. Im Umgang mit anderen Personen ist es von großem Wert, eine andere Person zu verstehen, sie zu akzeptieren. Dabei wird als bereichernd erlebt, wenn man anderen ermöglicht, einem selbst die von ihnen persönlich wahrgenommene Welt mitzuteilen.
Rogers sieht das Leben als einen fließenden, sich verändernden Prozeß an, in dem nichts fixiert ist. Für ihn gibt es kein in sich geschlossenes System von Überzeugungen oder unveränderbaren Prinzipien. Richtungsweisend für das menschliche Leben ist die eigene Erfahrung und die damit sich verändernden Auffassungen; das Leben befindet sich ständig in einem Prozeß des Werdens.
Einige Grundgedanken der *Theorie der Persönlichkeit* von Rogers (1959, 1973) sollen kurz dargestellt werden: Die angeborene Tendenz zur »Selbstverwirklichung« ist die primär motivierende Kraft des menschlichen Organismus. Darunter ist die allgemeine Tendenz des Organismus zu verstehen, alle seine Fähigkeiten zur Aufrechterhaltung oder Förderung des Organismus einzusetzen. Dabei strebt der Organismus nach größerer Differenziertheit, Unabhängigkeit und Selbstverantwortlichkeit und sucht der Kontrolle durch äußere Kräfte zu entkommen. Alle Bedürfnisse des Individuums werden als spezifische Teilaspekte des fundamentalen Bedürfnisses zur Selbstverwirklichung angesehen. Bedürfnisse äußern sich als physiologische Spannungen, durch die Spannungen reduzierendes und der Förderung des Organismus dienliches Verhalten ausgelöst wird. Das Individuum erlebt sich selbst als Mittelpunkt seiner Welt, die nur von ihm selbst vollständig erfaßt werden kann. Das »Selbst« oder »Selbstkonzept« ist dabei eine sich verändernde Ganzheit, die aus den von dem Individuum an sich selbst wahrgenommenen Eigenschaften, seinen Beziehungen zu Anderen und weiteren Aspekten seines Lebens gebildet wird, wobei die Bewertungen dieser Wahrnehmungen in das Selbstkonzept mit eingehen. Das Selbst kann dem Bewußtsein zugänglich gemacht werden, ist aber nicht notwendigerweise ständig bewußt.
Wie ein Individuum ein bestimmtes Bedürfnis befriedigt, ist abhängig

von seinem Selbstkonzept. Es wählt aus den verschiedenen Möglichkeiten zur Befriedigung das Verhalten aus, das mit seinem Selbstkonzept übereinstimmt. Zu einer Verzerrung der Realität kann es dann kommen, wenn keine dem Selbst entsprechenden Wege zur Verfügung stehen, und mit dem Selbst nicht kongruente Ereignisse in ihrer Bedeutung verzerrt werden müssen, damit die gegenwärtige Struktur des Selbst aufrechterhalten werden kann. Daraus kann sich z. B. neurotisches Verhalten entwickeln. Neben der Tendenz zur Selbstverwirklichung und zur Kongruenz zwischen Selbst und Erfahrung hat das Individuum das Bedürfnis nach positiver Wertschätzung und positiver Selbsteinschätzung. Die Tendenzen zur Selbstverwirklichung und zur Kongruenz werden vor allem dann verwirklicht, wenn die Befriedigung der Bedürfnisse nach positiver Wertschätzung von einer für das Individuum bedeutsamen Person ausgeht, und wenn sie gleichzeitig nicht an Bedingungen gebunden ist. Positive Wertschätzung kommt vor allem in Beziehungen zum Tragen, in denen sich eine andere Person in den »inneren Bezugsrahmen« des Individuums einfühlt und ihm dieses einfühlende Verständnis kommuniziert (verbalisiert).

Als *Ziel* klientenzentrierten Vorgehens und darüber hinaus als Ziel der menschlichen Entwicklung überhaupt definiert Rogers das Modell der »fully functioning person«. Für sie gilt:

– Alle Erfahrungen sind dem Bewußtsein zugänglich; alle Reize, sei es aus dem Organismus oder der Umwelt, werden so wahrgenommen, daß sich kein durch Verteidigungshaltungen zum Schutz des Selbst verzerrtes Bild der Umwelt ergibt. Die Erfahrungen und die Struktur des Selbst des Individuums befinden sich im Zustand der Kongruenz.

– Das Individuum befindet sich im Mittelpunkt sich ständig verändernder Gegebenheiten; dabei ist die Struktur seines Selbst so flexibel, daß es sich an diese immer neuen Erfahrungen anpassen kann.

– Das Individuum erlebt sich selbst als das Maß für sein Verhalten. Aus seiner Offenheit für alle Erfahrungen gewinnt es die Sicherheit zur richtigen Beurteilung der jeweiligen Situation. Dabei ist diese Person natürlich nicht unfehlbar – z. B. wegen mangelnder Informationen; doch besitzt sie aufgrund ihrer Offenheit für neue Erfahrungen die Möglichkeit, falsch getroffene Entscheidungen aufgrund ihrer Auswirkungen in der Realität zu erkennen und das Entscheidungsverhalten entsprechend zu korrigieren.

Bei der »fully functioning person« handelt es sich um das Modell eines Individuums, das im ständigen Wechsel begriffen ist; spezifische Verhaltensweisen dieses Individuums können daher nicht vorhergesagt werden, doch handelt es sich um eine Person, die sich an wechselnde Situationen und Anforderungen anpassen kann und sich in einem ständigen Prozeß der Selbstverwirklichung befindet.

Das *Modell des Beratungsprozesses* geht bei Rogers von zwei ineinandergreifenden Wenn-dann-Beziehungen zwischen unabhängigen und abhängigen Variablen aus: Wenn bestimmte therapeutische Bedingungen realisiert werden (unabhängige Variable), dann kann beim Klienten sich eine bestimmte Entwicklung ergeben (abhängige Variable). Wenn diese Entwicklung dann stattfindet (unabhängige Variable), dann ergeben sich beim Klienten bestimmte Persönlichkeits- und Verhaltensänderungen (abhängige Variable). Dabei handelt es sich vor allem um:
Therapeutische Bedingungen: Zwei Personen haben miteinander Kontakt, wobei sich der Klient in einem Zustand der Inkongruenz, der Verwundbarkeit und Ängstlichkeit befindet. Der Therapeut befindet sich in einem Zustand der Kongruenz; er verwirklicht in hohem Ausmaß die gesprächspsychotherapeutischen Kernvariablen der »Echtheit«, »unbedingten positiven Zuwendung« und »Verbalisierung emotionaler Erlebnisinhalte (VEE)«. Dabei nimmt der Klient im gewissen Umfang dieses Verhalten des Therapeuten wahr.
Entwicklung beim Klienten: Der Klient wird freier im Ausdruck seiner Gefühle, wobei diese einen immer stärkeren Bezug zu seinem Selbst haben. Dabei wird ihm die Bedrohung bewußt, die sich aus der bisherigen Inkongruenz zwischen seinen Erfahrungen und seinem Selbst ergeben haben. Sein Selbstkonzept wird reorganisiert und schließt nun Erfahrungen ein, die früher so bedrohend waren, daß sie nur verzerrt ins Bewußtsein gelangen konnten oder sogar verleugnet wurden; damit werden seine Abwehrhaltungen schwächer. Er ist nun verstärkt in der Lage, die unbedingte positive Zuwendung des Therapeuten zu erleben und fühlt zunehmend mehr Selbstwertschätzung. So wird er zu seinem eigenen Maßstab und reagiert auf neue Erfahrungen weniger aufgrund bestimmter Haltungen, sondern zunehmend aufgrund seiner eigenen Bewertungen.
Persönlichkeits- und Verhaltensänderungen: Durch die größere Offenheit gegenüber seinen Erfahrungen wird der Klient in seiner Wahrnehmung realistischer und objektiver und kann damit seine Probleme besser lösen. Die Kongruenz zwischen Selbst und Erfahrungen erhöht sich, dadurch werden physiologische und psychologische Spannungen (z. B. Angst) vermindert. Seine Wahrnehmungen werden realistischer und werden damit als zum Selbst gehörend anerkannt; das eigene Verhalten wird als unter der eigenen Kontrolle stehend erfahren. Sein Verhalten wird von der Umwelt als sozialisierter und reifer wahrgenommen. Der Klient ist kreativer geworden und kann neuen Situationen und Problemen gegenüber angemessen reagieren.

Als *Konsequenzen für die beraterische Praxis ergeben sich:* der Therapeut geht auf die Probleme des Klienten ein, indem er sich in den »inneren Bezugsrahmen« des Klienten hereinzuversetzen und somit gemeinsam mit dem Klienten zu einer Lösung zu gelangen sucht, und nicht, indem er sich direkt mit diesen Problemen auseinandersetzt und dann etwa bestimmte Vorschläge zur Lösung des Problems macht. Formal kann der Ablauf einer Sequenz klientenzentrierten Beratung etwa wie folgt dargestellt werden (vgl. Abb. 3).

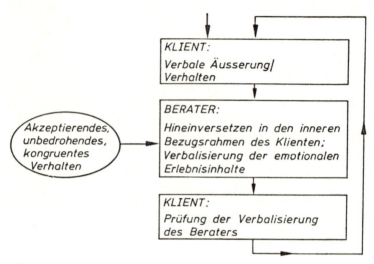

Abb. 3: Ablauf einer Sequenz klientenzentrierter Beratung – vgl. Bommert (1977).

Der Klient zeigt ein bestimmtes Verhalten und/oder äußert sich verbal. Der Berater verhält sich dem Klienten gegenüber akzeptierend, versucht den »inneren Bezugsrahmen« des Klienten zu erfassen und verbalisiert das von ihm Wahrgenommene. Der Klient prüft die Äußerung des Therapeuten darauf, ob sie seiner eigenen Erlebnisweise entspricht. Damit ist eine Sequenz abgeschlossen. In der nächsten Sequenz kann nun der Klient ggf. falsche Verbalisierungen des Therapeuten korrigieren, seine bisherige Äußerung konkretisieren bzw. neue Äußerungen oder Verhaltensweisen produzieren. Der Berater verhält sich analog zu oben.
Eine solche Sequenz kann als kleinste, in sich geschlossene Einheit für das Vorgehen in der klientenzentrierten Beratungssituation angesehen werden. Dabei sind eine Reihe weiterer Faktoren von Bedeutung, auf die hier aber nicht näher eingegangen wird – vgl. dazu auch S. 92 ff. Festzuhalten ist, daß sich im Rahmen des klientenzentrierten Ansatzes eindeutige Regeln für das Vorgehen des Beraters ableiten lassen; diese gelten nicht nur für umschriebene Teilbereiche, sondern ermöglichen eine Steuerung des gesamten Prozesses.

1.3. Beratung aus verhaltenstherapeutischer Sicht

Soll der Ordnung halber auch für die Entstehung der Verhaltenstherapie im engeren Sinne ein *historisches Datum* genannt werden, so spricht vieles dafür, das Jahr 1958 als Entstehungsjahr dieser Therapieform anzusehen – vgl. Pongratz (1973). In diesem Jahr erschien das für die Entwicklung der Theorie und Technik der Verhaltenstherapie wohl bedeutendste Buch: »Psychotherapy by reciprocal inhibition« von Wolpe. Auch hat die Verhaltenstherapie in diesem Jahr durch Lazarus ihren Namen erhalten, den dann auch Eysenck (1959) unabhängig von Lazarus zum ersten Mal in einer Artikelüberschrift gebraucht: »Learning theory and behaviour therapy«.
Unter dem Oberbegriff Verhaltenstherapie werden eine Reihe unterschiedlicher therapeutischer Ansätze zusammengefaßt, für die nur schwer ein gemeinsamer Nenner zu finden ist – vgl. Bergold & Selg (1975). Abgesehen von den frühen Versuchen, aus der experimentellen Lernforschung Grundsätze für eine therapeutische Einflußnahme abzuleiten, wobei die grundlegenden Gedanken vor allem mit dem Namen Pawlow oder Watson und Jones oder Hull und Dunlap verknüpft sind, lassen sich drei größere Gruppen unterscheiden, die fast gleichzeitig nach neuartigen therapeutischen Vorgehensweisen zu suchen begannen.
Einerseits ist der von Shapiro (z. B. 1961) neu entwickelte diagnostische Ansatz zu nennen, aus dem sich fast zwangsläufig auch veränderte therapeutische Vorgehensweisen ergeben mußten: Shapiro überträgt die Technik des methodenzentrierten psychologischen Experiments auf die Diagnostik; während in der klassischen Diagnostik ausgehend von dem Verhalten des Probanden in einer umschriebenen Testsituation auf Persönlichkeitszüge, Dispositionen, geschlossen wird, aufgrund derer dann sein Verhalten in anderen Situationen vorhergesagt werden kann, werden hier die bei dem Probanden zu beobachtenden Symptome als abhängige Variablen aufgefaßt. Die Aufgabe des Diagnostikers besteht zum einen darin, die unabhängigen Variablen zu erkennen, das sind die Variablen, die manipuliert werden müssen, damit auch die Symptome (abhängige Variable) verändert werden können; daneben hat er die Aufgabe, die Beziehungen zwischen den Variablen experimentell zu überprüfen. Sind die Bedingungen aufgedeckt, unter denen sich der Proband in einer bestimmten Weise verhält, so können daraus die Handlungsanweisungen für das therapeutische Vorgehen abgeleitet werden.
Als zweite Gruppe, die versucht, ausgehend von den Methoden der experimentellen Psychologie Verständnis für psychische Störungen zu entwickeln, nennen Bergold & Selg (1975) den Ansatz von Skinner und seinen Schülern. Skinner (1959) geht davon aus, daß die zum Zweck der Messung, Aufzeichnung und Interpretation menschlichen

Verhaltens in der Psychologie entwickelten Vorstellungen und Techniken auch dazu benutzt werden können, die Entstehung psychischer Störungen zu erklären. Aus der Kenntnis der das Verhalten steuernden Variablen läßt sich dann das therapeutische Vorgehen bestimmen: diese unabhängigen Variablen sind so lange zu manipulieren, bis die Störung des Probanden beseitigt ist. Prinzip für das therapeutische Vorgehen ist das Paradigma des operanten Konditionierens (vgl. dazu S. 110).

Die dritte Gruppe läßt sich durch Wolpe (1958) und seine Methode der Desensibilisierung kennnzeichnen, die versucht, die Erkenntnisse der Lerntheorie zur Entwicklung neuer therapeutischer Methode einzusetzen.

Für diese drei unabhängig voneinander entstandenen Gruppen lassen sich im Grund jedoch nur zwei verschiedene theoretische Ansätze unterscheiden: zum einen die Gruppen um Shapiro bzw. Skinner, die die Prinzipien des psychologischen Experiments bei der Analyse und Veränderung von Verhaltensstörungen einsetzen, und zum anderen der Ansatz von Eysenck bzw. Wolpe, der die Erkenntnisse der experimentellen Lerntheorie auf die Behandlung von Störungen überträgt. Auf die Vielfalt der bis heute entwickelten Ansätze für verhaltenstherapeutisches Vorgehen ist oben (vgl. S. 12) schon kurz verwiesen worden, bzw. diese wird an der Darstellung einzelner Modifikationselemente im Abschnitt »Veränderungsbereich Verhalten« (vgl. S. 108 ff) deutlich. Deswegen werden hier zur Kennzeichnung wesentlicher Momente in der neuesten Entwicklung nur exemplarisch die Ansätze von Mahoney (1977), der den Prozessen innerhalb der Person des Klienten bei der Therapie wesentliche Bedeutung beimißt, bzw. von Goldstein (1978), der verhaltenstherapeutische Gedanken auf institutionelles Vorgehen zu übertragen sucht, angeführt.

Das *Menschenbild* von Verhaltenstherapeuten bzw. Lerntheoretikern geht nicht von bestimmten Vorstellungen eines »guten« oder »schlechten« Menschen aus. Die Verhaltenstherapie macht keinerlei Annahmen über die zugrundeliegende Natur des Menschen; dieser hat vielmehr in sich die Möglichkeit, sich in die eine oder andere Richtung zu entwickeln.

Das der Verhaltenstherapie zugrundeliegende *Persönlichkeitsmodell* läßt sich am einfachsten durch das Modell der Entstehung und Beseitigung neurotischer Störungen beschreiben, über das sich trotz ihrer unterschiedlichen Ansätze die meisten Vertreter dieser Behandlungsform relativ einig sind.

Im Gegensatz zur psychoanalytischen Auffassung wird die neurotische Störung nicht als Ausdruck eines zugrundeliegenden psychodynamischen Konfliktes aufgefaßt, sondern als erlernte Fehlverhaltensweise angesehen, deren Entstehung und Beseitigung den von der Lernpsychologie experimentell erforschten Gesetzen unterliegt.

Es muß also untersucht werden, welche Faktoren in der gegenwärtigen Situation für das Fehlverhalten des Probanden verantwortlich sind. Die Entstehung des Fehlverhaltens, die damals auslösenden Faktoren sind nur dann von Bedeutung, wenn sich daraus Hypothesen über derzeit noch wirksame Bedingungen ableiten lassen.
Die *Ziele* des verhaltenstherapeutischen Vorgehens sind im konkreten Fall von Klient zu Klient unterschiedlich, denn sie ergeben sich erst aus der Analyse der das derzeitige Fehlverhalten ausmachenden Bedingungen. Als relativ globale Ziele, die unabhängig von den persönlichen Bedingungen bei den Klienten definiert werden können, führen Cunningham & Peters (1973) an:
– Das fehlangepaßte Verhalten des Klienten soll in angepaßtes Verhalten gewandelt werden.
– Effektivere Entscheidungsfindungs-Prozesse sollen erlernt werden.
– Es soll möglichst verhindert werden, daß sich in der Zukunft für den Klienten schwerwiegende Probleme ergeben.
– Die aktuellen Probleme des Klienten müssen gelöst werden.
– Aus den therapeutischen Eingriffen müssen sich überdauernde Verhaltensweisen entwickeln, die das Leben lebenswerter machen.

Krumboltz (1966) nennt als Bedingungen, die die Beziehungen des Therapeuten zum Klienten im therapeutischen *Prozeß* begrenzen: Zunächst hängt es weitgehend von der Ausrichtung, den »Interessen« des Therapeuten ab, bei welcher Art von Problemen er helfend eingreift. Weiter muß der Therapeut sich der Grenzen seiner eigenen Kompetenz bewußt sein und diese auch dem Klienten deutlich machen. Zum dritten muß der Therapeut die Anforderungen, die der Klient an ihn stellt, mit seinen eigenen Normen vereinbaren können.
Als für die meisten Verhaltenstherapeuten verbindliche Elemente des therapeutischen Prozesses nennen Cunningham & Peters (1973):
– Das menschliche Verhalten ist gelernt und kann daher auch verändert werden.
– Symptome zeigen keine zugrundeliegende Krankheit an. Eine Beseitigung der Symptome beseitigt die Fehlanpassung.
– Der therapeutische Prozeß ist ein Lernprozeß.
– Der Verhaltenstherapeut muß bereit sein, Methoden und Richtung der Therapie festzulegen.
– Die Diagnostik beschränkt sich auf die Beschreibung der auslösenden Bedingungen und den Zusammenhang mit dem Verhalten des Klienten; sie bezieht sich nicht auf überdauernde Persönlichkeitszüge.
Für die *verhaltenstherapeutische Praxis* ergibt sich als Konsequenz aus dem bisher Dargestellten ein Modifikationsprozeß, der sich in fünf Phasen einteilen läßt – vgl. Schulte (1976):
1. Die Gewinnnung relevanter Informationen über das symptomatische Verhalten wird geplant; Informationen werden eingeholt.

2. Aufgrund dieser Informationen wird untersucht, welches symptomatische Verhalten vorliegt, unter welchen Bedingungen es auftritt und wodurch es aufrechterhalten wird. In Verbindung mit seinem

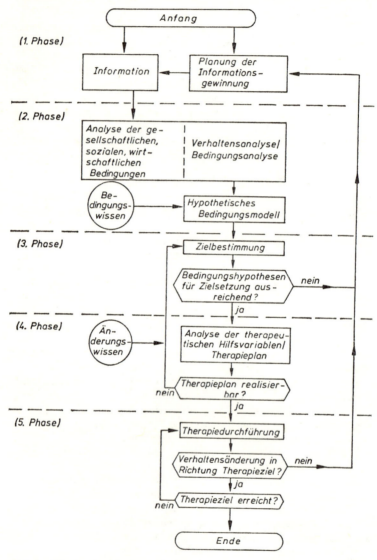

Abb. 4: Schema des diagnostisch-therapeutischen Handelns in der Verhaltenstherapie – vgl. Schulte (1976).

Wissen um die Entstehungsbedingungen symptomatischen Verhaltens (Bedingungswissen) entwickelt der Therapeut ein hypothetisches Bedingungsmodell der Symptome.
3. Es wird bestimmt, welches Ziel die Therapie haben soll, wie das Verhalten am Ende der Therapie aussehen soll.
4. Die Therapieplanung, die durch das Wissen des Therapeuten um die Möglichkeiten der Verhaltensänderungen (Veränderungswissen) bestimmt ist, umfaßt die Planung des Einsatzes der einzelnen Modifikationselemente und ihrer Reihenfolge.
5. Es folgt der Einsatz der modifikatorischen Elemente, deren Wirksamkeit dabei ständig überprüft wird.

Das Schema (Abb. 4) des diagnostisch-therapeutischen Handelns in der Verhaltenstherapie (vgl. Schulte 1976) versucht diesen Prozeß graphisch zu erläutern; dabei ist zu beachten, daß es sich nicht um einen einmal »programmierten« und dann starr in den beschriebenen Phasen ablaufenden Prozeß handelt, sondern daß aufgrund der verschiedenen Verzweigungsmöglichkeiten (Kontrollen), sich für den individuellen Fall ganz unterschiedliche Vorgehensweisen ergeben.

1.4. Ähnlichkeiten und Unterschiede

Die drei beschriebenen theoretischen Ansätze befinden sich in jeweils unterschiedlichen Entwicklungsstadien; je weiter die Entwicklung dabei schon fortgeschritten ist, um so größer ist die Wahrscheinlichkeit, daß die entsprechende Theorie in sich geschlossen erscheint. Das bedeutet aber, daß ein Teil der Unterschiede, die sich bei einem Vergleich der Ansätze ggf. ergeben, nicht auf Unterschiede zwischen den Theorien, sondern auf Unterschiede im Entwicklungsstand zurückgeführt werden können. So beschäftigt sich dieser Überblick auch nur kurz mit einem allgemeinen Vergleich (vgl. dazu etwa Ford & Urban 1967; Pongratz 1973), und geht dann stärker auf die Brauchbarkeit dieser Ansätze als Modelle psychologischer Erziehungsberatung ein.

Ein *allgemeiner Vergleich* ergibt für das in den drei Konzepten vertretene Menschenbild recht unterschiedliche Auffassungen: Während die Psychoanalyse von ständigen Konfliktmöglichkeiten zwischen den triebhaften Tendenzen des »Es« und den moralischen Wertvorstellungen des »Überich« ausgeht, betont die Verhaltenstherapie die essentielle Neutralität des Menschen. Demgegenüber zeichnet allein die klientenzentrierte Gesprächspsychotherapie ein positives Bild vom Menschen, der in sich die Tendenz zur Selbstverwirklichung hat.

Psychoanalytische und klientenzentrierte Persönlichkeitstheorie sind weitgehend durchorganisiert und in sich geschlossen; werden ihre jeweils nicht beweisbaren Grundannahmen akzeptiert, so ergeben sich im Rahmen dieser Grundannahmen aufgrund der Geschlossenheit der

Systeme kaum noch Ansätze zur Kritik. Die Verhaltenstherapie wurde von ihren Begründern als klinische-therapeutische Anwendung der Lerngesetze angesehen; Eysenck (1960) spricht überspitzt von der Anwendung der »modernen Lerntheorie«. In neuerer Zeit mehren sich jedoch die kritischen Hinweise darauf, daß die Lerntheorien in ihrer derzeitigen Fassung nicht als theoretische Grundlegung der Verhaltenstherapie angesehen werden können – vgl. Westmeyer (1977). Psychoanalytische Therapie und gesprächspsychotherapeutisches Vorgehen haben beide eine globale Reorganisation der Persönlichkeit des Patienten/Klienten zum Ziel; demgegenüber erstrebt verhaltenstherapeutische Modifikation die Veränderung vorher genau bestimmter Verhaltensweisen. Während in Psychoanalyse und Verhaltenstherapie die Definition der Ziele des therapeutischen Vorgehens eher durch den Therapeuten vorgenommen wird, betont die Gesprächspsychotherapie auch hier die Eigenverantwortlichkeit des Klienten; dieser soll selbst entscheiden, wie er sich weiterentwickeln will.

An dieser Stelle ist aber ein Vergleich der Konzepte hinsichtlich ihrer *Brauchbarkeit als Modelle psychologischer Erziehungsberatung* von größerer Bedeutung.
Die Psychoanalyse beschreibt den Prozeß therapeutischen Vorgehens vornehmlich als Interaktion zwischen Analytiker und Therapeut; die verbalen Äußerungen des Patienten werden vom Analytiker gedeutet, um dem Patienten das Durcharbeiten zu ermöglichen. Neben diesem Grundraster bestehen eine Reihe unterschiedlich explizierter Handlungsweisen an den Therapeuten. Diese lassen sich jedoch nicht zu einem eindeutigen normativen Modell für den Prozeß therapeutischen Vorgehens zusammenfassen; es hängt vor allem von der therapeutischen Erfahrung, dem Können des einzelnen Analytikers ab, wieweit es ihm gelingt, die unterschiedlichen Ansatzmöglichkeiten für sein therapeutisches Vorgehen in den Gesamtprozeß zu integrieren, die sich aufgrund der Krankheitslehre der Psychoanalyse ergeben.
Für den Prozeß psychologischer Erziehungsberatung bedeutet dies, daß die psychoanalytische Theorie für die Vielfalt symptomatischer Verhaltensweisen die Erklärungsmöglichkeiten im Sinne ihrer dynamischen Theorie bereitstellt; das Aufarbeiten der zugrundeliegenden Konflikte folgt dann dem Grundraster analytischen Vorgehens – unter Berücksichtigung der sich aus dem Alter der Patienten ggf. ergebenden Notwendigkeit zur Modifikation – vgl. z. B. A. Freud (1973). Erziehungsberatung auf psychoanalytischer Grundlage bedeutet damit die Anwendung einer modifizierten Form psychoanalytischen Vorgehens auf jüngere Patienten.
Wie sehr eine psychoanalytisch begründete Erziehungsberatung während des gesamten Vorgehens in sich geschlossen ist und nicht infrage gestellt wird, wird an der Bedeutung der Psychodiagnostik deutlich.

Diagnostische Untersuchungen erfolgen zu Anfang des Prozesses und haben im wesentlichen zwei Ziele: Ausschaltung bzw. Abklärung eventuell organisch bedingter Verursachungen der Störungen und vor allem die Beschreibung der Persönlichkeit des Patienten im psychodynamischen Modell, aus der sich dann die Ansatzpunkte psychoanalytischer Behandlung ableiten lassen. Der angestoßene therapeutische Prozeß soll bis zur Reorganisation der Persönlichkeit des Patienten führen. Während des Prozesses können zwar, ohne eindeutig vorgeschrieben zu sein, Überprüfungen des schon erzielten Therapieerfolges vorgenommen werden, doch bleiben diese auf der Überprüfung des Fortschritts des einmal eingeschlagenen Weges beschränkt. Die Frage nach der grundsätzlichen Angemessenheit gerade dieses therapeutischen Vorgehens wird während des gesamten Prozesses nicht mehr gestellt; etwa im Verlauf sich ergebende Schwierigkeiten werden nicht im Sinne der Unangemessenheit der Methode, sondern als Ausdruck des Widerstandes interpretiert.

Der Prozeß gesprächspsychotherapeutischen Vorgehens hat auf den ersten Blick eine große äußere Ähnlichkeit mit der der Psychoanalyse. Das Grundraster des therapeutischen Vorgehens besteht aus der Sequenz: Äußerung des Klienten/Eingehen auf den inneren Bezugsrahmen des Klienten und Verbalisierung durch den Berater/Prüfung der Verbalisierung des Beraters durch den Klienten. Es wird dann erwartet, daß die ständige Aufeinanderfolge solcher Sequenzen im Lauf eines umschriebenen Zeitabschnittes zu einer Reorganisation des Selbst des Klienten führen wird. Im Gegensatz zur Psychoanalyse sind die einzelnen Schritte (Prozeßvariablen) eindeutig definiert und können durch entsprechende Skalen beschrieben und kontrolliert werden. Diese Kontrolle soll eine optimale Durchführung des Beratungsprozesses ermöglichen, ohne daß damit Aussagen über das Beratungsziel gemacht werden.

Im klientenzentrierten Beratungskonzept werden die inhaltlichen Ziele des Beratungsprozesses durch den Klienten bestimmt. Dieses Grundprinzip der Nicht-Lenkung durch den Berater kann jedoch bewirken, daß dem Klienten etwa bei ihm bestehende Verhaltenslücken nicht deutlich werden und ihre Überwindung damit auch nicht Ziel des Beratungsprozesses werden kann. Dies bedeutet vor allem bei Kindern eine zu starke Einschränkung der Möglichkeiten psychologischer Erziehungsberatung – vgl. z. B. Bommert, Jelinek, Landgraf, Misek, Olbrich, Plessen & Zierott (1978). So wird zumindest bei jüngeren Klienten, und damit vor allem in der psychologischen Erziehungsberatung, eine Erweiterung des klientenzentrierten Prozeßmodells notwendig.

Im Gegensatz zum klientenzentrierten und psychoanalytischen Modell des Beratungsprozesses, die sich auf die Beschreibung einer Interaktionssequenz zwischen Klient und Berater beschränken, geht in das

Schema diagnostisch-therapeutischen Handels in der Verhaltenstherapie die Beschreibung des gesamten Prozesses ein. Eigentlich kann nur bei diesem Schema von einem Prozeßmodell im engeren Sinn gesprochen werden, indem nämlich versucht wird, die Einzelschritte des diagnostisch-therapeutischen Handelns in ihren gegenseitigen Vermaschungen und Abhängigkeiten zu erfassen. Da in diesem Schema aber der Aspekt des Verhaltens und die Erklärung von Verhaltensweisen anhand von Lerngesetzen im Vordergrund stehen, bleiben die Anwendungsmöglichkeiten dieses Modells auf den engeren Bereich verhaltenstherapeutischen Vorgehens beschränkt. Denn die etwaige Ausrichtung zu diesem Modell schreibt dem Praktiker aufgrund der in das Modell eingehenden lerntheoretischen Annahmen die theoretischen Grundannahmen für sein Handeln vor.

Insgesamt ergibt der Vergleich dieser drei Modelle, daß keines ohne Einschränkung als allein gültiges Prozeßmodell für die psychologische Erziehungsberatung herangezogen werden kann. Das Ausrichten an einem Modell führt nämlich zu einer Beschränkung der therapeutischen Handlungsmöglichkeiten und kann damit den Einsatz anderer, ggf. für den Klienten günstigerer Maßnahmen verhindern (vgl. dazu S. 74 ff).

2. Ein Prozeßmodell psychologischer Erziehungsberatung

Modelle für den Beratungsprozeß können anhand zweier in ihren Ansatzpunkten unterschiedlichen Vorgehensweisen entwickelt werden:

– Als Ableitung aus den Anforderungen der zugrundeliegenden Theorie.

Dieses Vorgehen entspricht etwa dem in der Psychoanalyse: aufgrund der vorliegenden Persönlichkeitstheorie und der entsprechenden Krankheitslehre werden die therapeutischen/beraterischen Elemente abgeleitet, die in den Beratungsprozeß eingehen sollen. Eine Analyse ihrer funktionalen Beziehungen wird dabei nicht unbedingt vorgenommen.

– Als Beschreibung der einzelnen Beratungsschritte und ihrer funktionalen Abhängigkeiten.

Dieser Ansatz, der im wesentlichen auf den in der Verhaltensanalyse (vgl. Schulte 1976) vollzogenen Wandel von einer klassifizierenden zu einer therapierelevanten Diagnostik zurückzuführen ist, kommt etwa in den wissenschaftstheoretisch abgeleiteten Modellen von Kaminski (1970) zum Tragen. Der Grundgedanke läßt sich durch das T-O-T-E-Modell von Miller, Galanter & Pribram (1973) verdeutlichen. Das Vorgehen in der psychologischen Erziehungsberatung kann dabei auf einer allgemeinen Ebene als »Verhalten« verstanden werden. Eine T-O-T-E-Einheit (Test-Operate-Test-Exit) zur Beschrei-

bung des Verhaltens umfaßt folgende Schritte: »Test« bedeutet eine Prüfphase, in der die Übereinstimmung zwischen derzeitigem (Ist-) und angestrebtem (Soll-) Zustand ermittelt wird; aus der Inkongruenz zwischen Ist- und Soll-Zustand ergibt sich eine Handlung (»Operate«), deren Auswirkungen (Annäherung des Ist- an den Soll-Zustand) ständig überprüft werden (»Test«); ist der Soll-Zustand erreicht, wird die Handlung beendet (»Exit«).
Das hier zu entwickelnde Prozeßmodell psychologischer Erziehungsberatung folgt diesem zweiten Ansatz; zu seiner näheren Erläuterung ist es günstig, zunächst auf schon bestehende Modelle einzugehen, die nach ähnlichen Prinzipien entwickelt worden sind.

2.1 Strukturschemata klinisch-psychologischer Arbeit

Bei oberflächlicher Betrachtung der Arbeitsweise in der psychologischen Erziehungsberatung (als Beispiel für klinisch-psychologische Tätigkeit) lassen sich gewöhnlich fünf aufeinander aufbauende Schritte unterscheiden – vgl. Kaminski (1970):
Die Eltern melden sich mit bestimmten Sorgen oder Klagen beim Berater; dieser erhält einen ersten Eindruck von dem Problem (vgl. auch Abb. 5). Zur genaueren Abklärung des Problems und seiner Entstehung wird mit den Eltern ein anamnestisches Gespräch geführt; daran schließt sich die eigentliche Untersuchung des Kindes durch Tests, Gespräche oder Beobachtungen an. Die vorliegenden Informationen werden dann zu einer Diagnose verarbeitet, die die Beratung der Eltern, die Behandlung des Kindes und/oder die Erstellung eines Gutachtens nach sich zieht.
Dieses Modell (Abb. 5) mag auf den ersten Blick die wesentlichen Schritte der Tätigkeit des Erziehungsberaters wiedergeben, doch handelt es sich lediglich um eine Beschreibung einzelner Schritte und

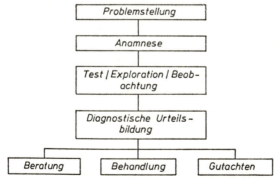

Abb. 5: Vereinfachtes Modell klinisch-psychologischer Praxis – vgl. Kaminski (1970).

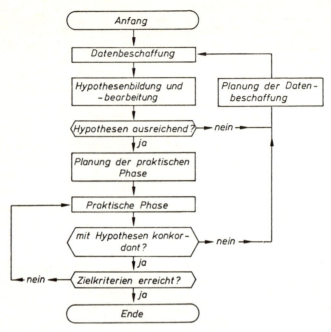

Abb. 6: Provisorisches Grundschema des Arbeitsflusses in der psychologischen Erziehungsberatung – vgl. Kaminski (1970).

ihrer üblichen zeitlichen Abfolge; ihr funktionaler Zusammenhang bleibt dagegen völlig unberücksichtigt. Dieser wird jedoch schon in einem provisorischen Grundschema (vgl. Abb. 6) des Arbeitsflusses in der psychologischen Beratungspraxis deutlich.

Die ersten, gleichsam von selbst auf den Berater zukommenden Eingangsdaten werden von diesem einer komplizierten Bearbeitung unterworfen, bei der die Bildung von Hypothesen im Vordergrund steht. Nun muß er entscheiden, ob anhand der bislang vorliegenden Informationen ausreichende Hypothesen erstellt werden können, aufgrund derer er das Problem praktisch angehen kann, oder ob er weitere Informationen benötigt. Im zweiten Fall werden nach der Planung der Beschaffung weiterer Daten die bisherigen Stufen aufs neue durchlaufen. Sind die Informationen jetzt ausreichend, wird er nach der Planung der praktischen Phase mit der Durchführung von Beratung/Behandlung beginnen. Erweist sich das Handeln in der praktischen Phase mit seinen bislang vorliegenden Hypothesen nicht in Übereinstimmung, ergeben sich z. B. jetzt Hinweise auf bislang nicht beachtete Verursachungen usw., muß erneut mit der Planung der Datenbeschaffung begonnen werden und die schon einmal durchlaufenen

Schritte sind zumindest erneut zu überprüfen und ggf. zu wiederholen. Auch werden die Vorgänge in der praktischen Phase ständig darauf überprüft, ob das gesetzte Ziel erreicht bzw. ob die praktische Phase noch weiter beibehalten werden muß.
Kaminski (1970) beschäftigt sich ausführlich und detailliert mit der Weiterentwicklung dieses Grundschemas. Dabei steht auf der einen Seite eine differenziertere Beschreibung der einzelnen Schritte im Vordergrund, zum anderen geht es durch die Einführung und Beschreibung von »Speichern« um spezifisches Wissen, das der Berater zur Bearbeitung der einzelnen Probleme abrufbar bereit haben muß.
Speicher 1: Änderungswissen. Dieser Speicher enthält, allgemein gesprochen, Wissen darüber, wie Menschen geändert werden können, wie sie von weniger erwünschten in erwünschtere Zustände gebracht werden können.
Speicher 2: Kompetenzwissen. Dem Berater muß deutlich sein, für welche Formen von Beeinträchtigungen er selbst zuständig ist, bzw. wer sonst (Institution, Spezialist) in Frage kommt.
Speicher 3: Bedingungswissen. Die Kenntnisse von möglichen Bedingungshintergründen von Verhalten und deren weitere Auswirkungen sind Inhalt dieses Speichers.
Speicher 4: Gewissen. Dieser Speicher enthält die von Berater zu Berater unterschiedlichen persönlichen Grenzwerte für Zustände bei anderen Menschen, die er in jedem Fall verwirklicht sehen will bzw. auf keinen Fall tolerieren darf, wenn er sich nicht selbst bezichtigen muß, verantwortungslos zu handeln.
Speicher 5: Vergleichswissen. Dieses Wissen meint Kenntnisse darüber, wie die Varianten der verschiedensten möglichen Merkmalsdimensionen bei den Menschen verteilt sind.
Kaminskis Strukturschema hat zumindest für die formalen Aspekte bei der Entwicklung von Modellen psychologischer Tätigkeit wesentliche Anregungen gegeben. So ist etwa das Schema diagnostisch-therapeutischen Handelns in der Verhaltenstherapie (Schulte 1976) daraus abgeleitet worden. Ein Beispiel für eine Weiterentwicklung, die auf einen enger gefaßten Anwendungsbereich bezogen ist, stellt das Arbeitsmodell zur funktionalen Diagnostik kindlicher Entwicklungsstörungen von Eisele, Dornette & Fritsch (1977) dar. In diesen Ansatz werden neben lerntheoretischen und sozialpsychologischen Gesichtspunkten vor allem auch solche aus Entwicklungspsychologie und Neuropsychologie einbezogen. Ausgehend von einem entsprechend breiten diagnostischen Ansatz wird durch möglichst exakte Hypothesenbildung und schrittweise Falsifikation eine rasche Einengung auf die relevanten Problembereiche erzielt.
Für den Bereich der Schulpsychologie und Bildungsberatung wird das Kaminski-Schema als psychologisches Handlungsmodell von Zeck (1977) eingeführt. Beratung wird als Problemlösungsverhalten be-

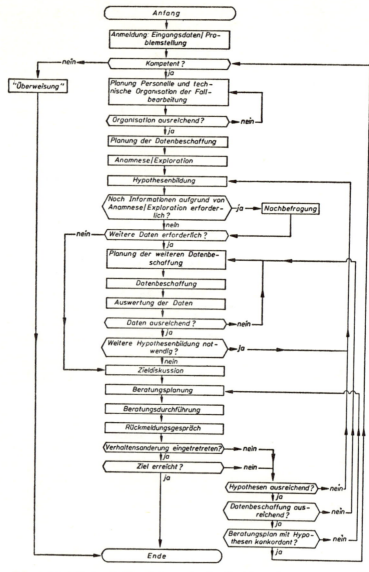

Abb. 7: Modell der Fallbearbeitung in der Erziehungsberatung – vereinfachte Darstellung nach Meinhard (1976).

trachtet, bei dem eine Reihe von Zielalternativen (Beratungsziele, Soll-Lage des Verhaltens) und von Methodenalternativen (Methoden

der Veränderung) auftreten, zwischen denen jeweils Entscheidungen getroffen werden müssen.
Zeck definiert drei Ziele der Bildungsberatung, die auf der Grundlage des Handlungsmodells von Kaminski berücksichtigt werden können: Erstens muß Beratung in einem psychologisch fundierten sozialen Interaktionsmodell erfolgen, da Beratung durch den Beratungslehrer als formeller Systembestandteil sozialer Interaktionen definiert werden kann. Weiter zielt Beratung auf Verhaltensänderung ab; daher muß sie psychologische Verhaltensanalyse, Ziele und Methoden der Verhaltensänderung umfassen, wobei die einzelnen Schritte des Beraters dem Arbeitsflußschema eines Handlungsmodells folgen sollten. Schließlich thematisiert Beratung »Verhalten«; daher müssen dem Berater psychologische Theorien über Verhalten zur Verfügung stehen.

Im Rahmen der psychologischen Erziehungsberatung hat Meinhard (1976) aufgrund einer vergleichenden schematischen Analyse der Fallbearbeitung ein allgemeines Verlaufsschema entwickelt – vgl. Abb. 7. Während Kaminskis Modell im wesentlichen auf einer Theorie über psychologische Praxis basiert, geht die Autorin von der Analyse von Fallbearbeitungen aus und bezieht erst im letzten Stadium ihrer Modellentwicklung hypothetisch erschlossene Vorgänge mit ein. Im Vergleich zu Kaminski, dessen Darstellung allgemeingültiger, aber damit auch weniger konkret und praxisnah ist, werden hier aufgrund empirischer Daten einige Vorgänge der Beratungsarbeit konkretisiert dargestellt. Daraus ergibt sich andererseits die Begrenztheit dieses Ansatzes, der in dieser Form teilweise nur für bestimmte Vorgehensweisen in der Erziehungsberatung zutreffend ist.
Ein Vergleich verschiedener Modelle des Beratungsprozesses, die anhand der Beschreibung einzelner Beratungsschritte und ihrer Abhängigkeiten entwickelt wurden, ergibt, daß keines der vorliegenden Modelle als grundlegendes Schema für praktisches Handeln in der psychologischen Erziehungsberatung eingesetzt werden kann. Entweder sind diese so allgemein gehalten, daß der Praktiker daraus nicht die von ihm zu bearbeitenden Schritte entnehmen kann, oder die Schemata beziehen sich nur auf einzelne Fragestellungen innerhalb eines größeren Bereiches.

2.2. Prozeßmodell psychologischer Erziehungsberatung

Hier wird nun ein Prozeßmodell für das Vorgehen in der psychologischen Erziehungsberatung vorgeschlagen, das sich aus der Analyse der für diesen Prozeß erforderlichen Schritte und ihres funktionalen Zusammenhanges ergibt. Das Modell wird einerseits so allgemein gehalten, daß seine Anwendung nicht nur auf eine Reihe umschriebener Fragestellungen oder auf eine bestimmte »Beratungsschule« be-

schränkt ist, auf der anderen Seite wird es aber so weit konkretisiert, daß es den Erziehungsberater Hinweise für seine *beraterische Praxis* geben kann.
Dabei gilt:
– es wird weder angestrebt, eine *generelle Theorie des Beratungsprozesses* zu erstellen, die dann aufgrund des sich damit ergebenden wissenschaftstheoretischen Anspruches so abstrahiert dargestellt werden muß, daß sie dem Praktiker kaum noch als Leitfaden für seine tägliche Arbeit dienen kann – vgl. z. B. die »Grundlagen einer generellen Verhaltenstheorie« von Alisch & Rössner (1977),
– noch soll sich das Modell an *einer einzelnen Theorie psychologischer Beratung* anlehnen, damit nicht schon durch die Auswahl einer bestimmten Theorie von vornherein das Spektrum möglicher Vorgehensweisen eingeschränkt ist.
Die Abfolge der einzelnen Schritte und ihr Zusammenhang ist schematisch in Abb. 8 (s. S. 40) dargestellt; dazu sind eine Reihe von näheren Erläuterungen notwendig.
Formal sind in dem Übersichtsschema vor allem zwei Symbole von Bedeutung: Rechtecke kennzeichnen eine Handlung entweder des Beraters oder des Klienten oder eine Interaktion zwischen beiden; Sechsecke symbolisieren eine Abfrage, einen Prüfungsprozeß.
Inhaltlich umfassen die einzelnen Schritte:

Erste Informationen (1)

Der Ablauf des Prozesses wird durch eine oder mehrere Informationen ausgelöst, die gleichsam von selbst auf den Berater zukommen. Das kann im Bereich der Erziehungsberatung etwa die Anmeldung eines Kindes durch Eltern, Lehrer oder andere Bezugspersonen sein; oder ein Jugendlicher wendet sich von sich aus an die Beratungsstelle.

Informationsverarbeitung (2)

Die vorliegenden Informationen werden vom Berater weiterverarbeitet; sie lösen bei ihm z. B. bestimmte Meinungen, Einstellungen oder Haltungen aus, oder sie werden vom Berater bewußt in einen Prozeß der Informationsverarbeitung einbezogen. Dieser »Diagnostische Urteilsprozeß«, der durch das Hinzukommen weiterer Informationen beim Berater jeweils erneut abläuft, ist von solcher Bedeutung für den gesamten Beratungsprozeß, daß die sich dort ergebenden Probleme in einem eigenen Kapitel dargestellt werden (vgl. S. 49 ff).

Hypothesenbildung (3)

Der Vorgang der Hypothesenbildung kann als Ergebnis der Informationsverarbeitung angesehen werden; es handelt sich um die hypothetischen Vorstellungen vom Klienten bzw. seinen Problemen, die sich

für den Berater im Anschluß an die Informationsverarbeitung ergeben. Das hier vorgestellte Modell des Beratungsprozesses schreibt dabei dem einzelnen Berater nicht vor, auf dem Hintergrund welcher Persönlichkeitstheorie er die Hypothesen über den Klienten bildet: etwa lerntheoretisch, psychodynamisch begründet oder aufbauend auf die private Persönlichkeitstheorie des einzelnen Beraters.
Während etwa im Schema des diagnostisch-therapeutischen Handelns in der Verhaltenstherapie (Schulte 1976) die Erstellung des hypothetischen Bedingungsmodells aufgrund der Bedingungsanalyse des Verhaltens anhand lerntheoretischer Gesetze vorgenommen wird oder im psychodynamischen Modell der Rückschluß auf bestimmte Charakteristika der zugrundeliegenden »Persönlichkeit« erfolgt, wird hier bewußt die Ausrichtung an einer bestimmten Theorie vermieden. Von wesentlicher Bedeutung ist es jedoch, daß der Berater sich an dieser Stelle im Beratungsprozeß verdeutlicht, welchem Modell *er* für die Erstellung *seiner* spezifischen Hypothesen über einen bestimmten Klienten gefolgt ist.

Eigene Kompetenz ausreichend? (4)

Der Berater muß sich selbst dahingehend überprüfen, ob er auf der Grundlage der ihm bekannten Informationen über den Klienten als kompetent genug für die weitere Arbeit mit diesem Klienten anzusehen ist. Diese Überprüfung der eigenen Kompetenz erfordert zunächst die realistische Einschätzung der eigenen Fähigkeiten; auch sollte der Berater sich hier fragen, ob er durch die speziellen Probleme des Klienten ggf. so stark oder auch so gering angesprochen wird, daß er schon von daher dem Klienten nicht die ihm eigentlich mögliche und notwendige Hilfe anbieten kann.

Zielbestimmung möglich? (5)

Es wird überprüft, ob sich anhand der vorliegenden Informationen das Ziel des Beratungsprozesses schon beschreiben/bestimmen läßt, bzw. ob dazu weitere Informationen erhoben werden müssen.

Planung der Informationserhebung (6)

Bei der Informationserhebung durch den Berater handelt es sich um ein geplantes Vorgehen, das ihm Antworten auf umschriebene Fragen ermöglichen soll, die sich während der *Hypothesenbildung* in Form noch nicht überprüfter Annahmen ergeben haben. Das bedeutet: aus den Inhalten der noch nicht weiter überprüften Hypothesen ergeben sich die Ziele der Informationserhebung (problemorientierte Informationserhebung). Dagegen kann es nicht Ziel der Informationserhebung sein, eine möglichst vollständige Beschreibung der Persönlichkeit des Klienten nur der Vollständigkeit wegen zu erhalten.

Durchführung der Informationserhebung (7)

Dem Berater stehen zur Durchführung der Informationserhebung die unterschiedlichsten Datenquellen zur Verfügung. Es ist allein schon aus räumlichen Gründen nicht möglich, an dieser Stelle einen umfassenden Überblick über einzelne Verfahren der Informationserhebung zu geben; dazu muß auf die einschlägige Literatur verwiesen werden. Da sind einmal die *herkömmlichen psychodiagnostischen Testverfahren,* die sich etwa in Leistungstests (Entwicklungstests, Intelligenztests,

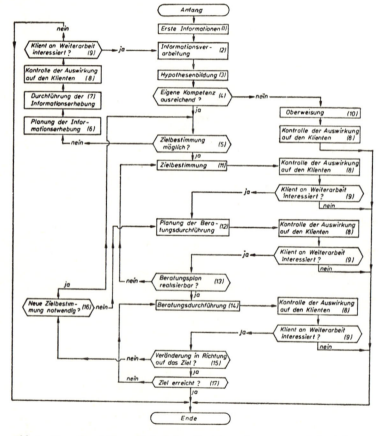

Abb. 8: Prozeßmodell psychologischer Erziehungsberatung – Verlaufschema.

allgemeine Leistungstests, Schultests, spezielle Funktionsprüfungs- und Eignungstests), psychometrische Persönlichkeitstests (Persönlichkeitsstruktur-Tests, Einstellungs- und Interessentests, klinische Tests) und Persönlichkeitsentfaltungsverfahren (Formdeuteverfahren, verbal-thematische Verfahren, zeichnerische und Gestaltungsverfahren) unterteilen lassen – vgl. Brickenkamp (1975).

Standardisierte Verhaltensinventare sind vor allem für die Verwendung in der Verhaltenstherapie erstellt worden. Sie geben etwa Hinweise auf bestimmte Reizklassen, die z. B. angstauslösende Situationen beschreiben (Seidenstücker & Weinberger, 1978), oder auf Klassen von Verstärkern (Windheuser & Niketta, 1972).

Das *klinische Gespräch* (Schraml, 1975) wird meist mit den Termini »Exploration« oder »Anamnese« bezeichnet. Es gibt eine Reihe unterschiedlicher Abgrenzungen zwischen diesen beiden Begriffen. Hier wird unter »Anamnese« das Gespräch zur Datenerhebung mit einer nahen Bezugsperson des eigentlichen Klienten (z. B. Vater oder Mutter) und unter »Exploration« das Gespräch mit dem Klienten selbst verstanden werden. Zur Datenerhebung liegen eine Reihe unterschiedlicher Schemata vor (vgl. z. B. Kemmler & Echelmeyer 1978; Schmidt & Kessler 1976), die von unterschiedlichen theoretischen Ansätzen ausgehen: etwa das psychodynamisch orientierte Schema zur Anamneseerhebung von Kemmler (1974), das Schema einer verhaltenstherapeutischen Exploration (Schulte, 1976) oder der Elternfragebogen von Dehmelt, Kuhnert & Zinn (1974), der keiner bestimmten »Schule« zuzuordnen ist. – Am Beispiel von Exploration und Anamnese, die einen wesentlichen Bestandteil der Informationserhebung ausmachen, wird auch ein grundsätzliches Problem jeder Datenerhebung deutlich:

Das Schema von Kemmler (1974), das für die Anamneseerhebung in der Erziehungsberatung entwickelt wurde, geht von einem dynamischen Persönlichkeitsmodell aus und bezieht eine Reihe weiterer Ansätze (z. B. konstitutionspsychologische, heilpädagogische oder entwicklungspsychologische) mit ein — vgl. auch Kemmler & Echelmeyer (1978). Es umfaßt auf der einen Seite eine Reihe allgemeiner Fragenkomplexe, die fast routinemäßig bei jeder Anamneseerhebung gestellt werden sollen: 1. Grund der Vorstellung, 2. Wohnorte und äußerer Lebensrahmen, 3. Krankheiten, 4. Biographie, 5. Familiensituation und Umweltbeziehungen, 6. Familienanamnese und 7. Eindruck von der Mutter. Dazu kommen ggf. spezielle Fragen zu einzelnen Symptomen und deren möglichen Verursachungen: z. B. Einnässen und Einkoten, Sprachstörungen, Kontaktstörungen, sexuelle Auffälligkeiten, Schulschwierigkeiten, Hospitalschäden, Minderbegabung, hirnorganische Schäden, Verwahrlosung, neurotisch gestörte Entwicklung.

Die verhaltenstherapeutische Exploration von Schulte (1976) geht von der »Verhaltensformel« S-O-R-K-C (Reiz (S), Organismus (O), Verhalten (R), Verstärkungsplan (K) und Konsequenzen (C)) von Kanfer & Saslow (1969) aus. Das zur Analyse der erhobenen Daten (Verhaltensanalyse) entwickelte Schema, das gleichzeitig als Leitfaden zum Ablauf der Informationserhebung

dienen kann (vgl. Kemmler & Echelmeyer 1978) umfaßt u. a. folgende Schritte:
I. Analyse des symptomatischen Verhaltens: 1. Analyse der Einzelsymptome (Beschreibung des Verhaltens und Spezifizierung der Störung, vorausgehende und nachfolgende Reizbedingungen, relevante Organismus-Variablen, Selbstkontrolle des Symptoms, vorläufiges funktionales Bedingungsmodell des Symptoms, Genese des Symptoms und deren Bedingungen), 2. Zusammenhänge zwischen den Einzelsymptomen;
II. Zielanalyse: 1. Analyse der momentanen Umweltbedingungen (relevante Aspekte der momentanen gesellschaftlichen und sozialen Umwelt, Bedeutung der Symptome für den Verhaltensspielraum des Patienten), 2. Zielbestimmung (Folgen einer möglichen therapeutischen Veränderung der Symptome für den Verhaltensspielraum des Patienten, Auswahl der therapeutischen Ansatzpunkte für eine direkte therapeutische Intervention).
Der »Diagnostische Elternfragebogen« (Dehmelt et al. 1974), der aus der praktischen Arbeit in Schulpsychologischen Beratungsstellen entstanden ist, folgt keinem expliziten theoretischen Ansatz; folgende Bereiche werden abgefragt: Geburtsschäden und körperliche Anomalien; Entwicklungsverzögerung; familiäre Einflüsse; Erziehungsstil, Beziehung der Familienmitglieder zueinander; Sozialverhalten; Interessen und Freizeit; Bereich Schule und Intelligenz; Verhaltensauffälligkeiten.

Ein Vergleich der drei Schemata ergibt, daß je nach theoretischer Ausrichtung des Schemas unter demselben Zielaspekt unterschiedliche Inhalte abgefragt werden. Die Ausrichtung von Anfang an an einem bestimmten Ansatz bedeutet damit eine Einschränkung der Wahrnehmungsmöglichkeiten und verhindert u. U. die Erhebung wichtiger Inhalte. – Dies gilt nicht nur für den hier beispielhaft etwas breiter dargestellten Bereich explorativer Gespräche, sondern auch für sämtliche anderen Formen der Informationserhebung.
In der *Verhaltensbeobachtung* wird der Klient in seinem Verhalten am direktesten und unmittelbarsten erfaßt. Schulte & Kemmler (1976) gehen auf fünf Aspekte oder Dimensionen ein, anhand derer die Methoden der Verhaltensbeobachtung unterschieden werden können: der äußere Rahmen (setting), in dem das Verhalten beobachtet wird; die Methoden der Aufzeichnung; die Verhaltensattribute, die Grundlage der Registrierung sein sollen; die Verhaltensstichprobe, die beobachtet werden soll; die Beobachter.
Auf die Erhebung *physiologischer Meßwerte* (z. B. Elektroencephalogramm, EEG, oder Elektrokardiogramm, EKG) wird hier nicht eingegangen, da die Möglichkeiten zur Erhebung solcher Daten in Erziehungsberatungsstellen nur im geringen Umfang gegeben sind – vgl. dazu etwa Eckert, Huppmann & Hellhammer (1978). Daneben sind eine Reihe *weiterer Möglichkeiten zur Informationserhebung* anzuführen, wie etwa die Befragung von Mitschülern, Arbeitskollegen, Lehrern oder Vorgesetzten des Klienten, die Heranziehung von Gutachten anderer Institutionen und anderes mehr.
In jedem Fall ergibt sich die Auswahl einer bestimmten Informationsquelle aus der Notwendigkeit, die für den einzelnen Klienten auf-

gestellten Hypothesen auf ihr Zutreffen hin zu überprüfen (problemorientierte Informationserhebung). Der Berater wird sich also auch in der Phase der Informationserhebung bei der Auswahl möglicher Informationsquellen an der individuellen Fragestellung des einzelnen Klienten und nicht etwa an der theoretischen Ausrichtung einzelner Verfahren an einer bestimmten »Schule« orientieren.

Kontrolle der Auswirkung auf den Klienten (8)

Auf den Klienten bezogene Handlungen des Beraters, entweder in Interaktion mit dem Klienten (z. B. Testdurchführung, Informationsvermittlung) oder auch in seinem sozialen Umfeld (z. B. Befragung von Mitschülern, Lehrern) lösen beim Klienten Reaktionen aus – z. B. emotionaler Art. Mit diesen Reaktionen muß sich der Berater auseinandersetzen, er muß ständig kontrollieren, wie sich seine Handlungsweisen auf den Klienten auswirken. Für diese Kontrolle bietet sich ein Vorgehen an, wie es etwa dem in der klientenzentrierten Gesprächsführung entspricht – vgl. Abb. 9.

Der Berater geht immer dann, wenn er im Kontakt mit dem Klienten ist, nicht nur auf die gerade anliegenden Schritte des Beratungsprozesses ein (z. B. Informationserhebung, Anwendung einzelner Bera-

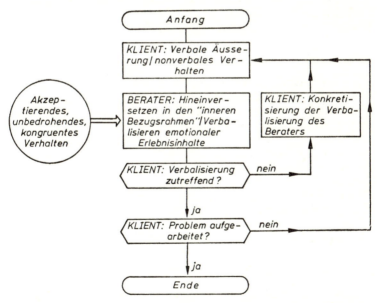

Abb. 9: Ablaufschema für die Kontrolle der Auswirkung des Beraterverhaltens auf den Klienten.

tungselemente), sondern er setzt sich sozusagen auf einer zweiten Ebene mit dem verbalen und nonverbalen Hinweisen des Klienten auf seinen derzeitigen gefühlsmäßigen Zustand auseinander.

So kann dem Berater z. B. während der Durchführung eines Leistungstests deutlich werden, daß der Klient sich unverhältnismäßig stark durch die Anforderungen der einzelnen Testaufgaben belastet fühlt. Dann wird der Berater versuchen, soweit das im Sinne einer standardisierten Testdurchführung möglich und erforderlich ist, schon während der Testdurchführung den Druck auf den Klienten abzuschwächen. Er wird aber auf jeden Fall nach Beendigung des Tests gemeinsam mit dem Klienten zu klären suchen, aus welchen Gründen der Klient sich so stark belastet fühlte, um dem Klienten von daher zu einer besseren Einschätzung der Situation zu verhelfen.

Er versucht wenn nötig, sich in den inneren Bezugsrahmen des Klienten hineinzuversetzen und die emotionalen Erlebnisinhalte zu verbalisieren. Der Klient prüft die Verbalisierung auf ihr Zutreffen hin und konkretisiert diese gegebenenfalls. Diese Sequenz wird so lange durchlaufen, bis der Klient das anliegende Problem aufgearbeitet hat.
Andere Beispiele für eigene Aktivitäten, deren Auswirkungen auf den Klienten der Berater ständig zu kontrollieren hat, sind etwa das Erfragen besonders belastender Momente aus der Lebensgeschichte des Klienten, die Mitteilung von Untersuchungsergebnissen oder die Verwendung bestimmter Elemente der Beratungsdurchführung. Allgemein heißt das, daß jede beraterische Aktivität nicht nur ihre spezifische Funktion, sondern gleichzeitig auch immer eine grundsätzliche therapeutische Funktion beinhaltet – vgl. z. B. Fiedler (1976).

Klient an Weiterarbeit interessiert? (9)

Der Klient entscheidet, wie lange er an dem Beratungsprozeß teilnehmen will; er ist nicht einem bestimmten Ablauf ausgeliefert, sondern kann den Prozeß von sich aus unter- bzw. abbrechen – vgl. Westmeyer (1975). Für den Berater bedeutet das, daß er nicht nur ständig die Auswirkungen seines Handelns auf den Klienten überprüfen muß, sondern daß er sich im Zusammenhang damit auch immer wieder zu fragen hat, ob der Klient von sich aus bereit ist, auch weiter an dem Beratungsprozeß teilzunehmen. So kann es sich z. B. nach mehreren Beratungskontakten ergeben, daß es für den Klienten (Vater) einfacher ist, die sich manchmal zwischen Vater und Kindern aufgrund des Verhaltens des Vaters ergebenden Schwierigkeiten auch weiterhin zu ertragen, als an einem umfangreichen Elterntraining teilzunehmen.

Überweisung (10)

Im Falle mangelnder eigener Kompetenz gibt der Berater Hinweise, welche Person bzw. Institution am besten zur Lösung des Problems des Klienten beitragen kann. Das erfordert beim Berater nicht nur den Überblick über weitere ihm nicht so vertraute beraterische Elemente, sondern auch über medizinische oder pädagogische Hilfsmöglichkeiten, sowie ein gewisses Wissen um etwaige rechtliche Grundlagen.

Zielbestimmung (11)

Die Bestimmung der Ziele des Beratungsprozesses ist für den Gesamtprozeß von grundsätzlicher Bedeutung und kann als ein wesentliches Element beraterischen Handelns eingestuft werden – vgl. auch Bergold (1978). Während z. B. Psychoanalyse und Gesprächspsychotherapie nur relativ globale Ziele therapeutischen Handelns beschreiben, ist für die Verhaltenstherapie die explizite und konkrete Definition der Therapieziele kennzeichnend – vgl. Schmook, Bastine, Henkel, Kopf & Malchow (1974), Schulte (1976). Die inhaltliche Bestimmung von Therapiezielen kann ausgerichtet sein an den spezifischen Vorstellungen einer Theorie der Therapie von der »gesunden« Persönlichkeit, den gesellschaftlichen Vorstellungen über »normales« Verhalten, also an Kriterien, die außerhalb der Person des Klienten zur Einschätzung seines Verhaltens entwickelt werden, sie kann sich aber auch an den Werten oder Vorstellungen des Klienten selbst orientieren.

In der Beratungspraxis wird zwischen diesen beiden Polen der Zielbestimmung – Fremdbestimmung versus Eigenbestimmung – in der Interaktion zwischen Klient und Berater die Bestimmung der Beratungsziele als gemeinsamer Prozeß erfolgen. Dabei liegt die Aufgabe des Beraters nicht darin, aus einer von ihm vorgenommenen Analyse von Verhaltensweisen und deren Bedingungen für den Klienten die Ziele zu erarbeiten, sondern er wird sich grundsätzlich von den Vorstellungen, dem Leidensdruck des Klienten leiten lassen. Eigene Zielvorstellungen wird der Berater dann einbringen, wenn beim Klienten Informations- bzw. Verhaltensdefizite vorliegen bzw. wenn er durch die Art seiner Störung in der Wahrnehmung alternativer Handlungsmöglichkeiten behindert wird. Die Bewertung dieser neuen Vorstellungen erfolgt jedoch grundsätzlich durch den Klienten.

Nach der allgemeinen Festlegung der Ziele kommt der möglichst konkreten Definition einzelner Beratungsziele eine hohe Bedeutung zu; diese sind nicht nur auf die Verhaltensebene beschränkt, sondern umfassen z. B. auch die Veränderung von Einstellungen oder Normen. Je spezifischer die Zielvorstellungen formuliert sind, desto eher können sie bei der Kontrolle der Erfolge des Beratungsprozesses eingesetzt werden.

Planung der Beratungsdurchführung (12)

Es wird festgelegt, welche beraterischen Elemente zur Erreichung der einzelnen Beratungsziele eingesetzt werden sollen. Als Kriterium zur

Auswahl eines bestimmten Elements kann dabei nicht dessen Ableitbarkeit aus einer bestimmten Beratungs-»Schule« herangezogen werden, sondern allein der mögliche Erfolg eines Elements ist bestimmend für seinen Einsatz.

Beratungsplan realisierbar? (13)

Es wird geprüft, ob die in den Beratungsplan eingehenden Einzelelemente auch tatsächlich eingesetzt werden können. Dazu gehört die Überprüfung der notwendigen personellen, räumlichen und zeitlichen Bedingungen, sowie der zeitlichen Abfolge der einzelnen Elemente; dabei sind organisatorische und inhaltliche Momente nicht nur getrennt für sich, sondern auch gegeneinander abzuwägen. So wird es vorkommen, daß ein Kind zunächst an einer Spielgruppe teilnimmt, nur weil dort gerade ein Platz frei ist, und nicht an einem – in zeitlicher Reihenfolge – an erster Stelle vorgesehenen Einzeltraining.

Beratungsdurchführung (14)

Die vielfältigen möglichen Elemente beraterischen Handelns können an dieser Stelle nicht besprochen werden, sondern werden in einem eigenen Kapitel dargestellt (siehe dazu S. 74 ff). Der Einsatz der beraterischen Maßnahmen erfolgt dabei in ständiger Kontrolle der Auswirkungen dieser Maßnahmen auf den Klienten (vgl. Punkt (8) des Verlaufsmodells). Hier geht es zunächst noch nicht um eine Effektivitätsüberprüfung, sondern nur um die Frage, wieweit der Klient die mit und für ihn geplanten Maßnahmen auch in der praktischen Anwendung als für sich angemessen akzeptieren kann.

Veränderung in Richtung auf das Ziel? (15)

Die eigentliche Beratungsdurchführung ist nur so lange sinnvoll, wie sich dabei Veränderungen in die zuvor festgelegte Zielrichtung ergeben. Das bedeutet, daß der Erfolg der Beratungsmaßnahmen ständig überprüft werden muß. Neben den schon besprochenen Möglichkeiten zur Informationserhebung können hier speziell die Häufigkeitstabellen und Diagramme für bestimmte Verhaltensweisen, wie sie vor allem in der Verhaltenstherapie herangezogen werden – vgl. Lutz & Windheuser (1976) – bzw. die Klienten-Erfahrungsbögen in der Gesprächspsychotherapie (vgl. Bommert 1977) angeführt werden.

Neue Zielbestimmung notwendig? (16)

Die Frage nach einer möglicherweise notwendig werdenden Neubestimmung der Beratungsziele stellt sich immer dann, wenn keine Veränderung in Richtung auf das Ziel während der Beratungsdurchführung festzustellen ist. Dadurch wird gewährleistet, daß auch solche Beratungsziele mit in den Beratungsplan aufgenommen werden können, die sich erst während der Beratung in Abhängigkeit von den bislang eingeleiteten Maßnahmen ergeben.

Ziel erreicht? (17)

Die Frage nach der Annäherung des Klienten an die definierten Ziele ist aus mindestens zwei Gründen von Bedeutung. Zum einen geht es um generelle Aussagen um den Erfolg einer Beratung – vgl. dazu etwa Petermann (1978); auf der anderen Seite steht die Frage, ob die Beratung weiter fortgesetzt werden soll. Hier ist ein Vergleich zwischen Ist- und Soll-Zustand nötig. Dieser wird um so genauer durchgeführt werden können, je spezifischer die Zielvorstellungen ursprünglich formuliert worden sind. Für die Konstruktion von Aufgaben, die sich an den Zielen der Beratung orientieren, schlägt Schott (1973) Matrizen aus zweidimensionalen Aufgabenklassen (Beratungszielen) vor.

Die beiden Dimensionen der Aufgabenmatrix (Zusammenstellung der Beratungsziele) können etwa durch den Reiz- bzw. Inhaltsaspekt und den Reaktions- bzw. Verhaltensaspekt charakterisiert werden. Das wird an dem Beispiel der Behandlungsziele bei einer Schlangenphobie deutlich: Unter dem Reiz- bzw. Inhaltsaspekt werden verschiedene Reize (z. B. Bilder von Schlangen, Schlangen aus Plastik, ausgestopfte Schlangen, lebende Schlangen) zusammengestellt, während unter dem Verhaltensaspekt verschiedene Formen der Annäherung an den Reiz (z. B. auf 5 m, auf 2 m, auf 1 m nähern; kurz berühren; 2 sek. lang anfassen) aufgelistet sind. Mit Hilfe so differenzierter Einzelziele läßt sich dann im Verlauf der Beratung die jeweilige Annäherung an das Beratungsziel relativ genau bestimmen.

Der *Überblick* über den Zusammenhang zwischen den einzelnen Schritten des Beratungsprozesses ergibt sich im wesentlichen aufgrund der graphischen Darstellung (Abb. 8) und der Beschreibung der einzelnen Schritte des Beratungsprozesses. Deshalb wird auf eine detaillierte Beschreibung der verschiedenen Verzweigungsmöglichkeiten innerhalb des vorgeschlagenen Prozeßmodells verzichtet; statt dessen sei auf drei von ihrer Funktion her unterscheidbare Bereiche dieses Prozesses nochmals kurz hingewiesen.

Auf der einen Seite handelt es sich um den Bereich der Informationserhebung und -verarbeitung; ihm kommt zu unterschiedlichen Zeitpunkten des Beratungsprozesses eine wesentliche Bedeutung zu. Dabei ist es nicht ausschlaggebend, ob die eingesetzten Mittel zur Informationserhebung nun der klassischen oder einer anderen Testtheorie bzw. einem Naiv-Modell des Messens folgen, sondern ihre Effektivität in bezug auf die Überprüfbarkeit der einzelnen Hypothese ist von vorrangiger Bedeutung. Damit wird die Notwendigkeit einer angemessenen Diagnostik betont, doch kann es sich dabei nur um eine zweckgerichtete Diagnostik etwa zur Auswahl problematischer Bereiche, zum Erkennen notwendiger Fähigkeiten, Eigenschaften oder Interessen, zur Auswahl der angemessenen Beratungselemente oder zum Abschätzen der Veränderung in Richtung auf das Beratungsziel handeln. Eine möglichst vielfältige Diagnostik *allein* zum Zweck einer umfassenden Persönlichkeitsbeschreibung ist aus dieser Sicht abzulehnen.

Der zweite Bereich umfaßt den Einsatz der verschiedensten Elemente psychologischer Beratung. Dabei ist zu betonen, daß das Ziel beraterischen Handelns nur darin liegen kann, dem Klienten eine möglichst optimale Hilfe bei der Bewältigung seiner Probleme zu geben. Es kann aber nicht vorrangig Sinn beraterischen Handelns sein, sich möglichst getreu an die Zielvorstellungen einer *bestimmten* Theorie psychologischer Beratung zu halten – vgl. dazu auch S. 80 f.

Der dritte wesentliche Bereich bildet gleichsam den Hintergrund, von dem aus der Berater mit dem Klienten im Sinne der beiden anderen Bereiche umgeht: die ständige Überprüfung der Auswirkungen des Beraterverhaltens auf den Klienten. Dabei geht es hier nicht um die Erfolgsüberprüfung spezieller Elemente, sondern um den Umfang der *Betroffenheit* des Klienten durch die Handlungen des Beraters und die sich daraus für den Beratungsprozeß ergebenden Folgerungen.

Der diagnostische Urteilsprozeß

Ein umschriebener Ausschnitt aus dem Gesamtprozeß psychologischer Erziehungsberatung steht in diesem Kapitel im Vordergrund, nämlich die Frage, wie der Berater von einer begrenzten Menge von Informationen zu einer bestimmten Entscheidung gelangt bzw. gelangen sollte. Es wird zunächst auf verschiedene Faktoren eingegangen, die das Urteilsverhalten des Beraters beeinflussen können, danach werden unterschiedliche Modelle des diagnostischen Urteilsprozesses diskutiert. Sodann werden die Folgerungen aufgezeigt, die sich daraus für das diagnostische Vorgehen in der Praxis ergeben.

Die wesentlichen Schritte, die den Prozeß psychologischer Erziehungsberatung ausmachen, wurden im vorhergehenden Kapitel in ihren gegenseitigen Abhängigkeiten dargestellt. Vor allem handelte es sich dabei um ein Prozeßmodell, das das Fortschreiten einer Beratung verdeutlichen sollte.
Ein umschriebener Ausschnitt aus diesem Gesamtprozeß steht in diesem Kapitel im Vordergrund, nämlich die Frage,
wie der Berater von einer begrenzten Menge von Informationen zu einer bestimmten Entscheidung gelangt bzw. gelangen sollte.
Diese Frage nach dem *diagnostischen Urteilsprozeß* kann im Verlauf einer Beratung mehrfach von Bedeutung sein; etwa bei der Auswertung eines anamnestischen Gespräches, einer Verhaltensbeobachtung oder der Befragung eines Lehrers, oder etwa bei der Bewertung der erhobenen Testwerte unter dem Gesichtspunkt der Oberschuleignung eines Kindes, bzw. bei der Einordnung der erhobenen Informationen unter dem Gesichtspunkt der Zuweisung zu einer bestimmten Behandlungsform – vgl. z. B. I. Bastine (1977), Blaser (1977), Jankowski (1978).
Auch ist an dieser Stelle noch einmal darauf zu verweisen, daß jede dem Berater über den Klienten neu bekannt werdende Information bei diesem bewußt oder nicht-bewußt bestimmte Folgerungen auslösen und daß damit das weitere beraterische Vorgehen in ganz bestimmter Weise gelenkt werden kann; d. h. der Berater trifft während des gesamten Beratungsprozesses immer neue, den Beratungsprozeß bestimmende Entscheidungen, ohne daß es ihm in jedem Fall deutlich wird, daß er sich in den einzelnen Beratungsschritten der Informationserhebung, Informationsverarbeitung oder Hypothesenbildung (vgl. S. 38 ff) befindet.
Im allgemeinen können jeweils vier für den Urteilsprozeß bedeutsame Bereiche unterschieden werden:
- Eine Reihe von Eingangsdaten (»Informationen« unterschiedlicher Art über den Klienten);
- die Verarbeitung der Eingangsdaten;

– Faktoren, die die Verarbeitung der Daten beeinflussen können;
– Ausgangsdaten (z. B. »Entscheidung« über/für einen Klienten).
Es handelt sich also um zwei unterschiedliche Formen von Daten, nämlich zum einen Eingangsdaten (»Informationen«) und zum anderen Ausgangsdaten (»Entscheidungen«), die durch eine noch näher zu untersuchende Form der Datenverarbeitung ineinander überführt werden, wobei die Verarbeitung der Daten durch eine Reihe von Faktoren beeinflußt werden kann.
In der weiteren Darstellung werden zunächst exemplarisch verschiedene Faktoren besprochen, die den Urteilsprozeß *beeinflussen* können; dann sind unterschiedliche *Modelle für den Urteilsprozeß* vorzustellen; schließlich sollen *Folgerungen* aufgezeigt werden, die sich derzeit für die diagnostische Praxis ergeben.

1. Das diagnostische Vorgehen beeinflussende Faktoren

Schon in der Phase der Testdurchführung ist selbst bei standardisierten Untersuchungsverfahren nicht immer eine hinreichende (Durchführungs-) Objektivität gewährleistet. So haben etwa Sader & Keil (1966) eine Reihe situativer Variablen, vor allem bei der Interaktion zwischen Testleiter und Proband, aufgezeigt, die die Testergebnisse stark beeinflussen können. Auf diese Fehlermöglichkeiten wird hier nicht näher eingegangen, sondern es werden nur Faktoren dargestellt, die den Prozeß der Verarbeitung der Informationen durch den Diagnostiker, seinen Urteilsprozeß, beeinflussen können – vgl. auch Leichner (1978). Dabei handelt es sich zum größten Teil um Effekte, die nicht nur im engen Bereich psychologischer Erziehungsberatung oder im weiteren Feld einer psychologischen Diagnostik allgemein wirksam sind, sondern etwa auch in der Sozialpsychologie, z. B. unter dem Oberbegriff »soziale Wahrnehmung«, von Bedeutung sind – vgl. etwa Secord & Backman (1976).
Mit der richtungsweisenden »New-Haven-Untersuchung« von Hollingshead & Redlich (1958) ist die Bedeutung der Information über die *soziale Klasse,* der ein Klient/Patient angehört, deutlich geworden; durch sie werden die Art der Diagnose, die Form und auch der Erfolg der Behandlung wesentlich bestimmt. Doch ist die Variable »soziale Klasse« nicht nur im Bereich der psychiatrischen Versorgung, sondern auch bei Beratungen im Schulbereich von wesentlicher Bedeutung für die Einschätzung des Probanden – vgl. Garfield, Weiss & Pollack (1973):

Die Autoren legten zwei Gruppen von Beratern an Grundschulen jeweils identische Beschreibungen von Kindern vor, die typische Schulprobleme aufwiesen. Die eine Gruppe von Beratern erhielt zusätzliche Informationen, welche die zur beurteilenden Kinder deutlich als Angehörige der oberen Mittelschicht kennzeichneten; die entsprechenden Informationen für die andere Beurteilungsgruppe wiesen diese Kinder als Angehörige der Unterschicht aus. Die Berater hatten für jedes Kind eine Reihe von Fragen nach der geeigneten Behandlung und zur Prognose der schulischen Laufbahn zu beantworten. Die Ergebnisse zeigen eindeutig, daß auch im Schulischen der Faktor der Zugehörigkeit zu einer sozialen Klasse gerade auch die Berater in ihrem Urteil wesentlich beeinflußt, deren Aufgabe eigentlich darin bestehen sollte, möglichst Benachteiligungen von Kindern aus sozialen Gründen auszugleichen. Während die Berater durchgehend bereit waren, sich für die Oberschicht-Kinder zu engagieren (Elternbesuch, Gespräch mit dem Klassenlehrer u. a. m.) und durchweg günstige Prognosen stellten, erwarteten sie bei den Unterschicht-Kindern, daß diese die Schule abbrechen würden; dementsprechend gering war das Engagement, diesen Kindern zu helfen — das Wiederholen einer Klasse wurde durchweg als geeignete therapeutische Maßnahme angesehen.

Auch bei anderen Informationsinhalten besteht die Gefahr, daß der Berater eine *einzelne Information unverhältnismäßig hoch gewichtet* und daß damit sein weiteres Vorgehen in eine ganz bestimmte Richtung gelenkt wird. Ähnliche beraterische Reaktionen, wie sie für das im klinischen Bereich relevante Symptom des »Stimmenhörens« nachgewiesen wurden (Rosenhan 1973), sind auch im Rahmen der Erziehungsberatung wahrscheinlich.

Eine Reihe psychisch unauffälliger Probanden aus verschiedensten Berufen suchten ambulante Beratung in psychiatrischen Kliniken. Die Pseudopatienten machten bei der Exploration durch die Psychiater wahrheitsgemäße Angaben, doch gaben alle vor, unter einem diffusen Stimmenhören gelitten zu haben, welches jetzt aber nicht mehr zu beobachten sei. Die Angabe dieses einzelnen Symptoms genügte in allen Fällen, daß die Probanden als »schizophren« eingestuft und dementsprechend mit unterschiedlicher Dauer stationär behandelt wurden. Obwohl die Pseudopatienten sich während der Behandlung wahrheitsgemäß – also psychisch unauffällig – verhielten und auch nicht mehr über Stimmenhören klagten, wurden sie durchweg nach wochenlangem stationären Aufenthalt als Schizophrene in Remission entlassen.

Sieht sich der Berater im Verlauf eines kürzeren Zeitabschnittes mit mehreren Klienten konfrontiert, so ist zu erwarten, daß in seine diagnostischen Entscheidungen zusätzlich ein »*Kontrasteffekt*« eingeht, d. h. Entscheidungen für/über einen bestimmten Klienten hängen häufig nicht so sehr von den Merkmalen dieses Klienten ab, sondern können zu einem wesentlichen Teil durch Merkmale seines Vorgängers mitbestimmt sein – vgl. Wexley, Yokl, Kovacs & Sanders (1972).

Für den Verlauf der diagnostischen Entscheidungsbildung gibt es Hinweise, daß die eigentliche Entscheidung des Beraters häufig schon nach der Erhebung weniger Informationen feststeht, und daß neue Informationen sein Urteilsverhalten kaum noch beeinflussen können – vgl. Springbett (1958). An diesem Beispiel wird deutlich, daß für die *kognitive Bearbeitung der Informationen durch den Diagnostiker* eine Reihe von Gesetzen gelten bzw. hier bestimmte Phänomene auftreten, auf die etwas näher einzugehen ist:

Aus den Arbeiten zur allgemeinen Psychologie ist die *Begrenztheit des menschlichen Wahrnehmungs- und Verarbeitungsvermögens* bekannt. Im Prozeß des diagnostischen Urteilens kann daher leicht der Fall eintreten, daß dem Beurteiler mehr Informationen zur Verfügung stehen, als er bearbeiten kann, und daß damit seine Beurteilungen trotz eines wachsenden und differenzierten Informationsangebotes selbst nicht differenzierter werden. Nach Miller (1956) ist das menschliche Aufnahmevermögen für eindimensionale Informationen auf etwa sieben Informationen beschränkt.

Diese Beschränkung seines Aufnahmevermögens versucht der Diagnostiker zum Teil wenigstens durch eine *Selektion bei der Wahrnehmung* auszugleichen.

Zunächst kann hier die Selektion der Informationen aufgrund *der theoretischen Ausrichtung* des Beraters angeführt werden. So ließ Shemesh (1974) von behavioristisch bzw. dynamisch orientierten Beratern eine möglichst gute Erklärung für das Verhalten eines Probanden in einer belastenden Situation aus vier vorgegebenen Erklärungsmöglichkeiten heraussuchen. Es ergab sich, daß zwischen den Diagnostikern keine Übereinstimmung bezüglich der zutreffenden Erklärung bestand, daß aber ihre theoretische Ausrichtung bestimmend für die gewählte Erklärung war.

Zur Frage, ob *Verzerrungen bzw. Bewertungen der Informationen* durch den die Entscheidung Treffenden vorgenommen werden, gibt es vor allem im Bereich der Wirtschafts- und Sozialpsychologie eine Fülle von Untersuchungen — vgl. Grabitz & Haisch (1972). Es zeigt sich, daß Probanden nur mit Verzögerung eine einmal gefaßte Einstellung verändern, selbst wenn sie auch massiv mit widersprechenden Informationen konfrontiert werden (»primacy effect«). Dabei handelt es sich um eine Art Mechanismus der Selbstbestätigung von Hypothesen: Ein wesentlicher Teil der Informationen, die der vom Probanden zuerst bevorzugten Entscheidung widersprechen, werden von diesem als »falsch« bezeichnet, während unterstützende Informationen durchweg als »richtig« klassifiziert werden. Auch vermindert eine als »falsch« abgewertete Information nicht die subjektive Überzeugung für die Richtigkeit der favorisierten Alternative.

Beim Verlauf von Entscheidungen in längeren Entscheidungsprozessen, im Bereich der Erziehungsberatung läßt sich hier z. B. an die Bestimmung einer geeigneten Schulform für einen Schüler denken, besteht die Gefahr, daß Berater um so heftiger auf neu hinzukommende widersprüchliche Informationen reagieren, je sicherer sie sich schon in ihrem bisherigen Urteil fühlen — vgl. Triebe (1976).

Welche Einflüsse solche Wirkungsmechanismen auf die *Güte der Diagnose* haben können, läßt sich an den nachfolgenden Beispielen verdeutlichen:

Die Abhängigkeit der Güte des Urteils von der *Informationsmenge* untersuchten Bartlett & Green (1966).

Sie gingen von dem in der Statistik mit »shrinkage-Theorie« bezeichneten Phänomen aus, daß mit zunehmender Informationsmenge eine Reduktion der Vorhersagegenauigkeit zu beobachten ist. Zur Überprüfung mußten erfahrene Schulpsychologen den Schulerfolg von Kindern einmal aufgrund von 4 Informationen und dann aufgrund von 22 Informationen vorhersagen. Allen Beratern gelang mit den 4 Informationen eine bessere Diagnose (gemessen an einem Außenkriterium) als mit den 22 Informationen. Obwohl die Autoren in ihrer Diskussion die Folgerungen aus diesen Ergebnissen auf solche Fälle beschränkt wissen wollen, wo die Validität der als Prediktoren benutzten Informationen zuvor bekannt war, sprechen weitere Untersuchungen für die allgemeinere Gültigkeit dieser Ergebnisse.

In einem Experiment von Michel (1968) war aufgrund des Zulliger- (Z-) Tafel-Test, einem dem Rorschach-Test vergleichbaren projektiven Verfahren, die Intelligenz der Probanden einzuschätzen. Auch hier ergab sich, daß zusätzliche diagnostische Informationen und daran anschließende Überlegungen für die Einschätzung vollkommen wertlos waren, ja daß sogar die Validität der Entscheidungen durch die Hinzunahme weiterer Informationen gemindert wurde.

Den Zusammenhang zwischen der *subjektiven Einschätzung der Richtigkeit der Diagnose* und der tatsächlichen Güte des Urteils untersuchte zunächst Oskamp (1965).

Den Beurteilern wurde die schriftliche Darstellung eines psychologischen Fallberichts in vier getrennten Abschnitten vorgegeben. Nach jedem Abschnitt hatten sie 25 Fragen zur Einschätzung und Klassifikation dieses Falles zu beantworten; zusätzlich war bei jeder Frage auf einer Prozentskala anzugeben, für wie sicher die Beurteiler ihre Einschätzung hielten. Es ergab sich, daß mit zunehmender Menge an Informationen die Diagnostiker bezüglich ihres Verständnisses dieses Falles und der Richtigkeit der von ihnen getroffenen Einschätzungen immer sicherer wurden, daß aber gleichzeitig die objektive Richtigkeit der Einschätzung — vgl. oben — nicht zunahm. Nachdem alle Informationen vorgegeben waren, bestand bei fast allen Diagnostikern kein angemessenes Verhältnis mehr zwischen der subjektiven Einschätzung der Güte der Diagnose und ihrer tatsächlichen Validität. Ahrens & Stäcker (1975) konnten bei Psychologiestudenten feststellen, daß diese mit zunehmendem Ausbildungsstand immer differenziertere diagnostische Urteile abgaben und daß dabei ihre *subjektive* Sicherheit zunahm. Auch ist seit längerer Zeit bekannt und mehrfach bestätigt worden, daß die Treffsicherheit klinischer Diagnosen nicht gleichzeitig mit der zunehmenden Erfahrung des Beraters ansteigt — vgl. Spitznagel (1967).

2. Modelle für den diagnostischen Urteilsprozeß

Eine Vielzahl unterschiedlicher Faktoren wirken, wie an einigen Beispielen gezeigt wurde, auf das diagnostische Vorgehen ein und erhöhen damit die Fehleranfälligkeit diagnostischer Entscheidungen. So ist die Fülle der Untersuchungen gerade zu Problemen des diagnostischen Urteilsprozesses verständlich. Diese beziehen sich zwar nur zum Teil auf spezielle Probleme in der psychologischen Erziehungsberatung, doch lassen sich die in anderen diagnostischen Feldern durchgeführten Untersuchungen meist ohne Schwierigkeiten auf diesen Praxisbereich übertragen. Dabei können vier einander teilweise überschneidende Betrachtungsweisen unterschieden werden – vgl. Westmeyer (1972):
— In der *deskriptiven* Betrachtungsweise werden die bei der diagnostischen Urteilsbildung zu beobachtenden Vorgänge beschrieben,

geordnet und eventuell systematisiert. Weiter können diese Vorgänge durch die Einführung beschreibender Konstrukte verständlich gemacht werden.
- Beim *explanativen* bzw. *explikativen* Ansatz geht man über die reine Beschreibung bzw. Systematisierung hinaus und versucht (eventuell mit Bezug auf erklärende Konstrukte), die beobachteten Vorgänge zu verstehen und zu erklären.
- In die *spekulative* Betrachtungsweise lassen sich alle Versuche einordnen, die bislang lediglich systemimmanente Verbindlichkeit besitzen; es handelt sich vor allem um Modelle, die durch *Verstehen* gewonnen wurden, aber bislang noch nicht empirisch abgesichert sind.
- Demgegenüber werden bei der *normativen* Betrachtungsweise Regeln entwickelt, wie der diagnostische Urteilsprozeß abzulaufen hat. Es handelt sich hier um eine Lehre vom korrekten Diagnostizieren.

Bei der Darstellung verschiedener Modelle des diagnostischen Urteilsprozesses sollen hier nur zwei größere Kategorien einander gegenüber gestellt werden – dabei dient der *normative Anspruch* der Modelle zur Unterscheidung – vgl. Westmeyer (1976). Zunächst werden Betrachtungsweisen vorgestellt, bei denen versucht wird, die bei der diagnostischen Urteilsbildung zu beobachtenden Vorgänge zu *verstehen*, zu *beschreiben* bzw. zu *erklären (deskriptiv/explanativer* Ansatz); dann werden Modelle besprochen, die dem Diagnostiker *vorschreiben*, auf welche Art und Weise er zu seinen Entscheidungen zu gelangen hat (*normativer Ansatz*).

2.1. Der deskriptiv-explanative Ansatz

Bei der Beschreibung des diagnostischen Urteilsprozesses bleiben an dieser Stelle all die Faktoren unberücksichtigt, die das diagnostische Vorgehen beeinflussen können (vgl. oben); es geht hier allein um die Zusammenhänge zwischen *Eingangsdaten, Datenverarbeitung* und *Ausgangsdaten*. Dabei kann der diagnostische Urteilsprozeß von zwei unterschiedlichen Ansatzpunkten aus beschrieben und erklärt werden (vgl. Abb. 10). Diese Ansätze lassen sich als »*Prozeßerforschung*« (process tracing) bzw. als »*black-box-Strategie*« kennzeichnen – vgl. Green (1968); mit beiden Methoden kann näher beschrieben werden, wie ein Berater aufgrund bestimmter Eingangsdaten (»Informationen«) zu bestimmten Ausgangsdaten (»Entscheidungen«) gelangt.

Bei der *Prozeßerforschung* werden diejenigen Faktoren herausgearbeitet, die die Interdependenzen zwischen eingegebenen (z. B. vorliegende Testergebnisse) und ausgegebenen Daten (z. B. eine bestimmte diagnostische Entscheidung) bewirken. Dazu wird vor allem die Ana-

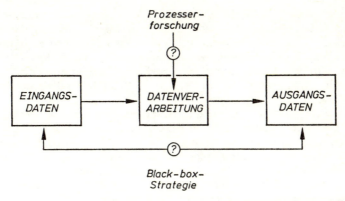

Abb. 10: Zwei unterschiedliche Ansätze zur Beschreibung des diagnostischen Urteilsprozesses: ›Prozeßerforschung‹ und ›black-box-Strategie‹.

lyse von Protokollen herangezogen, in denen Berater beschreiben, *wie* sie zu einer bestimmten Entscheidung gelangen. – Auf die Abgrenzung von »Prozeßforschung« und »Introspektion« soll hier nicht näher eingegangen werden – vgl. dazu z. B. Green (1968).
Demgegenüber wird bei der *black-box-Strategie* der diagnostische Urteilsprozeß als eine Form der Datenverarbeitung aufgefaßt, die in einem nicht zu öffnenden Kasten (black box) abläuft; allein die Beziehungen zwischen Eingangs- und Ausgangsdaten sind der Beobachtung zugänglich. Dieses Vorgehen war vor allem für behavioristisch ausgerichtete Forscher lange Zeit die Forschungsmethode der Wahl; es wird nicht untersucht, warum aufgrund bestimmter Daten eine bestimmte Entscheidung getroffen wird, sondern allein von Bedeutung ist der – mathematisch – *beschreibbare Zusammenhang* zwischen eingegebenen und ausgegebenen Daten.
Unter dem Gesichtspunkt der Beschreibung bzw. Erklärung der Vorgänge beim diagnostischen Urteilsprozeß werden im Folgenden Beispiele für diese beiden Forschungsstrategien angeführt.

Prozeßerforschung

Die Methode der Prozeßerforschung kann als anschauliches Beispiel für den Versuch dienen, diejenigen Vorgänge zu erfassen, die während der Urteilsbildung im klinischen Hinterkopf des Beraters ablaufen, die also die klinische Urteilsbildung (»clinical prediction«, Meehl, 1954) ausmachen. Von ihren Gegnern wird diese Art diagnostischen Vorgehens häufig als »mystisch«, »transzendent«, »metaphysisch«, »vage«, »subjektiv«, »unwissenschaftlich«, »qualitativ«, »primitiv« u. a. m. bezeichnet, während ihre Befürworter von

»dynamisch«, »global«, »konfigural«, »genuin«, »sensitiv«, »natürlich«, »verständnisvoll« u. ä. (vgl. Meehl, 1954) sprechen. Daß die klinische Urteilsbildung in dieser Form zumindest einer wissenschaftlichen Betrachtung zugänglich gemacht werden kann, läßt sich unter dem Gesichtspunkt der Prozeßerforschung etwa an den Arbeiten von Kleinmuntz (z. B. 1963, 1968, 1970) und in jüngster Zeit bei Waltert (1977) aufzeigen.

Dieser Ansatz geht u. a. von dem Grundgedanken aus, daß der Berater bei vielen Entscheidungen im Bereich der diagnostischen Urteilsbildung durch seine persönliche Sichtweise der zu beurteilenden Fragen den Fehleranteil bei der Diagnosestellung um einen zusätzlichen Teil erhöht. Deshalb wäre es am vorteilhaftesten, den Urteilsprozeß einer Maschine zu überlassen, die zwar über das breite Wissen eines erfahrenen Beraters verfügt, aber nicht wie dieser von aktuellen Eindrücken, Stimmungen, körperlichen Befindlichkeiten u. a. m. beeinflußt werden kann. Zur Konstruktion einer solchen Maschine muß daher zunächst etwa ein erfahrener Berater dazu gebracht werden, seine Strategien bei der Urteilsbildung deutlich zu machen, um dann ein Computer-Programm erstellen zu können, das dieses Vorgehen verwirklicht.

Dieses Vorgehen wird an einem vereinfachten fiktiven Beispiel aus dem Bereich der psychologischen Erziehungsberatung deutlich:

Einem erfahrenen Berater wird die Aufgabe gestellt, aufgrund der Testergebnisse in einem Intelligenz- und Schulleistungstest mit mehreren Untertests die Eignung der Probanden für eine weiterführende Schule zu bestimmen. Aufgrund der möglichen Unterschiede der Testergebnisse in den einzelnen Untertests wird damit beim Berater ein Vorgehen erforderlich, das auf verschiedene Profilkonfigurationen eingeht, und damit den Berater zu einer Arbeitsweise zwingt, die dem Begriff vom »klinischen Urteilen« sehr nahe kommt. Zusätzlich wird dem Berater die Aufgabe gestellt, während der einzelnen Beurteilungen »laut zu denken«. Anhand der Protokolle einer größeren Anzahl solcher Beurteilungen können dann eine Reihe sequentieller Entscheidungsregeln entwickelt werden, die z. B. als Handlungsanweisungen für den einzelnen Berater benutzt bzw. auch in ein Computerprogramm übertragen werden können.

Aufgrund der Untersuchungen von Kleinmuntz (z. B. 1968), die in ähnlicher Weise (vgl. das fiktive Beispiel) auch im Bereich der psychologischen Erziehungsberatung durchgeführt werden könnten, wird deutlich,
– daß Berater dazu veranlaßt werden können, ihre Entscheidungsprozesse deutlich zu machen;
– daß die benutzten Entscheidungsregeln systematisiert werden können;
– daß diese Regeln ggf. in ein entsprechendes Computerprogramm umgesetzt werden können;
– daß solche Programme die Regeln mit Erfolg anwenden können;

Abb. 11: Ablaufschema zur sequentiellen Beurteilung eines Probanden als ›angepaßt‹ bzw. ›unangepaßt‹ aufgrund seiner Testergebnisse im MMPI – vgl. Kleinmuntz (1968).

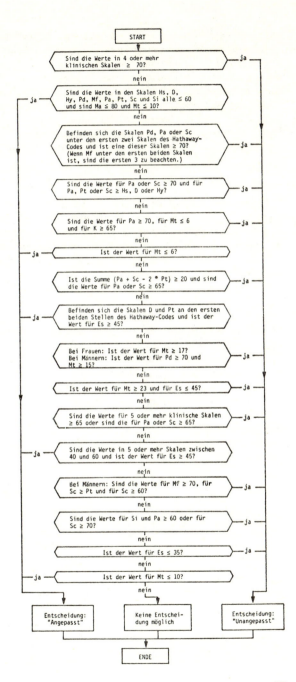

Das in Abb. 11 dargestellte Ablaufschema aus dem Bereich der Klinischen Psychologie kann als *ein* Beispiel für ein so entwickeltes Regelsystem angeführt werden.

– daß die Anwendung solcher Regeln im Durchschnitt einen wesentlich höheren Anteil zutreffender Diagnosen erbringt als das individuelle Vorgehen einzelner Berater.

Zum erfolgreichen Einsatz solcher Regelsysteme in der Praxis ist es nicht erforderlich, daß der Berater den Entscheidungsprozeß einem Computer überträgt; sondern er wird die entsprechenden Ergebnisse auch dann erhalten, wenn er sich selbst streng an das Regelsystem hält und damit alle durch persönliche Einstellungen verursachten Fehler ausschließt – vgl. auch Waltert (1977).

»black-box-Strategien«

Während die bislang beschriebenen Modelle für den diagnostischen Urteilsprozeß aufgrund von Beschreibungen und Rückerinnerungen von Beratern entstanden sind, handelt es sich nun um Modelle, die mit Hilfe von *»black-box-Strategien«* zur Beschreibung des Urteilsprozesses entwickelt wurden. Bei dieser Betrachtungsweise ist allein von Bedeutung, welche Informationen dem Beurteilenden zur Verfügung stehen und welches Urteil er aufgrund dieser Informationen fällt. Die Modellbildung hat dabei zum Ziel, den Zusammenhang zwischen Information und Urteil so mit Hilfe einer mathematischen Formel zu beschreiben, daß bei einer gegebenen Menge von Informationen die anhand des Modells zu treffenden Entscheidungen möglichst immer denen des menschlichen Beurteilers entsprechen.

Zum besseren Verständnis dieser Modelle ist die Kenntnis einiger Grundbegriffe der Korrelations- und Regressionsrechnung hilfreich. – Es kann zwar an dieser Stelle keine Einführung in die multiple Regressionsrechnung gegeben werden (dazu muß auf die entsprechenden Lehrbücher der Statistik verwiesen werden), doch soll ein Exkurs ermöglichen, die Kenntnisse einiger Grundbegriffe etwas aufzufrischen.

Exkurs: Einige Grundbegriffe der Regressionsrechnung

Es sei der einfache Fall angenommen, daß ein Beurteiler seine Entscheidung aufgrund einer einzigen Information trifft. Zusätzlich wird angenommen, daß sowohl für diese Information, als auch für die aufgrund dieser Information getroffene Entscheidung jeweils eine Meßskala zur Verfügung steht; man kann sich z. B. eine Punktskala zur Kennzeichnung eines Prüfungsergebnisses (Information) und eine weitere Punktskala zur Festlegung des Schwierigkeitsgrades der den Fähigkeiten des Prüflings entsprechenden Schulform (Entscheidung) vorstellen. Betrachtet man nun die von diesem Beurteiler für eine Reihe von Probanden aufgrund unterschiedlicher Prüfungsergebnisse getroffenen Entscheidungen, so läßt sich für jeden einzelnen Fall der Zusammenhang zwischen Information und Entscheidung durch ein Zahlenpaar (Punktwert des Prüfungsergebnisses/Punktwert der Entscheidung) beschreiben. Bei der schematischen Darstellung in Abb. 12 repräsentieren z. B. die z_1-Koordinaten der einzelnen Punkte (Probanden) die Prüfungs-

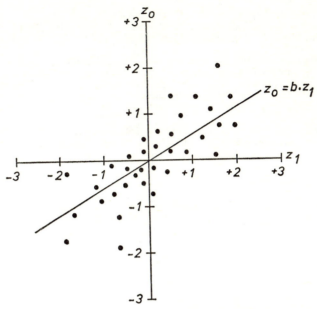

Abb. 12: Einfache lineare Regressionsrechnung bei standardisierten Variablen (Mittelwert: 0; Standardabweichung: 1) – vgl. Überla (1971).

ergebnisse und die z_0-Koordinaten die zugehörigen Entscheidungen. Liegen – wie in Abb. 12 – die einzelnen Punkte in etwa auf einer Geraden, so läßt sich schon aufgrund der Anschauung feststellen, daß der Beurteiler recht gesetzmäßig seine Entscheidungen trifft: bei niedrigen Prüfungsergebnissen wird durchgängig ein Urteil von geringem Punktwert, bei hohen Ergebnissen eins von hohem Punktwert abgegeben.

Statistisch läßt sich dieser (phänomenale) Zusammenhang durch einen Korrelationskoeffizienten beschreiben, dessen Wert zwischen -1 und $+1$ variieren kann. Dabei gibt die absolute Höhe des Koeffizienten die Stärke des Zusammenhanges zwischen den beiden Variablen (1 : vollständiger Zusammenhang; 0 : ohne Zusammenhang) und das Vorzeichen die Richtung des Zusammenhanges an (positiv: gleichsinnig; negativ: entgegengesetzt).

Als graphische Repräsentation des Zusammenhanges zwischen den Variablen z_1 und z_0 ist in Abb. 12 die »Regressionsgerade« eingezeichnet. Ziel der einfachen linearen Regressionsrechnung* ist es (vgl. z. B. Überla 1971), eine Gerade so durch den Punktschwarm zu legen, daß die Abweichungen der Punkte von dieser Geraden möglichst gering sind. Dann kann mit Hilfe dieser Geraden eine Schätzung der Werte für die abhängige Variable z_0 aufgrund der Werte z_1 (unabhängige Varable) erfolgen. Die Gleichung der Geraden lautet bei standardisierten Variablen mit dem Mittelwert 0:

---

* Man spricht von *ein*facher Regressionsrechnung, wenn die abhängige Variable aufgrund *einer* unabhängigen Variablen geschätzt wird. *Linear* weist darauf hin, daß eine *Gerade* zur Beschreibung des Zusammenhanges angenommen wird und nicht eine andere Kurve (z. B. eine Hyperbel).

$z_0 = b\, z_1;$

d. h. die Regressionsgerade läuft durch den Ursprung des Koordinatensystems, wobei der Regressionskoeffizient b ein Maß für die Steigung der Geraden darstellt.

Übertragen auf den diagnostischen Urteilsprozeß ergibt sich, daß im Falle der Entscheidung aufgrund einer einzigen Information die Regressionsgerade bzw. ihre Gleichung als Modell herangezogen werden kann. Dieses Modell repräsentiert die Abhängigkeit der Entscheidung von der Information, ohne daß Aussagen darüber möglich sind, wie die Entscheidungen zustande kommen.

Werden Entscheidungen nicht aufgrund einer, sondern mehrerer unabhängiger Variablen getroffen, können multiple lineare Regressionen als Modelle für den Urteilsprozeß herangezogen werden.

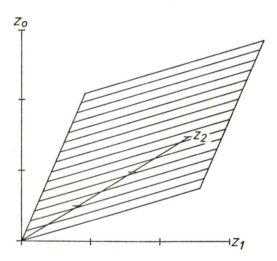

Abb. 13: Multiple lineare Regression bei standardisierten Variablen – die besten Schätzungen für z_0 aufgrund von z_1 und z_2 liegen auf der schraffiert gezeichneten Ebene — vgl. Überla (1971).

Im dreidimensionalen Fall, d. h. z_0 wird aufgrund der abhängigen Variablen z_1 und z_2 geschätzt, wird die Regressionsgerade zu einer Ebene (vgl. Abb. 13); bei drei und mehr unabhängigen Variablen handelt es sich dann um eine Hyperebene.

Die entsprechende multiple Regressionsgleichung für standardisierte Variablen lautet:

$z_0 = b_1 z_1 + b_2 z_2 + \ldots b_i z_i + \ldots + b_n z_n$

Dabei bedeuten $b_1 \ldots b_i \ldots b_n$ die einzelnen Regressionskoeffizienten und $z_1 \ldots z_i \ldots z_n$ die unabhängigen Variablen. Es wird deutlich, daß sich der Punktwert für das Urteil (z_0) aus der Summe der mit unterschiedlichen Faktoren (Regressionskoeffizienten) gewichteten Punktwerten für die einzelnen Informationen zusammensetzt.

Auch zur Untersuchung des diagnostischen Urteilsprozesses mit Hilfe der black-box-Strategie lassen sich am günstigsten die in Testprofilen dargestellten Ergebnisse eines Klienten bei einer bestimmten Testbatterie heranziehen; dabei werden die verschiedenen Subtests als unabhängige Variablen und das entsprechende diagnostische Urteil als abhängige Variable aufgefaßt – vgl. z. B. Goldberg (1970), Wiggins (1971).

Mit Bezug auf das im Rahmen der »Prozeßerforschung« eingeführte Beispiel (vgl. S. 56) ergibt sich unter dem Forschungsansatz der black-box-Strategie, daß einem erfahrenen Berater von einer Reihe Probanden etwa die Testprofile aus einem Intelligenz- und Schulleistungstest vorgelegt werden, aufgrund derer er die Eignung der Probanden für eine weiterführende Schule zu beurteilen hat. Doch braucht der Beurteiler unter diesem Forschungsansatz nicht »laut zu denken«; vielmehr beschränkt sich die Modellbildung für den Urteilsprozeß auf die Berechnung der multiplen Regression zwischen den Untertestergebnissen (unabhängige Variablen) und dem Urteil des Beraters (abhängige Variable).

Es läßt sich zeigen – vgl. z. B. Goldberg (1970),
- daß die aufgrund solcher Modelle erstellten Diagnosen im Durchschnitt wesentlich konsistenter sind als die Urteile einzelner Berater;
- daß diese Urteile bezogen auf ein Außenkriterium sowohl den Diagnosen eines einzelnen Beraters, als auch dem durchschnittlichen Urteil mehrerer Berater an Treffsicherheit überlegen sind.

Die Ergebnisse klinischer Urteilsbildung können als Verhältnis von eingegangenen und ausgegebenen Daten mit Hilfe multipler linearer Regressionsgleichungen erfolgreich dargestellt werden. Verschiedene Untersucher – z. B. Hoffmann (1968), Einhorn (1971) – verweisen aber darauf, daß zwar mit Hilfe solcher Modelle die Abhängigkeiten der Daten untereinander hinreichend repräsentiert werden können, dieser Ansatz aus psychologischer Sicht jedoch nicht befriedigend sei. In diese Kritik geht die Annahme ein, gerade das nicht-lineare Vorgehen – also z. B. die Beachtung bestimmter Konfigurationen – mache die besondere Stärke des klinischen Beurteilers aus. Zusätzlich wirft z. B. Einhorn (1971) die Frage auf, ob ein mathematisch einfaches Modell, wie es die multiple lineare Regression ist, auch dem klinischen Beurteiler einfach erscheinen muß, und ob umgekehrt mathematisch komplexere (z. B. nicht-lineare Modelle) vielleicht kognitiv nicht so schwierig erscheinen mögen.

Von der Erfahrung ausgehend, daß vor allem bei der Interpretation projektiver Verfahren und im Zusammenhang mit der Profilinterpretation von Testbatterien vom Diagnostiker nicht-lineare (konfigurale) Vorgehensweisen gefordert werden, untersuchte Schulz (1975) die mathematische Komplexität von Urteilsmodellen und ihre kognitive Wirkung. Als wesentlichstes Ergebnis ergab sich, daß nicht allzu hohe Erwartungen an die Fähigkeit von Diagnostikern, nicht-linear vorzugehen, gestellt werden können. Denn es zeigte sich auch hier, daß ein großer Teil nicht-linearer Beziehungen fast vollständig durch lineare Regressionsgleichungen dargestellt werden kann; damit ist auch bei einer richtig angewandten komplexeren (nicht-linearen) Vorgehensweise nur ein geringer zusätzlicher diagnostischer Gewinn zu erwarten. Für die diagnostische Praxis ist vor allem von Bedeutung, daß es den Diagnostikern bei nicht-linearem Vorgehen kaum möglich ist, die entsprechende (komplexere) Lösungsstrategie durchgehend richtig anzuwenden. Aufgrund der deswegen erhöhten Fehleranfälligkeit bei nicht-linearem Vorgehen wird die geringe Unterlegenheit linearer Vorgehensweisen, die bei weitem nicht so fehleranfällig sind, zumindest ausgeglichen. In der Praxis können mit linearem Vorgehen zumeist sogar die besseren Ergebnisse erzielt werden.

2.2. Der normative Ansatz

Soll die Güte diagnostischer Aussagen erhöht werden, so kann man sich nicht darauf beschränken, die Vorgehensweisen von klinisch Urteilenden zu beschreiben und in entsprechende Modelle umzusetzen, sondern es müssen den Beratern Richtlinien gegeben werden, wie sie richtig zu diagnostizieren haben. Es geht hier also um eine präskriptive oder normative Diagnostik,

»die Regeln entwickelt, nach denen der diagnostische Prozeß abzulaufen hat, wenn er den Kriterien der Wissenschaftlichkeit und Korrektheit genügen will. Es geht dabei um die Grundlegung einer Lehre vom korrekten Diagnostizieren.« (Westmeyer 1972, S. 18)

Während bei der deskriptiv/explanativen Betrachtungsweise, die *Entstehung* eines Urteils im Vordergrund steht, richtet sich der normative Ansatz auf die *Begründung* des Urteilsverhaltens. Für das diagnostische Vorgehen wird dabei ein System von Regeln entwickelt, die dem Praktiker die Schritte des diagnostischen Prozesses vorschreiben.

Die im Bereich der psychologischen Erziehungsberatung notwendig werdenden diagnostischen Entscheidungen haben z. B. häufig von Klient zu Klient so unterschiedliche Informationsquellen zu berücksichtigen, daß es bislang höchstens Anfänge zur Übertragung normativen Vorgehensweisen in die praktische Diagnostik gibt. Wesentlich weiter haben diese Ansätze schon Eingang in Bereiche gefunden, in denen unter institutionellen Gesichtspunkten geeignete Probanden für bestimmte Aufgabengebiete auszuwählen sind. Das folgende Beispiel stammt aus diesem zweiten Bereich, doch kann diese Vorgehensweise sicher auch auf einzelne Entscheidungen in der Erziehungsberatung übertragen werden.

Im einfachsten Fall ist eine bestimmte Entscheidung aufgrund einer einzigen Information (z. B. einem Testergebnis) zu treffen, d. h. es ist etwa im Fall der Selektion (also der Auswahl von möglichst geeigneten Kandidaten aus einer Stichprobe von Bewerbern) eine bestimmter Testwert festzulegen, von dem an ein Kandidat als »geeignet« bezeichnet wird. Die normative diagnostische Entscheidungsregel besteht in der Festlegung eines kritischen Testwertes (»cut-off-score«), der nicht aufgrund des beobachteten Urteilsverhaltens von

Diagnostikern, sondern aufgrund des *Zusammenhanges zwischen Testwert und Bewährung des Probanden* ermittelt wird (Kriteriumsvalidität). Zur Festlegung von cut-off-scores läßt sich z. B. eine »Erwartungstabelle« (»expectancy chart«) heranziehen, wie sie in Abb. 16 dargestellt ist; sie beschreibt den Zusammenhang zwischen Testwert und wahrscheinlichem Erfolg.

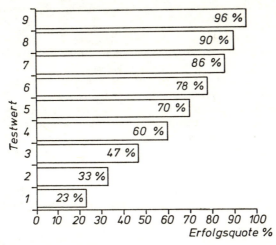

Abb. 14: ›Erwartungstabelle‹ zur Beschreibung der Beziehungen zwischen Testwert und Erfolgsquote.

In Abhängigkeit von der angestrebten Erfolgsquote kann nun festgelegt werden, wie hoch der kritische Testwert angesetzt werden muß. Damit wird die Entscheidung im Einzelfall unabhängig vom einzelnen Diagnostiker; ihm wird vielmehr genau vorgeschrieben, nach welcher Regel er sich zu richten hat. Auch beim Vorliegen mehrerer Prediktorvariablen (unabhängige Variablen) für ein Kriterium (abhängige Variable) können diagnostische Entscheidungen getroffen werden, indem aufgrund von multiplen Regressionsanalysen (vgl. oben) den Testwerten als Prediktorvariablen bestimmte Gewichte zugewiesen werden. Im Gegensatz zur black-box-Strategie gehen in die Gewichtsermittlung aber *nicht* die Urteile des Diagnostikers, *sondern* die empirisch gefundenen Korrelationen zwischen Prediktorvariablen und Kriterium ein (»aktuarisches Vorgehen«).

Für das korrekte Diagnostizieren aufgrund einer Vielzahl von Informationen sucht Westmeyer (1972, 1975 a) weitgehend formalisierte Modelle zu entwickeln, wobei er sich auf logische und wissenschaftstheoretische Analysen einzelner Aspekte dieses Prozesses stützt.

Ausgangspunkt für eine Diagnose zu einem Zeitpunkt t ist danach das Rationale Corpus RC_t, d. h. die Gesamtheit der zum Zeitpunkt t vorhandenen psychologischen Gesetze. Der eigentliche diagnostische Prozeß vollzieht sich dann in zwei Bereichen: für ein zu erklärendes Ereignis sind die relevanten Gesetzmäßigkeiten aus RC_t auszuwählen und die möglichen Erklärungen bereitzustellen; dann sind diese potentiellen Diagnosen, die als Testergebnisse im weitesten Sinne operationalisiert werden können, auf ihr tatsächliches Zutreffen hin zu überprüfen. Für die Aufgaben der Auswahl und Prüfung werden Algorithmen entwickelt, wobei auch die Abfolge der einzelnen Prüfschritte durch Prozeßalgorithmen gesteuert wird – vgl. Westmeyer (1972).

Westmeyer entwickelt ein vom logischen Standpunkt aus widerspruchsfreies Modell, das dem Diagnostiker vorschreibt, wie die in der Psychologie vor allem in Form der Wahrscheinlichkeitsaussagen vorliegenden Gesetzmäßigkeiten so auf den einzelnen zu Diagnostizierenden anzuwenden sind, daß die *Form* des diagnostischen Prozesses logisch korrekt ist. Dabei ist es aber allein vom Umfang und Art der zum Diagnosezeitpunkt t in RC_t vorhandenen (bekannten) psychologischen Gesetzmäßigkeiten abhängig, welche Probanden bzw. Arten von Problemen zu diesem Zeitpunkt überhaupt diagnostiziert werden können.

2.3. Vergleich der Modelle für den diagnostischen Urteilsprozeß

Bei einem Vergleich der verschiedenen Formalisierungen des diagnostischen Urteilsprozesses sind zwei Ziele zu unterscheiden, deretwegen Forschungen zum Urteilsprozeß durchgeführt werden:
– Es ist nicht primär Absicht der explanativ/explikativen Ansätze, die Güte des diagnostischen Urteils zu verbessern, sondern es sollen vor allem Modelle entwickelt werden, die das *tatsächliche Vorgehen* des Diagnostikers möglichst genau abbilden.
– Demgegenüber werden normative Modelle mit dem Ziel entwickelt, dem Diagnostiker *Regeln* an die Hand zu geben, mit deren Hilfe er wissenschaftlich korrekt möglichst zutreffende Diagnosen erstellen kann.

Unter der explanativ/explikativen Betrachtungsweise wurden die Ansätze der *Prozeßerforschung* und der *black-box-Strategie* unterschieden. Während die Prozeßerforschung versucht, vor allem mit Hilfe der Protokollanalyse die den Entscheidungsprozeß ausmachenden Vorgänge zu erfassen, geht die black-box-Strategie allein von den Beziehungen zwischen eingegebenen Informationen und ausgegebenen Entscheidungen aus.

Wenn auch versucht wird, eine Reihe anderer Informationsquellen für die Prozeßerforschung heranzuziehen, bleibt als wichtiges Hilfsmittel für diesen Forschungsansatz die Analyse verbaler Protokolle. Eines der wesentlichen Probleme besteht in der sorgfältigen Sammlung und Interpretation solcher Protokolle – vgl. z. B. Hayes (1968). So kann etwa aufgrund von Protokollanalysen geschlossen werden, daß Beurteiler zumeist von allgemeineren zu immer spezielleren Fragen übergehen, doch läßt sich anhand solcher Betrachtung noch kein Abbild des diagnostischen Prozesses schaffen. Dazu ist vielmehr eine immer wieder stattfindende Überprüfung der Modelle notwendig, wie sie vor allem durch die Simulation solcher Prozesse auf einem Computer ermöglicht wird.

Demgegenüber liegen die Vorteile der black-box-Strategie darin, daß gerade alle Spekulationen und Interpretationen über den nicht direkt zu beobachtenden Prozeß vermieden werden. Damit ist dieses Vorgehen sicher nicht so fehleranfällig, doch wird angemerkt (vgl. z. B. Green, 1968; Hayes, 1968), daß es nicht in jedem Fall möglich sein wird, Entscheidungsprozesse durch die Analyse der Beziehungen zwischen eingegebenen und ausgegebenen Daten zu erfassen. Wenn auch multiple Regressionsmodelle die Eingabe/Ausgabe-*Beziehung* richtig wiedergeben, so läßt sich daraus nicht folgern, daß gerade diese Modelle die einzig richtigen sind; es lassen sich auch eine Reihe anderer mathematischer Formalisierungen entwickeln, die die Beziehungen zwischen den Daten ähnlich gut repräsentieren.

So erlaubt etwa auch die Beobachtung, daß eine Reihe von Computern bei den gleichen Problemen zu den gleichen Ergebnissen kommen, keinen Schluß darauf, daß die technische Ausstattung und die benutzten Programme identisch sind.

Mit Hilfe beider Ansätze können die Ergebnisse des Urteilsverhaltens von Klinikern etwa gleich gut vorhergesagt werden. Input/output-Analysen ermöglichen sicher keine Beschreibung des tatsächlichen Urteilsverhaltens, doch ist denkbar, daß in Kombination mit Ansätzen der Prozeßerforschung treffendere Modelle erstellt werden können.

Ein *Vergleich von black-box-Strategien und normativen Ansätzen* geht nicht auf die unterschiedliche Güte der *Beschreibung* des Prozesses ein, sondern sucht die Validität (also die Güte der *Vorhersage*) der beiden Vorgehensweisen zu überprüfen. Bei der Vorhersage einer Diagnose aufgrund einzelner Informationen lassen sich folgende Beziehungen zwischen Informationen, Diagnosen und Kriteriumswerten unterscheiden – vgl. z. B. Goldberg (1970).

Die multiple Regression zwischen vorhandenen Informationen und Urteil des Diagnostikers wird im Sinne der black-box-Strategie als »Modell des Diagnostikers« verstanden; der entsprechende multiple Korrelationskoeffizient r_{iu} (vgl. Abb. 15), gibt die Vorhersagbarkeit des Beurteilerverhaltens aufgrund einer gegebenen Datenmenge an. Entsprechend läßt sich die multiple Regression zwischen Informationen und zugehörigem Kriterium als eine Form (»aktuarische Vorgehensweise«) des normativen Ansatzes auffassen; die entsprechende multiple Korrelation (r_{iK}) zwischen Informationen und Kriterium

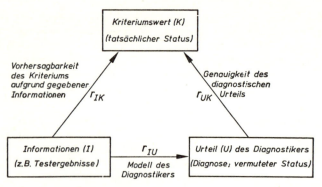

Abb. 15: Die wechselseitigen Beziehungen zwischen vorliegenden Informationen (I), Kriteriumswert (K) und Urteil des Diagnostikers (U).

kennzeichnet die Genauigkeit der Vorhersagbarkeit des Kriteriums. Die Korrelation zwischen den Urteilen von Diagnostikern und dem Kriterium (r_{UK}) gibt die Genauigkeit des Urteils der Diagnostiker an. Die Überlegenheit »aktuarischer Vorgehensweisen« ist seit Meehls (1954) Gegenüberstellung »clinical vs statistical prediction« immer wieder aufgezeigt worden – vgl. z. B. Goldberg (1970); Triebe (1976).

Wenn die korrelativen Beziehungen zwischen Informationen und Kriterium (r_{IK}) bekannt sind, ist die einem normativen Modell folgende Urteilsbildung allen anderen Vorgehensweisen überlegen. Sind diese Beziehungen nicht bekannt, so sind – wie bei der Besprechung der black-box-Strategie zur Beschreibung des Urteilsprozesses dargestellt – aufgrund von multiplen Regressionsmodellen (r_{IU}) getroffene Entscheidungen konsistenter und damit meist auch valider als die Urteile des einzelnen Beraters.

Das tatsächliche Urteilsverhalten klinischer Experten ist aufgrund dieser Ergebnisse häufig kritisiert worden: Kliniker verletzen in ihrem Urteilsverhalten auch dann die normativen Gesetze, wenn ihnen alle zur Anwendung normativer Regeln notwendigen Informationen bekannt sind:

Karrass & Asam (1976) vermuten den Einfluß bestimmter psychologischer Gesetzmäßigkeiten, die das Urteilsverhalten der Kliniker so beeinflussen, daß diese die Regeln einer normativen Vorhersage verletzen. Dabei nehmen sie an, daß Kliniker sich nach der »Repräsentativität« der Daten richten; daß sie also beurteilen, wie typisch ihnen die vorhandenen Informationen für ein bestimmtes Persönlichkeitsbild erscheinen.

Die Autoren legten klinischen Experten mehrere Anamnesen von Kindern zur Beurteilung vor; zusätzlich erhielten die Kliniker die Information, daß diese Anamnesen per Zufall aus einer Stichprobe mit einem vorgegebenen Anteil »psychisch gestörter« Kinder ausgewählt worden seien. Für jedes einzelne Kind war dann die Wahrscheinlichkeit zu schätzen, daß es sich um ein »gestörtes« Kind handelte. Es ergab sich, daß für die Kliniker jeweils nur das Ausmaß der Repräsentativität der Daten für eine gestörte Entwicklung von Bedeutung war; die zusätzlich vorhandenen statistischen Informationen, die eine Entscheidung nach normativen Regeln ermöglicht hätten, blieben unberücksichtigt. Für Karrass & Asam liegt der Schluß nahe, daß Kliniker generell »repräsentativ« urteilen, und damit systematisch die Gesetze statistischen Vorgehens verletzen. Auch läßt sich aufgrund dieser Repräsentativitätsannahme erklären, warum Kliniker in ihren Urteilen auch solche Daten hoch gewichten, deren Unzugänglichkeit ihnen nur allzu bekannt ist.

3. Konsequenzen für die diagnostische Praxis

Angesichts der dargestellten Ergebnisse zum diagnostischen Urteilsprozeß ergibt sich die Frage, wo Veränderungen und Verbesserungen vorgenommen werden können. Es sollen hier keine Vermutungen darüber angestellt werden, welche Neuerungen oder Veränderungen für die Zukunft wünschenswert, denkbar oder möglich sind, sondern es wird an einigen Beispielen aufgezeigt, *wo in der täglichen Praxis bei Ausnutzung der bisher vorhandenen Hilfen neue Ansätze eingeführt werden können.*

Üblicherweise werden die Anwendungsgebiete diagnostischer Entscheidungen nach dem jeweils vorherrschenden Diagnoseziel mit den Begriffen »Selektion«, »Klassifikation« und »Plazierung« unterschieden – vgl. z. B. Eckart (1977).

Aus Gründen der besseren Praktikabilität werden hier jedoch nur zwei unterschiedliche Formen psychologischer Entscheidungen berücksichtigt. Ausschlaggebend ist dabei nicht das Entscheidungsmodell, sondern die Frage, wem die zu treffende Entscheidung von (größerem) Nutzen sein soll: dem einzelnen Probanden oder einer Institution.

Bei *institutionsorientierten Entscheidungen* steht der sich aufgrund der Entscheidung für die Institution ergebende Nutzen im Vordergrund. Beispiel: Der Bewerber soll den Anforderungen der ausgeschriebenen Stelle möglichst gut genügen; was eine Ablehnung eines vielleicht geringfügig weniger qualifizierten Bewerbers für diesen (psychologisch) ausmacht, ist für die Auswahl aus dieser Sicht von untergeordneter Bedeutung.

Klientenorientierte Entscheidungen sind in ihrer reinen Form nur von den Fähigkeiten, Neigungen, Möglichkeiten usw. des Probanden abhängig, bzw. es überwiegen diese. Beispiel: Für einen Probanden wird die ihm am meisten entgegenkommende weiterführende Schulform gesucht. Dabei ist die Zufriedenheit des Schülers mit der gewählten Schulform von wesentlicher Bedeutung; er kann z. B. auf der Schule sehr zufrieden sein, auch wenn er zu dem Teil der Schüler gehört, die einmal sitzenbleiben – »versagen« in institutionsorientierter Sicht.

Entscheidungen bei klientenorientiertem Vorgehen

Im Gegensatz zu institutionsorientierten Entscheidungen, für die das Entscheidungsziel meist recht eindeutig und auch für größere Probandengruppen definiert werden kann(z. B. »Es sind nur solche Kinder in die Grundschule aufzunehmen, die den Anforderungen der Schule auch folgen können.«), sind Entscheidungen, die sich an den Bedürfnissen und Fähigkeiten eines einzelnen Probanden ausrichten für jeden Probanden »einmalig«, und damit kaum übertragbar. Hier mag ein Grund dafür liegen, warum diese Art von Entscheidungsprozessen immer noch sehr stark der »Willkür« des einzelnen Diagnostikers unterliegen. Wodurch sein »menschliches Versagen« verursacht werden kann, und wie sich das auf die Güte der Entscheidungen auswirkt, ist oben ausführlich dargestellt worden — vgl. S. 50 ff; hier ist nun zu überlegen, welche Hilfen dem Berater derzeit an die Hand gegeben werden können, um sein Entscheidungsverhalten zu verbessern. Die Verbesserung soll sich auf die *Ökonomie*, die *Transparenz* und die *Effektivität* seiner Entscheidungen beziehen.

Unter dem Gesichtspunkt der *Ökonomie* sei noch einmal daran erinnert, daß ein Mehr an diagnostischen Informationen nur in den seltensten Fällen die Güte der Diagnose steigert. Wenn z. B. im therapeutischen Bereich — wie die Untersuchung von Blaser (1977) ausweist — nur drei Items einer standardisierten Anamnese in einem bedeutsamen Zusammenhang mit der Indikationsstellung für eine bestimmte Form der Behandlung stehen, dann ist es zumindest aus ökonomischen Gründen zwecklos, den Patienten mit einer Batterie anamnestischer Fragen zu konfrontieren, die bei der Indikationsstellung dann doch unberücksichtigt bleiben.

Übertragen auf allgemeinere Bereiche diagnostischer Entscheidungen bedeutet dies aber, daß der Berater sich *vor* dem Einholen von Informationen über den Probanden — dies kann in standardisierten Testverfahren, Verhaltensbeobachtungen, Explorationen, Anamnesen u. a. m. geschehen — darüber Rechenschaft ablegen muß, welchen Stellenwert eine bestimmte Information für seine spätere Entscheidung haben wird, bzw. ob er sie überhaupt für seine Entscheidung besücksichtigen wird.

Der eher klientenorientierte Berater kann hier von Techniken und Erfahrungen aus dem eher institutionsorientierten Bereich lernen. Dazu sei ein Beispiel für die Schuleignungsdiagnose mit Hilfe des »Frankfurter Schulreifetests« (Roth, Schleevoigt, Süllwold & Wicht 1965) angeführt; nur sollen die Überlegungen hier nicht wie meist üblich aus der (institutionsorientierten) Sicht der Schule, sondern für die *klientenorientierte Beratung* eines einzelnen Schülers angestellt werden:

Während in Beratungssituationen, in denen klientenorientierte Entscheidungen zu treffen sind, bislang selten die Relation zwischen den Kosten, die für die Entscheidungsfindung aufzuwenden sind, und dem Nutzen, der sich aus der getroffenen Entscheidung ergibt, beachtet wird, steht dieser ökonomische Gesichtspunkt bei institutionsorientierten Entscheidungen schon länger im Vordergrund. Wesentlich für diese Betrachtungsweise waren zunächst die Überlegungen von Taylor & Russel (1939): Die Autoren stellten eine Reihe von Tabellen zusammen, aus denen zu entnehmen ist, wie hoch unter den mit Hilfe eines Testverfahrens aus einer Bewerbergruppe seligierten Bewerbern der Anteil der für die Institution geeigneten Bewerber ist, wenn folgende Parameter bekannt sind: Validität des benutzten Testverfahrens ausgedrückt als Korrelation zwischen Test und Kriterium; der Anteil geeigneter Bewerber in der unausgelesenen Bewerbergruppe (Grundwahrscheinlichkeit) sowie die Selektionsrate, also der prozentuale Anteil von Bewerbern, die aus der Gesamtzahl der Bewerber auszuwählen sind.

Unter Zugrundelegung der für den FST angegebenen Werte (Validität: 0.55; Selektionsrate: 90 %; Grundwahrscheinlichkeit: 88 %) ergibt sich anhand der Taylor-Russell-Tafeln ein Anteil von 91 % »geeigneten« Erstkläßlern unter den eingeschulten Kindern, wenn die Schulreifebestimmung mit Hilfe des FST vorgenommen wird. Durch Einsetzen in eine Vier-Felder-Tafel, deren Randsummenverhältnisse durch Grundwahrscheinlichkeit und Selektionsrate bestimmt sind, ermittelt Tiedemann (1974) nun am Beispiel einer Stichprobe von N = 1000 Schulanwärtern die entsprechenden Fehler- und Trefferwahrscheinlichkeiten (vgl. Tab. 1):

		Testergebnis geeignet	nicht geeignet	*Summe*
Grundschuleignung	vorhanden	819	61	880
	nicht vorhanden	81	39	120
	Summe	900	100	1000

Tab. 1: Treffer- und Fehleranteile bei einer Stichprobe von N = 1000 Schulanwärtern, die anhand des FST auf ihre Schuleignung untersucht werden — vgl. Tiedemann (1974, S. 126).

Von den insgesamt 900 aufgrund des Testergebnisses als »geeignet« eingestuften Schulanwärtern sind — wie sich aus den Taylor-Russell-Tafeln ergeben — 91 % also 819 Kinder auch tatsächlich geeignet. Es werden damit 81 Kinder (bezogen auf die Gesamtstichprobe: 8,1 %) fälschlich eingeschult, obwohl sie nicht schulreif sind (Fehler I = 8,1 %). In der Gruppe der 100 Kinder, die nicht eingeschult werden, weil sie aufgrund des Testergebnisses als »nicht geeignet« bezeichnet sind, werden 61 Kinder nicht eingeschult, obwohl bei ihnen die Grundschuleignung tatsächlich vorhanden ist (Fehler II = 6,1 %). Bei einer klientenorientierten Betrachtungsweise der Schuleignungsdiagnose heißt dies aber, daß 14,2 % der gestellten Schuleignungsdiagnosen falsch sind. Demgegenüber beträgt die Wahrscheinlichkeit, auch nicht geeignete Kinder einzuschulen, bei einer Aufnahme aller Kinder in die erste Klasse 12 %.

Es soll hier nicht auf die Problematik von Schuleingangsdiagnosen eingegangen werden, doch das angeführte Beispiel mag deutlich machen, daß auch aus klientenorientierter Sicht die Benutzung solch institutionsorientierter Entscheidungshilfen, wie sie die Taylor-Russell-

Tafeln ursprünglich darstellen, von Bedeutung sein kann (wobei in diesem Fall der Berater dann zu dem Schluß kommen wird, daß es günstiger ist, sich zur Informationserhebung anderer Informationsquellen zu bedienen).

Nicht in jedem Fall ist das Verhältnis zwischen Grundwahrscheinlichkeit, Selektionsrate und Validität so ungünstig, daß die Anwendung des Tests den Anteil falscher Entscheidungen sogar erhöht; doch lassen sich unschwer eine Reihe von Gebieten anführen, in denen der Diagnostiker versucht, mit Hilfe mäßig valider Testverfahren sehr seltene oder fast universelle Ereignisse vorherzusagen. Schon aus Gründen der Ökonomie sollte er dann seine Zeit lieber sinnvoll mit der Behandlung der Klienten verbingen, als Binsenweisheiten zu verkünden bzw. sich auf Spekulationen einzulassen.

In der täglichen Beratungspraxis stehende Psychologen können einwenden, daß häufig nicht einmal die Validitäten der Testverfahren bekannt sind, geschweige denn »Selektionsrate« oder »Grundwahrscheinlichkeit«. — Aber abgesehen davon, daß es kaum sinnvoll sein kann, sich bei Entscheidungen auf Informationen zu stützen, deren Zusammenhang mit der zu treffenden Diagnose unbekannt ist, wird auch bei optimistischer Schätzung dieser Parameter ein Blick in die Taylor-Russell-Tafeln in vielen Fällen deutlich machen, daß es zumindest unökonomisch ist, sich um die Beschaffung gerade dieser Information zu bemühen.

Es ist an dieser Stelle nicht möglich, die grundsätzliche Problematik von Validitätsbestimmungen — vor allem im Bezug auf klientenorientierte Entscheidungen — zu diskutieren. Neuere Ansätze zur Ermittlung der Gültigkeit von Messungen bei der Bestimmung des Behandlungserfolges betonen an Stelle der bislang eher üblichen Validierung an Außenkriterien (z. B. Experteneinschätzung) jedoch stärker die Bedeutung des Klienten selbst als Experten für die Gültigkeit der über ihn erhobenen Daten – vgl. Mischel (1977).

Eine größere *Transparenz* des Entscheidungsverhaltens wird zusätzlich zu seiner Verbesserung beitragen. Ähnlich dem Vorgehen im gesamten Beratungsprozeß (vgl. S. 38 ff) kommt es auch bei der Informationsverarbeitung wesentlich darauf an, sich die Stufen des eigenen Entscheidungsverhaltens deutlich zu machen und die Gewichte vor Augen führen, die man einzelnen Informationen beimißt. Wenn es sich auch bei klientenorientierten Entscheidungen um »Einzelfälle«, also um die Vorhersage seltener Ereignisse handelt, für die nicht mit den oben beschriebenen Ansätzen Urteilsmodelle entwickelt werden können, weil etwa keine gut bestätigten Gesetze im Rationalen Corpus (normativer Ansatz) vorhanden sind, oder die Entscheidungsfindung in ähnlichen Fällen nicht beobachtet bzw. beschrieben werden konnte (black-box-Strategie bzw. Prozeßerforschung), wird es dennoch für den Berater wertvoll sein, sich *vor* Beginn der Informationssammlung über einige Fragen Rechenschaft abzulegen. Nach der Formulierung der Untersuchungsfrage und der Bewertung der Informationsquellen (vgl. oben) muß den einzelnen Daten explizit das Gewicht beigemessen werden, das ihnen für die Entscheidungsfindung zukommt. Dies gelingt bei gründlicher Kenntnis der Verhältnisse – vgl. Waltert (1977) – auch für qualitative Daten in befriedigendem Maße.

Diese Explikationen der zu beantwortenden Fragestellung, der in die Entscheidungsfindung eingehenden Informationsquellen und der diesen zukommenden Gewichte machen den Prozeß der Diagnoseerstellung transparenter und damit auch treffsicherer. Denn das Bewußtmachen der in die Entscheidung eingehenden Faktoren wird u. a. verhindern, daß einzelne Informationen (z. B. der soziökonomische Status des Probanden oder ein für ein bestimmtes Krankheitsbild als besonders repräsentativ angesehenes Symptom) mit einem unverhältnismäßig großem Gewicht zur Entscheidung beitragen, oder daß einander widersprechende Informationen verzerrt wahrgenommen werden, oder daß der Diagnostiker in seinem anfänglichen Urteil nur deshalb immer mehr bestätigt wird, weil ihm eine Vielzahl an Informationen zur Verfügung steht.

Eine wesentliche Steigerung der *Effektivität* diagnostischer Entscheidungen läßt sich schon durch die Bewertung des aus einer Einzelinformation sich ergebenden Gewinnes und durch das Hinterfragen der den Informationen beizumessenden Gewichte erzielen. Weitere Effektivitätssteigerungen sind durch formalisierte Vorgehensweisen möglich. Sicher sind gerade bei klientenorientierter Beratung je nach Beratungsinhalten in sehr unterschiedlichem Ausmaß Formalisierungen des Entscheidungsprozesses möglich; doch sollte das den Berater nicht daran hindern, nach Formalisierungsmöglichkeiten zu suchen, denn gerade sie sind dem *Klienten* von Nutzen. Als ein Beispiel dafür, daß weitgehend formalisierte Vorgehensweisen nicht nur aus theoretischer Sicht vorteilhaft erscheinen, sondern auch in der Beratungspraxis zu *realisieren* sind, kann das »Test-Validierungs- und Interpretations-System« der Bundesanstalt für Arbeit angeführt werden (Eckardt 1977):

In den Dienststellen der Bundesanstalt werden jährlich rund 150 000 psychologische Eignungsbegutachtungen vorgenommen, die je etwa zur Hälfte der beruflichen Beratung von Schulabgängern und der von Rehabilitanden, Umschülern und fortbildungsbereiten Probanden dienen. Die Aufgabe des Systems besteht darin, psychologische Aussagen über den einzelnen Probanden zu liefern, die dazu beitragen, die Probanden so zu beraten, daß diese möglichst zufrieden mit dem gewählten Beruf sind. Bislang wurden die Untersuchungsdaten von rund 230 000 Probanden für die formalisierte Interpretation der Daten neuer Probanden verarbeitet. Sie gehen vor allem in automatische Zuordnungsverfahren ein oder dienen der Festlegung von »cut-off-scores«. Daraus werden für den einzelnen Ratsuchenden eine Reihe von Indizes berechnet, die dem Berater als Entscheidungsgrundlagen dienen – vgl. auch Engelbrecht (1978).

Ausblick

Wenn heute noch vielfach resignierend festgestellt wird (vgl. z. B. Eckardt 1977), daß in der Praxis die Diagnostik nicht wesentlich anders betrieben wird als zu jener Zeit, da sie entwickelt wurde, so ist das ein Zeichen dafür, daß die Ausbildung in psychologischer Diagnostik wenigstens z. T. nicht in der Lage ist, die in der Praxis gewonnenen Erfahrungen zu sammeln, auf Gesetzmäßigkeiten hin zu untersuchen und dem angehenden Praktiker die entsprechenden Konsequenzen zu vermitteln. Auch hier kann nur erneut (vgl. etwa Michel, 1968) auf zwei Bereiche hingewiesen werden, in denen Veränderungen notwendig und jetzt auch schon möglich sind: Forschung und Ausbildung.

Im Bereich der *Forschung* zur Diagnostik bleiben dabei an dieser Stelle Ansätze zu einer Neuorientierung beim diagnostischen Vorgehen unberücksichtigt, die sich aus einer veränderten testtheoretischen Betrachtungsweise ergeben (vgl. Rollett 1976; Schardt 1977; Triebe & Ulich 1977); diese sind unbedingt erforderlich, lassen sich aber noch nicht so schnell in die Praxis umsetzen, daß sie dem Anwender baldigen Gewinn ermöglichen.
Für den Praktiker ist es z. Zt. wichtiger, daß er eine Fülle von Gesetzesaussagen an die Hand bekommt, aufgrund derer er seine Entscheidungen treffen kann. Im Bereich der Psychologie liegen die relevanten Gesetzmäßigkeiten, wenn überhaupt, überwiegend in der Form von Wahrscheinlichkeitsaussagen vor (vgl. z. B. Meehl 1972; Westmeyer 1972; Cronbach 1975); solche Wahrscheinlichkeitsaussagen – z. B. in Form von Validitätskoeffizienten – sind im Grunde nichts anderes als die systematische Sammlung von Erfahrungsdaten. Während es auch heute noch überwiegend die Regel ist, daß der Berater Erfahrungen nur in einer »Privatstatistik« sammelt und verarbeitet, anstatt sie zu kondensieren und auch anderen zugänglich zu machen, gibt es besonders in Nordamerika schon eine Reihe von praktisch anwendbaren Verbundsystemen, die dem einzelnen Diagnostiker Entscheidungshilfen bieten – z. B. Sletten, Schuff, Altman & Ulett (1972). Einen Ansatz in dieser Richtung stellt z. B. im deutschsprachigen Bereich das oben beschriebene System der Bundesanstalt für Arbeit dar – Eckardt (1977), Engelbrecht (1978).

Für die *Ausbildung* angehender Berater gilt, daß nicht so sehr die Beschäftigung mit dem einzelnen Testverfahren im Vordergrund stehen darf, sondern daß dort drei unterschiedliche Bereiche anzusprechen sind:
Erstens ist es bei der Vielzahl der heute auf dem Markt befindlichen Testverfahren (einschließlich z. B. von Beobachtungs-, Explorations-

und Anamneseschemata) nicht möglich, diese auch nur annähernd durchzuarbeiten. Vielmehr sind hier dem Studierenden Kriterien an die Hand zu geben, nach denen er die Nützlichkeit von Informationsquellen beurteilen kann. Auch ist es dabei nicht so wichtig, standardisierte Untersuchungsverfahren bis ins einzelne Item zu diskutieren, sondern Strategien zur Informationsgewinnung zu erlernen.
Zweitens muß den angehenden Berater u. a. durch Selbsterfahrung deutlich werden, wie leicht es zu Verzerrungen bei der Wahrnehmung von Informationen während der Informationserhebung, Informationsverarbeitung und Hypothesenbildung kommen kann.
Drittens sollte in der Ausbildung die Erarbeitung von praktikablen Klassifikationssystemen und Entscheidungsmodellen einen wesentlich breiteren Raum als bislang üblich einnehmen.

Veränderungsbereiche und Veränderungselemente

Dieser Abschnitt beschäftigt sich mit den praktischen Möglichkeiten und Methoden des Beraters, durch gezielte Interventionen Veränderungen zu bewirken. Zunächst wird dargestellt, welche Nachteile mit einer einseitigen Betonung einzelner Interventionselemente aufgrund einseitiger und orthodoxer Ausrichtung des Beraters einhergehen können, und darauf hingewiesen, daß sich Veränderungen in der Beratung stets auf mehreren unterschiedlichen Ebenen manifestieren, die durch orthodoxe Interventionskonzepte nicht abgedeckt werden können. Daraus abgeleitet wird ein Konzept der Beratungspraxis vorgestellt, dessen zentrale Punkte die Problemorientierung beraterischen Handelns und die Überwindung schulgebundener Interventionen sind. Dazu werden drei veränderungsrelevante Bereiche — »Beziehung«, »Verhalten« und »Selbsterfahrung« — mit ihren für die Erziehungsberatung wesentlichsten Interventionselementen dargestellt und deren praktische Verwendbarkeit erläutert. Abschließend werden Gesichtspunkte der Indikation und Integration dieser Interventionsformen diskutiert und daraus Schlußfolgerungen für die Beratungspraxis abgeleitet.

Betrachtet man Beratung im weitesten Sinne als Hilfsmöglichkeit bei praktischen Problemstellungen, so ist festzustellen, daß die Lösung praktischer Probleme bereits in dem vergleichsweise begrenzten Feld der Erziehungsberatung – wenn man das Gesamtspektrum von Beratungsfeldern mit Bereichen wie Ehe-, Berufs-, Bildungs-, Rehabilitationsberatung u. a. m. (vgl. S. 9) berücksichtigt – in recht unterschiedlicher Weise angegangen wird.

Diese Unterschiede beziehen sich dabei nicht nur auf Unterschiede in den Zielen innerhalb verschiedener Beratungssituationen. Unterschiede in den Zielen sind dabei in der Praxis auch oftmals nur schwer zu isolieren, weil Ziele häufig so abstrakt formuliert werden (z. B. »Soziale Kompetenz«, »Psychische Funktionsfähigkeit«, »Selbstbestimmung einer Person«), daß in der Praxis realiter bestehende Differenzen in den angesteuerten Erlebens- und Verhaltensänderungen dadurch verwischt werden.

Vielmehr beziehen sich die Unterschiede letztlich auf alle für den Prozeß der Beratung wesentlichen Momente. Orientiert sich der Berater bei seinem praktischen Vorgehen an einem bestimmten Modell der Modifikation von Erleben und Verhalten, d. h. an einer der derzeit bestehenden »Schulen« beratender/therapeutischer Tätigkeit (vgl. den Abschnitt »Der Prozeß psychologischer Erziehungsberatung«), so sind damit bereits Leitlinien und Festlegungen getroffen, die sich u. a. auf so zentrale Punkte wie die Verwendung bestimmter Beratungselemente (z. B. Gespräch, Verhaltenstraining, Informationsvermittlung), die Hinzuziehung variierender Klientenpopulationen (z. B. Kind allein oder Gesamtfamilie) und die Verwendung veränderungsrelevanter Informationen (z. B. Durchführung und Art von

Diagnosen) niederschlagen und in einem völlig divergenten Vorgehen des einzelnen Beraters auch bei identischer Problemstellung/Symptomatik seitens der Klienten münden.

Jeweils zwei *Extrempositionen* mögen diesen Sachverhalt beispielhaft verdeutlichen. Hierbei ist allerdings zu berücksichtigen, daß Berater in der praktischen Arbeit vermutlich nur in seltenen Fällen in allen nachfolgend ausgewählten Bereichen die genannten Extrempositionen realisieren werden.

Extrempositionen können sich zunächst in den *Zielen der Beratung* manifestieren: Das Konzept A geht davon aus, daß Ziel der Beratung die Selbstverwirklichung des oder der Klienten ist, das Konzept B versteht sich als Helfer bei der Beseitigung spezifischer Symptome. Auf der praktischen Ebene beratender Interventionen resultiert daraus unterschiedliches Vorgehen.

Kommt beispielsweise ein Elternpaar zur Beratung, weil sich eines ihrer Kinder den Geschwistern gegenüber »aggressiv« verhält, so setzt der Konzept-A-Berater die Weiterentwicklung des Kindes und/oder der Familie in Richtung auf Selbstverwirklichung als sein Ziel, d. h. die Einzelaspekte der Symptomatik werden für ihn nur von untergeordneter Bedeutung sein; er konzentriert seine Interventionen in den Beratungskontakten auf allgemeinere Zusammenhänge, das aggressive Verhalten des Kindes ist für ihn vordergründiger Ausdruck beispielsweise von Beziehungsproblemen in der Familie, die die Selbstverwirklichung verhindern, und die es primär anzugehen gilt.

Demgegenüber wird der Konzept-B-Berater sein Augenmerk auf das Ziel richten, die genannte Symptomatik anzugehen, d. h. das aggressive Verhalten des Kindes zu beseitigen. Dazu ist ihm eine genaue Klärung der Einzelaspekte der Symptomatik notwendig, wobei die angesprochene Symptomatik als das eigentliche Problem akzeptiert wird und das Kind der zu behandelnde Klient ist.

Auch bei der *Strukturierung und Verantwortung* bezüglich des Fortganges und der Ergebnisse der Beratung sind zwischen Extrempositionen eines Kontinuums möglicher Beratungskonzepte erhebliche Unterschiede im praktischen Bereich zu konstatieren.

Der Konzept-A-Berater geht davon aus, daß die Quelle der Veränderung im Klienten selbst liegt, dieser als Motor der Veränderung fungiert, und die Aufgabe des Beraters im wesentlichen darin besteht, dem Klienten zu helfen, sich selbst und seine Situation zu verstehen. Ob und in welcher Form verändertes Verhalten und/oder Erleben resultiert, liegt ausschließlich beim Klienten. In der praktischen Beratungsarbeit strukturiert der Berater daher auch nicht den Beratungsprozeß, gibt seinem Klienten keine Verhaltensanweisungen, stellt keine Übungsaufgaben u. ä. m., sondern versucht reflektierend durch verbale Interaktionen dem Klienten zu einer Klärung und Präzisierung seines Ist-Zustandes und seines Soll-Wertes zu verhelfen. Eine inhaltliche Planung einzelner Beratungskontakte ist nicht Aufgabe und Ziel des Beraters. Dieser arbeitet reaktiv ausschließlich mit dem »Material«, das ihm vom Klienten angeboten wird.

Im Konzept B dagegen wird allein der Berater für die Strukturierung des einzelnen Kontakts und des gesamten Beratungsprozesses verantwortlich zeichnen. Er erstellt Veränderungspläne, gibt dem Klienten Aufgaben zur Beobachtung und Veränderung seines Verhaltens, kontrolliert und bewertet den Fortgang der Veränderung. Insgesamt geht das Konzept B von einer stärkeren Verantwortlichkeit des Beraters für den formalen Ablauf des Beratungsprozesses sowie für die Effekte der Beratung aus, und beinhaltet das aktive Einsetzen einzelner Beratungselemente auf der Entscheidungsgrundlage des Beraters.

Auch weisen extreme Pole beraterischer Positionen erhebliche Unterschiede in Bezug auf die Betonung und Berücksichtigung von *Emotion und Aktion* in der praktischen Arbeit auf.

So wird das Konzept A durch die Annahme charakterisiert, daß die Auseinandersetzung des oder der Klienten mit den eigenen Gefühlen Veränderungen bewirkt, und postuliert als wesentliches Element des praktischen Vorgehens die Stimulation des Klienten zu dieser intensiven Auseinandersetzung. Vom Berater wird daher erwartet, daß er situative Bedingungen herstellt, die dem Klienten die Bezugnahme auf sein inneres Erleben ermöglichen. Auch bei Verhaltensdefiziten wird angenommen, daß sie durch die Auflösung emotional geleiteter Blockierungen beseitigt werden können; der Berater muß danach in der Arbeit mit dem Klienten diesem zum Erkennen und Auflösen dieser Blockierungen verhelfen, er verhilft ihm damit zur Erweiterung seines Handlungs- und Verhaltensspielraumes.

Das Konzept B geht davon aus, daß das Verstehen von und das Sprechen über Gefühle zur Symptomreduktion nicht angemessen ist. Anstelle dessen wird das praktische Einüben konkreter Verhaltensweisen als wirksames Mittel angesehen; der Berater hat daher praktische Übungsmöglichkeiten etwa im Sinne von Verhaltensformungsprogrammen zu schaffen und für Generalisierungsmöglichkeiten auf Situationen außerhalb der Beratungskontakte zu sorgen.

Die Diskrepanz im Vorgehen zwischen zwei Konzepten, die Extrempositionen in der Beratungsarbeit repräsentieren, schlägt sich in der Verwendung von *veränderungsrelevanten Informationen* mit besonderer Deutlichkeit nieder.

Das Konzept A geht davon aus, daß alle Informationen, die zur Zielerreichung, d. h. zu den angestrebten Veränderungen führen, in den Äußerungen des Klienten enthalten sind. Der Berater kann sich in der praktischen Arbeit mit dem Klienten also darauf beschränken, mit diesen Informationen zu arbeiten. Die Erhebung weiterer, nicht selbständig und unaufgefordert vom Klienten gegebener Informationen wird dabei nicht nur als überflüssig, sondern oftmals als hinderlich und schädlich für den Fortgang des Beratungsprozesses gesehen. So wird auch realen Umweltbedingungen nur in dem Umfang und in der Richtung Bedeutung beigemessen, wie sie vom Klienten selbst angesprochen und subjektiv wahrgenommen werden. Eine fortlaufende Diagnose zur Feststellung der Diskrepanz zwischen Ist-Wert und Soll-Wert wird – vornehmlich implizit – ausschließlich von dem Klienten initiiert.

Konzept B hält dagegen eine umfassende und möglichst objektive Analyse des Ist-Zustandes des Klienten für eine unumgängliche Voraussetzung zielgerichteter Interventionen, diese Analyse wird als Bestandteil der Gesamtberatung betrachtet. Dazu wird neben der Befragung der unmittelbar zu beratenden Klienten durch Exploration, psychologische Tests u. ä. auch mittels Befragung von Kontaktpersonen im Umfeld der Klienten sowie durch Verhaltensbeobachtung der Klienten in änderungsrelevanten Situationen eine objektive und spezifische Analyse der Ausgangslage zu erstellen angestrebt. Auch während des weiteren Prozesses der Beratung erfolgt eine laufende explizite Rückkoppelung darüber, ob und in welchem Umfang Veränderungen erzielt worden sind und, daraus resultierend, die Neukonzeption des weiteren Beratungsprozesses.

Die Betonung der einen oder anderen Extremposition auf der Ebene des praktischen Handelns geht notwendig einher mit Unterschieden in der Definition der *Kompetenz des Beraters*, sowie mit den entsprechenden Schwerpunktsetzungen in der Ausbildung angehender Berater. Für das Konzept A ist der Weg zur beraterischen Kompetenz durch Selbsterfahrung im Laufe seiner Ausbildung gekennzeichnet. Im Rahmen dieser Selbsterfahrung kann er seine Ängste, Vorurteile, Reaktionen, Wirkungen auf andere Personen u. ä. m. kennenlernen; diese Erfahrungen erleichtern ihm die unvorbelastete, entspannte Einstellung auf den Klienten und dessen Probleme. Auch wird die Erfahrung der Klienten-»Rolle« durch den Berater mit allen belastenden und befreienden Apsekten als eine günstige Voraussetzung für eine angemessenere Interaktion des Beraters mit seinem Klienten gesehen. Die Beherrschung von Beratungs-»Techniken« trägt hier weniger zur Charakterisierung des kompetenten Beraters bei als das Ausmaß seiner Selbsterfahrung.

Das Konzept B sieht dagegen keinen bedeutsamen Zusammenhang zwischen der Effektivität eines Beraters und dem Umfang seiner Selbsterfahrung. Es wird vielmehr angenommen, daß seine Kompetenz unmittelbar abhängig ist von den Fertigkeiten, die er in einer bestimmten Problemsituation seines Klienten einzusetzen in der Lage ist. Die Ausbildungspraxis eines angehenden Beraters betont daher die Ausformung und Vervollkommnung spezifischer Tätigkeiten durch praktisches Handeln.

Wie oben bereits betont, werden diese oder ähnliche Extrempositionen in der praktischen Arbeit nicht immer und nicht in allen Punkten so deutlich hervortreten wie in dieser Gegenüberstellung. Dies dürfte im wesentlichen auch auf Lernprozesse zurückzuführen sein, die der praktisch tätige Berater im Laufe seiner Berufstätigkeit durchläuft: Bei dem Bemühen, die unterschiedlichsten Arten von Problemen zu lösen, wird er zunehmend die Erfahrung machen, daß das Repertoire erforderlicher Interventionselemente durch (nur) eine »Schule« der Beratungstätigkeit nicht repräsentiert werden kann. Somit wird der Berater im Laufe seiner Erfahrung in der Praxis sich von einer »Schulorientierung« zu einer *Problemorientierung* hin bewegen.

Diese Problemorientierung sollte eigentlich nicht erst im Laufe der praktischen Berufstätigkeit eines Beraters ausgeformt werden, sondern bereits zu Beginn seiner Tätigkeit selbstverständlich sein. Jedoch ist festzustellen, daß die einzelnen »Schulen« der Beratung auch heute noch vergleichsweise unverbunden und unbezogen nebeneinander stehen, und zudem teilweise durch Ausschließlichkeitsansprüche gekennzeichnet sind, die ihren Niederschlag häufig bereits in der Ausbildung angehender Berater finden. Erst nach Abschluß der Ausbildung und durch die Konfrontation mit der berufspraktischen Realität setzt dann oftmals eine Neuorientierung ein.

Trotz dieser in der praktischen Arbeit mit dem Klienten erfolgenden Ablösung vieler Berater von orthodoxen Extrempositionen werden die spezifischen Einseitigkeiten einzelner Beratungskonzepte und die damit einhergehende Einschränkung der Unterstützungs- und Förderungsmöglichkeiten für den Klienten nicht grundsätzlich überwunden. Eine solche Überwindung wäre erst dann gegeben, wenn sich der Berater bei seinem praktischen Vorgehen ausschließlich von der gegebenen Problemstellung leiten lassen würde, d. h. wenn *die Auswahl und Anwendung einzelner Interventionselemente nur von problemspezifischen Gegebenheiten gesteuert* würden. Dem ist in der Praxis jedoch nicht so: Hier spielen vielmehr problemfremde, beraterspezifische Momente eine entscheidende Rolle bei der Wahl der Interventionselemente.

Vereinfacht dargestellt lassen sich dabei zwei Konzepte (bzw. zwei »Typen« von Beratern) voneinander abgrenzen, von denen das eine den *Beziehungsaspekt*, das andere den *Verhaltensaspekt* als wesentliche Komponente der Zielerreichung postuliert (vgl. auch Breuer & Seeger 1977). Sicherlich ist diese polare Gegenüberstellung von Beziehungsaspekt und Verhaltensaspekt in gewissen Grenzen willkürlich, da Beziehungsaspekte sich in Verhalten manifestieren und Verhaltensaspekte in einer solchen Beratungssituation jeweils Beziehungsaspekte mit einschließen. Gleichwohl hat die unterschiedliche Akzentuierung des einen oder anderen Aspekts bereits zu Beginn der Bera-

tungskontakte erhebliche Auswirkungen auf das beraterische Vorgehen in der Praxis und auf die zur Anwendung kommenden Elemente aus dem Spektrum möglicher Interventionsformen.
So ist z. B. schon die Frage ob, wann und in welcher Form eine Diagnose des Ist-Zustandes des Klienten und seines Umfeldes erfolgen soll, auch nach Ablösung von Extrempositionen immer noch abhängig davon, welchen Aspekt der Berater a priori betont.

Beispielsweise wird der den Verhaltensaspekt betonende Berater bei einer Mutter, die sich in ihrem Erziehungsverhalten als zu nachgiebig ihren Kindern gegenüber darstellt, vor der Anwendung von einzelnen Interventionsmethoden eine Analyse der verursachenden bzw. aufrechterhaltenden Bedingungen dieses Verhaltens der Mutter vornehmen.
Der dem Beziehungsaspekt verpflichtete Berater wird dagegen unmittelbar bestimmte Interaktionsformen (z. B. Eingehen auf den inneren Bezugsrahmen der Mutter durch Verbalisierung des verstandenen Bedeutungsgehalts) als beraterische Interventionsmethode realisieren.

Bei dem derzeit in der Praxis überwiegenden Vorgehen ist mit der Entscheidung für einen bestimmten Einstieg in die Beratung meist auch (implizit oder explizit) die Entscheidung über Anwendung oder Nicht-Anwendung weiterer Interventionselemente einseitig festgelegt. Nur in Ausnahmefällen wird der Berater nach der Diagnose der aufrechterhaltenden Bedingungen eines spezifischen Verhaltens in der Verhaltensanalyse Veränderungen mit Hilfe von *Beziehungs*komponenten zu erreichen versuchen, da das Problem durch das vorherige Vorgehen bereits als bestimmten Lerngesetzen folgend festgelegt und definiert, und als auf dem gleichen Wege, d. h. durch aus diesen Lerngesetzen mehr oder minder stringent abgeleiteten Interventionselemente zu beseitigen angesehen wird.

Ein Berater, der dagegen Beziehungselemente als veränderungswirksam isoliert und mit den entsprechenden Elementen in die praktische Beratungsarbeit einsteigt, wird ein übendes Verhaltenstraining nicht priorisieren, da er bereits bei der Problemdefinition nicht von Verhaltenslücken im o. g. Sinne ausgeht.

Derartig frühe, einseitige Festlegung der im Verlaufe der Beratung zum Tragen kommenden Interventionselemente führt also auch in den Fällen, in denen sich Berater prinzipiell von den möglichen Extrempositionen des Beratungskontinuums lösen, oftmals im praktischen Handeln letztlich doch zu einer unnötigen Reduktion fachlichberaterischer Hilfsmöglichkeit.

Diese Reduktion kann u. E. nur durch ein von den derzeit bestehenden Beratungs-»Schulen« unabhängiges Vorgehen im Sinne einer *Integration* verschiedener Ansätze behoben werden, die sich in der praktischen Arbeit durch eben die *Vermeidung eines frühzeitigen »Ausblendens« spezieller Interventionselemente* aufgrund von Faktoren, die berater- und ausbildungsspezifisch, nicht aber problemspezifisch sind, niederschlagen.

Betrachtet man diese Sachverhalte unter den Aspekten des Prozeßmodells der Erziehungsberatung (vgl. das Verlaufsschema auf S. 40), so ist festzuhalten, daß dieses Modell in dem Sinne »neutral« ist, daß es keine einseitig festgelegten Inhalte, wie z. B. einzelne Interventionselemente, nahelegt; diese müssen vielmehr in Abstimmung mit dem Klienten durch den einzelnen Berater festgelegt werden. Diese Inhalte sollten nun nicht danach selegiert werden, ob sie einer bestimmten Beratungsschule entspringen, sondern sollten gerade durch eine Ablösung von orthodoxer Schulorientierung und Hinwendung zur *Problemorientierung* gekennzeichnet sein.

Das *Postulat* nach problemorientiertem, schulübergreifendem und integrativem Vorgehen kann heute als Gemeingut sämtlicher empirisch arbeitender Behandlungsschulen gelten:
Weitgehende Einigkeit besteht in diesem Zusammenhang darüber, daß die derzeitigen Konzepte und Methoden erweitert und in Einklang gebracht werden müssen auch mit Behandlungselementen, die in einem der eigenen »Schule« entfernteren Ursprungskonzept angesiedelt sind. In welcher Form und mit welcher Perspektive dieser übergreifende Ansatz jedoch realisiert werden soll, wann von einer »Integration« zu sprechen ist, auf welchem theoretischen Hintergrund gearbeitet werden soll u. ä. m. ist bisher jedoch weitgehend ungeklärt.
So ist bereits der Begriff der Integration problematisch: Einerseits kann darunter die sukzessive Anwendung einzelner Beratungselemente aus unterschiedlichen Schulen im Verlaufe der Beratung verstanden werden, andererseits kann die Erstellung eines neuen, in sich geschlossenen Konzepts auf der Basis dieser Einzelelemente gemeint sein.
Manche Konzepterweiterungen fügen sich zudem fast nahtlos in bestehende Ursprungskonzepte ein, ohne explizit als Integrationsschritt deklariert zu werden — im Bereich der Klinischen Psychologie etwa die kognitiven Ansätze der Verhaltenstherapie (vgl. z. B. Mahoney 1974).
Unterschiedlich sind auch die Ansatzpunkte, die zu einer Integration verschiedener Konzepte führen sollen: Einerseits werden neue Behandlungskonzepte dem empirischen Vergleich mit orthodoxen Konzepten zugeführt (z. B. Bommert et al. 1978), andererseits wird versucht, über die Erstellung von schulübergreifenden Kategorien zur Beschreibung von Interventionselementen eine integrative Praxis zu stimulieren (z. B. Bastine 1976).
Insgesamt ist der Stand der Entwicklung integrativer Konzepte bislang als völlig unzureichend zu charakterisieren, insbesondere insoweit damit die Anwendung von einzelnen Interventionselementen unterschiedlicher Ursprungskonzepte im Sinne einer *theoriegeleiteten und empirisch geprüften* Interventionsstrategie fokussiert wird. Beim heutigen Stand der Entwicklung haben sämtliche Ansätze spezifische Nachteile, die eine verläßliche Orientierung für die Beratungspraxis, speziell für die Frage bei welchem Klienten und welchem Problem welche Intervention zur Erreichung einer angestrebten Veränderung angewendet werden soll, nicht zulassen. Entweder sind sie zu abstrakt konzipiert, wie etwa der Ansatz von Kaminski (1970), der über den Einsatz spezifischer, der Beratungspraxis zur Verfügung stehender Interventionselemente nichts aussagt, oder ihnen fehlt eine übergreifende Theorie, aus der die Praxiskonzepte und mögliche Anweisungen für die Integration einzelner Elemente stringent abzuleiten wären (so z. B. bei den Ansätzen von Bastine (1976) und Bommert et al. (1978)), oder es fehlt an einer empirischen Überprüfung des Ansatzes (so z. B. bei Bastine (1976)).
Dieser Zustand mag dazu verleiten, sich bei dem derzeitigen Kenntnisstand

im Bereich der Konzept- und Methodenintegration weiterhin an den herkömmlichen, orthodoxen Vorgehensweisen zu orientieren, und auf eine theoretische und empirische Absicherung eines übergreifenden Konzepts zu warten. Hiergegen sprechen allerdings eine Reihe praxisrelevanter Gründe: Erstens sind auch die heute verwendeten Interventionselemente nicht stringent aus ihren Bezugstheorien ableitbar. So müssen z. B. im Bereich der »Desensibilierung« unterschiedliche Modelle zur theoretischen Erklärung herangezogen werden (Bergold 1969, Goldfried 1971, Morgan 1973, Wilkins 1971); oder es ist etwa auch die Repräsentanz der »Verbalisierung von Gefühlen« für den phänomenologischen Theorienansatz ungesichert (Bommert 1977). Dennoch werden diese Interventionen in der Praxis realisiert und tragen nachweislich zur Reduktion verschiedenster Probleme bei.

Zweitens darf nicht übersehen werden, daß in der Praxis teilweise bereits (meist unsystematische) Kombinationen und Integrationen einzelner Methoden vorgenommen werden. Die Ignorierung dieser Tatsache würde die Notwendigkeit einer Systematisierung der in der Praxis realisierten Vorgehensweisen und deren theoretischen und empirischen Evaluation verschleiern. Fehlende Systematisierung und Evaluation bereits praktizierter Konzepte muß aber früher oder später zu fragwürdigem Eklektizismus führen.

Drittens dürfte die Erstellung eines sowohl theoretisch als auch empirisch fundierten, auf der Ebene praktischer Interventionselemente angelegten Gesamtkonzepts in absehbarer Zeit nicht zu realisieren sein. Dies gilt insbesondere dann, wenn — wie anzustreben — aus diesem Modell Handlungsanweisungen für den Berater im Sinne empirisch geprüfter Wenn-Dann-Relationen zwischen bestimmten Problemstellungen/Symptomen bzw. den daraus abgeleiteten Zielen einerseits und aus der Zusammenstellung einzelner Interventionselemente gewonnener Interventionsstrategien andererseits resultieren sollen.

(Vgl. zu den hier angeschnittenen Punkten auch den Abschnitt »Integration und Indikation«, S. 146).

Für die *Praxis der Beratungsarbeit* dürfte damit ein Vorgehen angezeigt sein, das nicht durch das Warten auf zukünftige, maximal abgesicherte Modelle gekennzeichnet ist, sondern das die derzeitigen Möglichkeiten voll ausschöpft, indem die Anwendung der zur Verfügung stehenden Interventionselemente ausschließlich durch problemspezifische Gesichtspunkte gesteuert wird, jedoch nicht eine problem*un*spezifische a priori Gewichtung einzelner und »Ausblendung« anderer Interventionselemente z. B. aufgrund undifferenzierter »Schulgebundenheit« des Beraters praktiziert wird.

Ein solches Konzept hat u. E. auch von vornherein die unterschiedlichen *Bereiche, in denen sich Probleme manifestieren und entsprechende Lösungsprozeduren ansetzen* können, zu berücksichtigen. Es kann durch eine derartige Orientierung an der Komplexität der Problemrealitäten die Gefahr der Anwendung praxisfremder und wirkungsloser Interventionen vermindert werden. Diese Gesichtspunkte sollen in dem nachfolgend dargestellten Ansatz Berücksichtigung finden.

Psychologische Beratung hat grundsätzlich das Ziel, Veränderungen zu bewirken. *Der Veränderungsprozeß ist* dabei — unabhängig von den jeweils spezifischen Veränderungszielen — als *ein komplexer*

Prozeß des Lernens aufzufassen. Dabei wird Lernen hier nicht als Reiz-Reaktionslernen im Sinne früher Verhaltenstheoretiker verstanden, sondern als ein komplexer Vorgang, der sich auf mehreren, nur recht willkürlich voneinander zu trennender Ebenen, vollzieht.

Der Fall eines Elternpaares, das in die Erziehungsberatungsstelle kommt, mag dies verdeutlichen. Die Eltern schildern, daß es laufend Ärger mit ihrem Jungen gebe, da dieser fast alle gemeinsamen Aktivitäten der Familie »torpediere«. Sie hätten sowohl mit Nachsicht als auch mit Strafen versucht, das Verhalten des Jungen zu ändern; dieser sei aber überhaupt nicht mehr ansprechbar.

Eine Veränderung dieser Situation im Sinne einer für alle Beteiligten befriedigenderen Regelung muß hier in verschiedenen Bereichen ansetzen, wenn sie durchgreifend wirksam sein soll. So ist eine längerfristige Befriedung der häuslichen Situation ohne Veränderungen im Beziehungsverhältnis zwischen Eltern und Kind kaum denkbar; Eltern und Kind müssen sich gegenseitig als grundsätzlich gleichberechtigte Partner akzeptieren lernen und die Interessen und Absichten des jeweils anderen verstehen können.

So erfordert eine Veränderung der Situation auch ein Umlernen im Bereich des Verhaltens der Eltern und des Jungen; hier können z. B. Informationen des Beraters über wirksame Möglichkeiten der Verhaltensformung und/oder praktische Verhaltensübungen angezeigt sein, die es den Eltern ermöglichen, ihr eigenes Verhalten konsequenter in Richtung der angestrebten Erziehungsziele zu gestalten.

So wird letztlich auch ein eingeübtes Verhalten kaum grundlegende Änderungen bewirken können, wenn es nicht mit der Einstellung der Eltern zu ihrem Kind und zu bestimmten Erziehungszielen und -prozeduren kompatibel ist; es muß daher im Beratungsprozeß für die Eltern eine Möglichkeit geschaffen werden, sich Klarheit über ihre eigenen Einstellungen, Wünsche, Befürchtungen u. ä. zu verschaffen und darüber zu reflektieren, warum, in welcher Form und in welchem Umfang gemeinsame Aktivitäten mit ihrem Kind realisiert werden sollen und welche Mittel zur Zielerreichung sie einzusetzen bereit sind.

Bereits an diesem Kurzbeispiel aus der Beratungspraxis wird deutlich, daß *kognitive, aktionale und emotionale Lernkomponenten in interdependenten Relationen* am Veränderungsprozeß beteiligt sind, und daß es nicht ausreicht, *nur* die Beziehung zu verbessern, *nur* neues Verhalten zu trainieren oder *nur* zu klären, welche Vorstellungen und Ziele der Klient verfolgt. Die Berücksichtigung dieser Interdependenzen ist u. E. ein generelles Charakteristikum verantwortungsvoller und wirksamer Beratungspraxis. Eine Ignorierung dieser Interdependenzen würde sich zwangsläufig nachteilig auf das Beratungsergebnis niederschlagen: So wird z. B. ein praktisches Verhaltenstraining zu mechanischem, nicht generalisierbarem Verhaltensdrill, wenn der Klient im Beratungsprozeß nicht auch zu einer kognitiven und emotionalen Einordnung des Gelernten stimuliert wird. Oder es wird das bloße Informieren des Klienten, z. B. über denkbare Verhaltensalternativen, trotz aller emotionalen Akzeptierung dieser durch den Klienten nicht hilfreich sein, wenn er dieses neue Verhalten mangels Training nicht realisieren kann.

Effektive Beratung, die die zur Verfügung stehenden Änderungsquellen voll auszuschöpfen sich bemüht, hat dabei die unterschiedlichen Lernebenen grundsätzlich gleich zu gewichten.

Dies ist nicht so zu verstehen, daß in allen Phasen des Beratungsprozesses sämtliche Lernaspekte immer in gleichem Umfang zum Tragen kommen; hier werden vielmehr die Gewichte durch die in den jeweiligen Phasen angesteuerten Teilziele modelliert. Wohl aber sollte gewährleistet sein, daß die Betonung nicht während des gesamten Beratungsprozesses nur auf einem dieser Aspekte liegt und damit die oben skizzierten Einschränkungen von Veränderungsmöglichkeiten zum Tragen kommen.

In der praktischen Beratungsarbeit lassen sich nun eingedenk der unterschiedlichen Lernaspekte *drei veränderungsrelevante Bereiche* im Sinne eines Orientierungsschemas herauskristallisieren, die jeweils eine Reihe von Veränderungselementen umfassen, mit deren Hilfe der Berater eine Problemreduktion im Sinne der jeweiligen Zielsetzung ansteuern kann. Es sind dies der
- Veränderungsbereich *Beziehung*
- Veränderungsbereich *Verhalten*
- Veränderungsbereich *Selbsterfahrung*

Der *Veränderungsbereich Beziehung* fokussiert die Veränderungskomponenten, die ihren Schwerpunkt auf der Interaktionsebene haben: Wie Personen miteinander umgehen, wie Eltern auf Konflikte mit ihren Kindern reagieren und diese lösen, wie eigene Bedürfnisse artikuliert werden und wie mit ihnen verfahren wird u. ä. m.

Der *Veränderungsbereich Verhalten* zielt auf Möglichkeiten, spezifisches Problemverhalten eines einzelnen oder einer Gruppe von Klienten durch Aufbau- oder Abbautechniken des Verhaltens zu modifizieren.

Der *Veränderungsbereich Selbsterfahrung* meint die veränderungswirksamen Komponenten, die aus der Reflexion des oder der Klienten über das eigene Erleben und Verhalten und den damit einhergehenden Prozessen resultieren.

Wie bei allen Schemata und vergleichbaren Kategorisierungsversuchen, die die Orientierung über eine Fülle von Einzelinformationen erleichtern sollen, müssen auch bei dieser Einteilung Zugeständnisse bezüglich der Präzision der Wiedergabe des Darstellungsobjekts gemacht werden:
Erstens ist – wie bereits im Zusammenhang mit den unterschiedlichen Aspekten des Lernens dargestellt – die hier vorgenommene Trennung der drei Bereiche eher theoretischer Natur; in der Bearbeitung eines praktischen Problems im Rahmen der Erziehungsberatung werden alle drei Veränderungsbereiche tangiert werden.
Zweitens ist auch die Zuordnung von einzelnen Beratungselementen zu diesen Bereichen in gewissen Grenzen willkürlich; so könnten z. B. einzelne Elemente, die dem Veränderungsbereich »Beziehung« zu-

geordnet sind, mit einiger Berechtigung auch dem Veränderungsbereich »Verhalten« zugeordnet werden; auch Doppelzuordnungen wären denkbar.

Drittens kommt hinzu, daß die drei Veränderungsbereiche qualitativ unterschiedliches Veränderungspotential repräsentieren: Während die aus den Veränderungsbereichen »Beziehung« und »Verhalten« abgeleiteten Elemente relativ unmittelbar in den Beratungsablauf einwirken, geschieht dies beim Veränderungsbereich »Selbsterfahrung« eher mittelbar, oft mit einer zeitlichen Verzögerung. Selbsterfahrungselemente fungieren eher als Moderatorvariablen der Beziehungs- und Verhaltenselemente.

Die vorgenommene Einteilung ist jedoch lediglich als Ordnungsschema zu verstehen, das zum einen dem praktisch tätigen Berater die Orientierung über die Vielfalt der zur Verfügung stehenden Interventionselemente erleichtern, und ihm zum anderen die unterschiedlichen Ebenen, auf denen Veränderungen stattfinden, präsent halten soll, um damit die Gefahr einer Überbetonung des einen und Vernachlässigung eines anderen Aspekts der Veränderung zu vermindern.

Nachfolgend werden die drei Veränderungsbereiche mit einzelnen wesentlichen Interventionselementen dargestellt. Dabei ist es nicht das Ziel, durch die in den einzelnen Veränderungsbereichen abgehandelten Interventionselemente das Gesamtspektrum möglicher Interventionen abzudecken. Es erfolgt vielmehr eine Auswahl unter dem Gesichtspunkt der *praktischen Bedeutsamkeit* bei der Bewältigung von Problemen, die im *Bereich der Erziehungsberatung* überwiegend zu registrieren sind:

– Unerwünschte Verhaltensweisen des Kindes/Jugendlichen (z. B. aggressives Verhalten gegenüber Eltern, Geschwistern oder Spielkameraden; problematisches Verhalten in Bereichen wie Ordnung, Sauberkeit, Nahrungsaufnahme, Einhalten von Zeitvereinbarungen u. ä. m.)
– Schul- und Leistungsprobleme (z. B. schlechte Noten, Hausaufgaben-Verhalten, Konzentrationsmängel, Schwächen in spezifischen Leistungsbereichen u. ä. m.)
– Intrapersonelle Probleme (z. B. Unsicherheit oder Unzufriedenheit des Erziehers über den eigenen Erziehungsstil und/oder Erziehungsziele u. ä. m.)

1. Veränderungsbereich Beziehung

Bei der Behandlung der theoretischen Positionen der einzelnen Beratungskonzepte wurde bereits deutlich, daß einzelne dieser Konzepte dem Beziehungsaspekt eine wesentliche Rolle im Veränderungsprozeß zuschreiben, daß er teilweise sogar als ausschließlicher Motor der Veränderung gesehen wird (vgl. S. 78). In diesem Zusammenhang wurde jeweils der Beziehungsaspekt zwischen dem Berater und dem Klienten fokussiert, und dabei herausgearbeitet, daß diese Beziehung – sofern sie bestimmte Qualitäten aufweist – als gleichsam therapeutisches Mittel seitens des Beraters zur Erreichung der Beratungsziele eingesetzt werden kann.

Insbesondere die Beratungskonzepte, die sich mehr oder minder eng an der phänomenologischen Theorienposition von C. R. Rogers (vgl. 1959) orientieren, messen einer bestimmten Art der Beziehung zwischen Klient und Berater zentrale Bedeutung zu. Wenn auch die von Rogers (1957) als notwendige und hinreichende Bedingungen für den Veränderungsprozeß postulierten Beratermerkmale »Einfühlendes Verstehen«, »Akzeptierung und Wertschätzung des Klienten« sowie »Echtheit/Kongruenz« sicherlich in dieser ihnen zugeschriebenen Omnipotenz nicht haltbar sind, so ist doch davon auszugehen, daß ihnen grundsätzliche Bedeutung im Sinne fördernder Bedingungen des Veränderungsprozesses zukommt (vgl. Bommert 1977).

Die Bedeutsamkeit einer bestimmten Qualität der Beziehung ist nun nicht beschränkt auf die Interaktion zwischen einem Berater und seinem Klienten, sondern ist vielmehr übertragbar auf andere Interaktionssituationen verschiedenster Interaktionspartner. Im Rahmen der Erziehungsberatung bedeutet dies, daß Beziehungsaspekte nicht nur zwischen dem Berater und den Klienten wirksam sind, sondern daß auch die Beziehungen der Klienten untereinander (z. B. Eltern und Kinder) entscheidenden Einfluß auf den Beratungsprozeß und die Effekte der Beratung nehmen. Wenn auch der letztere Aspekt (Beziehung zwischen Eltern und Kindern) in der Folge im Mittelpunkt stehen wird, so sollte dabei stets im Auge behalten werden, daß vergleichbare Qualitäten der Beziehung auch zwischen dem Berater und seinen Klienten zur positiven Veränderung beitragen.

Soll über die Beziehung zwischen Erzieher und Kind (oder über die beliebiger Interaktionspartner) eine Aussage getroffen werden, so sind für derartige Feststellungen und Modifikationsvorhaben Orientierungspunkte notwendig, die die Verständigung der am Veränderungsprozeß beteiligten Personen über Ist-Wert und Soll-Wert ermöglichen. In diesem Bereich ist es naturgemäß schwierig, solche Orientierungspunkte zu gewinnen, da hier komplexe Einstellungs- und Haltungsmerkmale eine große Rolle spielen, die oft nur mittelbar aus konkretem Verhalten (verbal oder non-verbal) erschlossen werden können. Gleichwohl ist festzustellen, daß Interaktionen nicht nur auf der Sachebene ablaufen, sondern auch Beziehungsaspekte mit einschließen, die sich auf der Verhaltensebene manifestieren.

Die Äußerung einer Mutter gegenüber ihrem Kind »Du hast Deine Hausaufgaben ja immer noch nicht gemacht!« umfaßt nicht nur die sachliche Aussage, daß die Hausaufgaben noch nicht fertig sind (was das Kind vermutlich selber weiß), sondern gibt auch Auskunft über Aspekte der Beziehung, nämlich daß die Mutter mit dem Kind unzufrieden ist.

Versuche zur systematischen Erfassung einer Beziehung müssen sich daher fast zwangsläufig auf einem Mittelweg bewegen, der weder durch die Beschreibung partikularer Einzelverhaltensweisen noch durch die Einteilung in zu komplexe, verhaltensferne Systeme gekennzeichnet ist.
Diesen Mittelweg gehen auch Tausch & Tausch (1977), die aufgrund der Ergebnisse zahlreicher Untersuchungen vier wesentliche, förderliche, jeweils bipolare Dimensionen zwischenmenschlicher Beziehungen postulieren, deren positiver Pol hier jeweils genannt wird:
– Achtung/Wärme/Rücksichtnahme
– Vollständiges einfühlendes Verstehen
– Echtheit/Übereinstimmung/Aufrichtigkeit
– Viele fördernde nicht-dirigierende Tätigkeiten

Achtung–Wärme–Rücksichtnahme von Person zu Person

Mißachtung-Kälte-Härte	Achtung-Wärme-Rücksichtnahme
• den anderen geringachten, ihn teilnahmslos behandeln	• den anderen wertschätzen, an ihm anteilnehmen
• ihn abwerten, ihn abweisen, ihn ablehnen, ihn mißbrauchen	• ihm Geltung schenken, ihn anerkennen, ihn willkommen heißen, ihm zugeneigt sein
• mit ihm unfreundlich, herzlos umgehen, mit ihm unnachsichtig sein, ihn demütigen	• mit ihm freundlich, herzlich umgehen, mit ihm nachsichtig sein
• ihn grob, verächtlich, lieblos behandeln	• ihn rücksichtsvoll, zärtlich, liebevoll behandeln
• ihn entmutigen, ihn mißgünstig behandeln	• ihn ermutigen, ihn wohlwollend behandeln
• ihm mißtrauen	• ihm vertrauen
• ihn fallenlassen, ihn kaltstellen, ihm Angst einjagen, ihm drohen, ihn strafen, ihn verletzen	• zu ihm halten, ihm beistehen, ihn beschützen, ihn umsorgen, ihm helfen, ihn trösten
• ihm gegenüber distanziert, verschlossen bleiben	• sich ihm gegenüber öffnen, ihm nahe sein

| Mißachtung–Kälte–Härte | 1 | 2 | 3 | 4 | 5 | Achtung–Wärme–Rücksichtnahme | *) |

Charakterisierung der emotionalen Dimension durch Merkmalsbündel. Achtung-Wärme-Rücksichtnahme ist gemäß den später dargestellten Forschungsuntersuchungen erheblich förderlich für die Persönlichkeitsentwicklung, für die seelische Gesundheit und für das bedeutungsvolle Lernen von Personen (s. heller Skalenbereich). Mißachtung-Kälte-Härte sind erheblich beeinträchtigend dafür.

*) Stufe 1 und 5 = deutliche Ausprägung   Stufe 2 und 4 = schwächere Ausprägung   Stufe 3 = etwa gleich viel Mißachtung-Kälte-Härte wie Achtung-Wärme-Rücksichtnahme.

(Nach Tausch u. Tausch 1977 S. 120)

Jede dieser Dimensionen ist definiert durch die Angabe von Haltungen, Reaktionsweisen und Aktivitäten. Mit Hilfe von Schätzskalen können diese Dimensionen in den verschiedensten Interaktionssituationen eingeschätzt werden. Diese Beschreibungen/Schätzskalen werden auf den folgenden Seiten wiedergegeben.

Eine Person versteht einfühlend und nicht-wertend die innere Welt eines anderen und läßt ihn das erfahren

Kein einfühlendes Verstehen	Vollständiges einfühlendes Verstehen
• eine Person geht auf die Äußerungen des anderen nicht ein	• eine Person erfaßt vollständig die vom anderen geäußerten gefühlsmäßigen Erlebnisinhalte und gefühlten Bedeutungen
• sie geht nicht auf die vom anderen ausgedrückten oder hinter seinem Verhalten stehenden gefühlsmäßigen Erlebnisinhalte ein	• sie wird gewahr, was die Äußerungen oder das Verhalten für das Selbst des anderen bedeuten
• sie versteht den anderen deutlich anders, als dieser sich selbst sieht	• sie versteht den anderen so, wie dieser sich im Augenblick selbst sieht
• sie geht von einem vorgefaßten Bezugspunkt aus, der den des anderen völlig ausschließt	• sie teilt dem anderen das mit, was sie von seiner inneren Welt verstanden hat
• sie zeigt nicht einmal, daß ihr die vom anderen offen ausgedrückten Oberflächengefühle bewußt sind	• sie hilft dem anderen, die von ihm gefühlte Bedeutung dessen zu sehen, was er geäußert hat
• sie ist entfernt von dem, was der andere fühlt, denkt und sagt	• sie ist dem anderen in dem nahe, was dieser fühlt, denkt und sagt
• sie bemüht sich nicht, die Welt mit den Augen des anderen zu sehen	• sie zeigt in ihren Äußerungen und Verhalten das Ausmaß an, inwieweit sie die Welt des anderen mit seinen Augen sieht
• sie befaßt sich nicht mit den vom anderen geäußerten gefühlsmäßigen Erlebnissen oder schmälert diese, indem sie bedeutsam geringere gefühlsmäßige Erlebnisinhalte des anderen anspricht	• sie drückt die vom anderen gefühlten Inhalte und Bedeutungen in tiefgreifenderer Weise aus als dieser es selbst konnte
• ihre Handlungen und Maßnahmen sind nicht der inneren Welt des anderen angemessen, sie gehen an dem Fühlen und den inneren Bedürfnissen des anderen vorbei	• ihre Handlungen und Maßnahmen sind dem persönlichen Erleben des anderen angemessen

| Kein Verstehen | 1 | 2 | 3 | 4 | 5 | Vollständiges Verstehen | * |

*) Stufe 1 = kein einfühlendes nicht-wertendes Verstehen der inneren Welt des anderen
 Stufe 3 = mäßiges einfühlendes nicht-wertendes Verstehen
 Stufe 5 = vollständiges einfühlendes nicht-wertendes Verstehen

(Nach Tausch u. Tausch 1977 S. 181)

Echtheit einer Person

Fassadenhaftigkeit–Nichtübereinstimmung–Unechtheit	Echtheit–Übereinstimmung–Aufrichtigkeit
• eine Person sagt Gegensätzliches zu dem, was sie denkt und fühlt	• eine Person sagt das, was sie denkt und fühlt
• sie gibt sich anders, als sie wirklich ist	• sie gibt sich so, wie sie wirklich ist
• sie verhält sich gekünstelt, mechanisch, spielt eine Rolle	• sie verhält sich ungekünstelt, natürlich, spielt keine Rolle
• sie gibt sich amtlich, professionell, routinemäßig	• sie ist ohne professionelles, routinemäßiges Gehabe
• sie lebt hinter einer Fassade, hinter einem Panzer	• sie ist sie selbst, sie lebt ohne Fassade und Panzer
• sie zeigt häufig ein stereotypes Verhalten in Gesten und Worten	• sie verhält sich in individueller, origineller, vielfältiger Weise
• ihr ist nicht vertraut, was in ihr vorgeht	• sie ist vertraut mit dem, was in ihr vorgeht
• sie täuscht andere und will sie manipulieren, sie heuchelt	• sie ist aufrichtig und heuchelt nicht
• sie ist unehrlich sich selbst gegenüber, macht sich etwas vor, vermeidet sie selbst zu sein	• sie ist ehrlich sich selbst gegenüber, macht sich nichts vor, ist bereit, das zu sein, was sie ist
• Äußerungen, Handlungen, Mimik und Gestik dienen der Verteidigung, der Fassade, damit der andere ihr wirkliches Ich nicht kennenlernt	• sie offenbart sich anderen und gibt sich mit ihrem Ich zu erkennen, sie verleugnet sich nicht
• sie ist undurchsichtig	• sie ist durchsichtig
• sie drückt keine tiefen gefühlsmäßigen Erlebnisse aus	• sie drückt tiefe gefühlsmäßige Erlebnisse aus

| Fassadenhaftigkeit | 1 | 2 | 3 | 4 | 5 | Echtheit | *) |

*) Stufe 1 und 5 = deutliche Ausprägung   Stufe 2 und 4 = schwächere Ausprägung   Stufe 3 = etwa gleich viel Fassadenhaftigkeit wie Echtheit.
(Nach Tausch u. Tausch 1977 S, 215)

Allgemeine Überblicks- und Einschätzungsskala für fördernde nicht-dirigierende Tätigkeiten von Person zu Person. Diese Skala kann auch benutzt werden zur Einschätzung von Lehrern, Eltern und Erziehern in Praxis sowie Forschung.

Fördernde nicht-dirigierende Tätigkeiten von Person zu Person

Keine fördernden nicht-dirigierenden Tätigkeiten	Viele fördernde nicht-dirigierende Tätigkeiten
• dem anderen keine Angebote machen, ihm keine Anregungen geben, keine Alternativen vorschlagen, ihm keine informierenden Hinweise geben	• dem anderen Angebote machen, ihm Anregungen geben, ihm Alternativen vorschlagen, ihm informierende Hinweise geben
• für den anderen keine Materialien und menschlichen Hilfsquellen ausfindig machen, sich für ihn nicht einsetzen, sich für ihn nicht verfügbar halten	• für den anderen Materialien (z. B. verständliche Texte) und menschliche Hilfsquellen (z. B. Tutoren) ausfindig machen, sich für ihn verfügbar halten (z. B. für Gespräche)
• dem anderen keine Rückmeldungen geben, ihm keine klärenden Konfrontationen ermöglichen, mit ihm keine Vereinbarungen, Absprachen, Regelungen treffen	• dem anderen Rückmeldungen geben, ihm klärende Konfrontationen ermöglichen, mit ihm Vereinbarungen, Absprachen, Regelungen treffen
• dem anderen keine fördernden Bedingungen durch Vorleben gewähren für ein günstiges Selbstkonzept, für Selbstachtung, für die psychosozialen Lebenswerte und für die 3 humanen zwischenmenschlichen Dimensionen	• dem anderen durch Vorleben fördernde Bedingungen gewähren für ein günstiges Selbstkonzept, für Selbstachtung, für die psychosozialen Lebenswerte und für die 3 humanen zwischenmenschlichen Dimensionen
• mit dem anderen nicht mitlernen, mit ihm keine fördernde Lernumwelt schaffen, mit ihm keine gemeinsamen Aktivitäten ausüben, mit ihm keine erleben-aktivierenden gemeinsamen Ereignisse suchen	• mit dem anderen mitlernen, eine gemeinsame förderliche Lernumwelt schaffen, mit ihm gemeinsame Aktivitäten ausüben, mit ihm gemeinsame gefühlsmäßig bereichernde Erlebnisse haben
• dem anderen erschweren, selbst fördernde nicht-dirigierende Tätigkeiten gegenüber Mitmenschen, die Grundwerte und die humanen Verhaltensdimensionen zu leben und diese in Mitmenschen zu fördern	• dem anderen erleichtern, selbst für seine Mitmenschen fördernd und nicht-dirigierend tätig zu sein, selbst die Grundwerte und die humanen Verhaltensdimensionen zu leben und in Mitmenschen zu fördern
• insgesamt: Die Tätigkeiten und Aktivitäten sind nicht in Übereinstimmung mit einfühlendem Verstehen, Achtung–Wärme und Echtheit.	• insgesamt: Die Tätigkeiten und Aktivitäten stimmen überein oder entsprechen dem einfühlenden Verstehen, der Achtung sowie Echtheit; sie widersprechen diesen Haltungen nicht.

| Keine fördernden nicht-dirigierenden Tätigkeiten | 1 | 2 | 3 | 4 | 5 | Viele fördernde nicht-dirigierende Tätigkeiten | *) |

*) Stufe 1 = keine fördernden nicht-dirigierenden Tätigkeiten
Stufe 3 = mäßig fördernde nicht-dirigierende Tätigkeiten
Stufe 5 = viele fördernde nicht-dirigierende Tätigkeiten

(Nach Tausch u. Tausch 1977 S. 247)

Die Autoren geben in ihrer ausführlichen und umfassenden Darstellung dieser Dimensionen über die globale Beschreibung hinaus eine Vielzahl von Beispielen aus verschiedenen Praxisbereichen, die den jeweils positiven und negativen Pol einer Dimension verdeutlichen und die Erfassung des angezielten Grundkonzepts einer Dimension erleichtern können. Darüber hinaus wird eine Fülle von Einzelhinweisen zu Zusammenhängen der Dimensionen untereinander, zu Auswirkungen einzelner Verhaltensweisen auf die Beziehung zwischen Personen u. a. m. gegeben.

Die drei erstgenannten Dimensionen entsprechen dabei den von Rogers (1957) aufgezeigten Dimensionen; werden diese drei Dimensionen sehr weitgefaßt und gleichzeitig realisiert, so schließen sie die Aspekte der vierten Dimension mit ein (Tausch & Tausch 1977, S. 101).

Die Autoren gehen ferner davon aus, daß die vier Dimensionen von großer Allgemeingültigkeit sind:
— Sie beinhalten weitgehend die in zahlreichen Untersuchungen als förderlich/hinderlich für zwischenmenschliche Beziehungen isolierten Faktoren (im wesentlichen: Emotionaler Faktor, Lenkungs-Faktor, Aktivitäts-Faktor)
— Früher verwendete Typologien und Grundhaltungen der Interaktion (autokratisch, sozialintegrativ) lassen sich in diese Dimensionen einordnen
— Das Spektrum von Personenkreisen, bei dem sich die vier Dimensionen als fördernde Bedingungen zeigten, ist erheblich (z. B. Lehrer-Schüler, Eltern/Kindergärtnerinnen-Kinder, Dozenten-Studenten)
— Es ist eine große Breite der durch die vier Dimensionen geförderten Vorgänge festzustellen (z. B Förderung kognitiver und emotionaler Prozesse, größere Selbstachtung bei Kindern und Jugendlichen, Reduzierung sog. neurotischer Beeinträchtigungen bei Klienten).

Dieser Ansatz von Tausch & Tausch zur Beschreibung förderner und hindernder Gesichtspunkte der zwischenmenschlichen Beziehungen läßt sich in seiner *Grundkonzeption* unmittelbar auf den Bereich der Erziehungsberatung übertragen: Es sind hier die Aspekte festgehalten, die im Veränderungsbereich »Beziehung« im Rahmen der Beratung beleuchtet und evtl. modifiziert werden müssen; insofern sind diese Dimensionen als »im allgemeinen weitgehend *hinreichende Bedingungen* für eine humane Begegnung von Person zu Person« (Tausch & Tausch 1977, S. 102) zu sehen.

Dies darf aber nicht gleichgesetzt werden mit der Einschätzung dieser Dimensionen als hinreichende Bedingungen für sämtliche Problemreduktionen verschiedenster Symptomatik und Verursachung.

Zwar ist — übertragen auf den Bereich der Erziehungsberatung — eine positive Beziehung zwischen Erziehern und Kindern eine wesentliche Voraussetzung für ein befriedigendes Zusammenleben, zwar geht die Veränderung einer Beziehung einher mit Veränderungen im Erleben und Verhalten der beteiligten Personen, jedoch wird eine Vielzahl von Problemen nicht über die Veränderung der Beziehung im o. g. Sinne erreichbar sein.

Hervorzuheben bei dieser Art von Darstellung zwischenmenschlicher Kontakte ist die Tatsache, daß die Dimensionen und die dazugehörenden Schätzskalen sich auf recht komplexe Haltungen und Aktivitäten einer Person beziehen. Für die Praxis bedeutet dies, daß z. B. Familienmitglieder, die die Beziehung untereinander verbessern wollen, in der Beratungssituation nicht zum Training einzelner isolierter

Verhaltensweisen angehalten werden, sondern durch die Beratung in die Lage versetzt werden, im Rahmen eines Konzepts aus einer Vielzahl von »Verhaltensmöglichkeiten« verbaler und nicht-verbaler Art die ihnen zu einer bestimmten Situation angemessen erscheinende zu realisieren. Schematischer Verhaltensdrill – dazu evtl. noch ohne Selbstreflexion der Beteiligten – führt dagegen nicht zu Beziehungsverbesserungen und sollte somit auch nicht Bestandteil psychologischer Erziehungsberatung sein.

Wenn auch die in den vier Dimensionen beschriebenen Bereiche (auch) für die Beziehungen zwischen Eltern/Erziehern und Kindern/Jugendlichen als voll gültig anzusehen sind, so ergeben sich gleichwohl bei der *Umsetzung dieser Dimensionen auf praktische Situationen der Erziehungsberatung* einige wesentliche Probleme:

– So geht es in der Erziehungsberatung z. B. häufig um die Lösung von Konflikten zwischen Eltern und Kindern, die auf sachlichen Interessenunterschieden beruhen. Die vier Dimensionen beschreiben, wie erwähnt, allgemeine Einstellungen/Haltungen; wie aber Erzieher und Kinder eingedenk der Dimensionen auf der Verhaltensebene interagieren (Setzt eine der Parteien ausschließlich ihre Interessen durch? Wie werden Interessen angemeldet? u. ä. m.), läßt sich nicht unmittelbar ableiten

– So muß z. B. der Berater mit dem Klienten zusammen klar begrenzte, verhaltensnah formulierte Ziele festlegen, die Dimensionen repräsentieren aber eher übergeordnete Haltungen und Einstellungen (auch wenn sie durch Einzelbeispiele erläutert werden)

– So sind die vier Dimensionen auf unterschiedlichen Abstraktions- und Qualitätsebenen angesiedelt: Der Kernpunkt der Dimension bzw. des Pols »Vollständiges einfühlendes Verstehen« z. B. dokumentiert sich als sensitives Hinhören auf die Äußerungen der anderen Person und der Verbalisierung des dabei Verstandenen. Er ließe sich ohne Schwierigkeiten in die komplexe Dimension »Achtung/Wärme/Rücksichtnahme« (Merkmale u. a. »den anderen wertschätzen«, »ihm Geltung schenken«, »an ihm Anteil nehmen«, »ihn ermutigen« u. a., vgl. S. 86) eingliedern.

Insgesamt bleibt festzuhalten, daß die von Tausch & Tausch (1977) postulierten Dimensionen grundsätzlich auch im Bereich der Erziehungsberatung von Bedeutung sind. Ihre Handhabung bei der praktischen Arbeit des Beraters mit seinen Klienten ist jedoch schwierig und nicht unmittelbar möglich. Es müssen daher Zwischenschritte vorgenommen werden, die die Grundkonzeption einer humanen, partnerschaftlichen, verständnisvollen, fördernden zwischenmenschlichen Beziehung beibehalten, und die zusätzlich die Umsetzung in praktisches Handeln im Rahmen psychologischer Erziehungsberatung ohne mechanischen Verhaltensdrill ermöglichen.

An dieser Stelle wird wieder die enge Verflechtung zwischen den einzelnen Veränderungsbereichen deutlich: Teilziel des Veränderungsprozesses ist an dieser Stelle die Verbesserung der Beziehung. Diese Verbesserung drückt sich zwischen Eltern/Erziehern und Kind jedoch auf der Verhaltensebene (verbales und non-verbales Verhalten) aus; hier gilt es anzusetzen. Gerade diese Veränderungen im Verhalten müssen aber begleitet sein von der Selbstreflexion der Beteiligten (hier: vornehmlich der Erzieher). Der Berater muß also zumindest begleitend (besser noch vorher) die Selbsterfahrungsmöglichkeit für die Klienten schaffen (vgl. dazu auch Veränderungsbereich »Selbsterfahrung«, S. 134).

Eine Übertragung der vier genannten Dimensionen auf die Erziehungsberatung – hier schwerpunktmäßig auf die Beziehung zwischen Erziehern und Kindern – geht einher mit einigen Folgerungen, die es in der praktischen Beratungsarbeit zu beachten gilt, und die als Orientierungspunkte bei der Analyse des Ist-Zustandes und bei der Präzisierung evtl. anzusteuernder Veränderungen fungieren. Diese Folgerungen lassen sich aus dem *Postulat einer grundsätzlichen Partnerschaft und Gleichberechtigung von Erziehern und Kindern bei gegenseitiger Achtung und Akzeptierung* ableiten. Dieses Postulat ist u. a. durch folgende Einzelaspekte gekennzeichnet:

– Eltern sollten ihre Kinder als eigenständige Individuen betrachten, nicht als ihre »Leibeigenen«
– Eltern sollten ihre Kinder in ihren Äußerungen und in ihrem Verhalten akzeptieren und ernstnehmen und auf sie eingehen
– Eltern sollten die Interessen und Wünsche ihrer Kinder als gleich bedeutsam wie ihre eigenen betrachten
– Eltern sollten auch im Konfliktfall auf die Anwendung von Macht verzichten

Die in den Einzelaspekten angesprochenen Punkte beinhalten in ihrer Formulierung hauptsächlich Forderungen an die Eltern (Erzieher). Dies mag auf den ersten Blick mit dem Postulat der Gleichberechtigung und Partnerschaft unvereinbar erscheinen. Jedoch ist bei den in unserer Gesellschaft üblichen Sozialisationsprozessen davon auszugehen, daß Umlernprozesse in der genannten Richtung eher bei den Erziehern (und weniger bei den Kindern/Jugendlichen) erforderlich sind.

Das o. g. Postulat sowie diese und ähnliche Einzelaspekte der Beziehung manifestieren sich in der täglichen Interaktion zwischen Eltern/Erziehern und Kindern/Jugendlichen im wesentlichen in zwei Bereichen, die damit auch als Ansatzpunkte für den Berater zur Analyse und Modifikation der Beziehung gelten können:
– Der Bereich des Gesprächs
– Der Bereich der Konfliktbearbeitung

1.1. Der Bereich des Gesprächs

Eltern und Kinder kommunizieren zu einem hohen Prozentsatz auf der verbalen Ebene miteinander. Wie bereits erwähnt (vgl. S. 85),

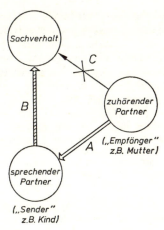

Abb. 16: Generelles Schema partner-zentrierter Gesprächsführung (nach Bommert 1977, S. 62) – Erläuterung im Text –.

spielen bei der Kommunikation zwischen einem » Sender« und einem »Empfänger« mehrere Gesichtspunkte gleichzeitig eine Rolle. So haben z. B. Watzlawick et al. (1969) darauf hingewiesen, daß bei der Übermittlung von Nachrichten neben dem Inhaltsaspekt auch immer der Beziehungsaspekt zwischen Sender und Empfänger mit angesprochen wird.

Kürzlich hat Schulz von Thun (1977) in sehr anschaulicher Form den Beziehungsaspekt noch weiter untergliedert in die Bereiche: Selbstoffenbarung, Beziehung (im engeren Sinne) und Appell, um somit die Vielfalt möglicher Kommunikationsstörungen besser erfassen und verändern zu können.

Wenn Eltern und Kinder miteinander sprechen, so beeinflussen sie sich auf diese Weise gegenseitig und tragen durch die Art und Weise, wie sie miteinander sprechen, auch zur Gestaltung des Familienklimas bei. Ebenso kann die Form, wie Familienmitglieder miteinander sprechen, auch Auskunft geben über die Art der zwischen ihnen bestehenden Beziehungen.

In diesem Zusammenhang ist es evident, daß eine Beziehung, die durch Partnerschaftlichkeit, gegenseitige Akzeptierung, Bemühen um gegenseitiges Verstehen und vergleichbare Gesichtspunkte gekennzeichnet ist, auch auf der verbalen Ebene andere Charakteristika aufweist, als eine Beziehung, deren wesentliche Merkmale in hierarchischer Strukturierung der Beziehung, gegenseitiger Mißachtung und Unverständnis bestehen.

Die Bereitschaft, auf den anderen einzugehen, ihn ernst zu nehmen, zu versuchen, ihn zu verstehen, seine Empfindungen und Reaktionen zu akzeptieren – dies alles sind Merkmale einer Art der Gesprächsführung, die sich als *partner-zentriert* bezeichnen läßt, und die im Bereich der klinischen Psychologie als hilfreiches Element der Veränderung von Problemen bereits Bedeutung gewonnen hat. Die grundsätzliche Haltung der Zentrierung auf den Partner und das damit einhergehende Zurückstellen der eigenen Sichtweisen und Bewertungen entspricht – in groben Zügen – dem in der *Gesprächspsychotherapie* realisierten Konzept (vgl. auch S. 19).

Bevor auf die einzelnen Punkte der partner-zentrierten Gesprächsführung näher eingegangen wird, soll zunächst einmal das praktische Vorgehen in seinem Gesamtablauf dargestellt werden. Abb. 16 stellt dieses grundsätzliche Vorgehen in der partner-zentrierten Gesprächsführung in schematischer Form in Anlehnung an Bommert (1977) dar.
Der zuhörende Partner (Empfänger, z. B. die Mutter) stellt sich voll auf den sprechenden Partner (Sender, z. B. das Kind) ein; d. h.. wenn der Sender einen bestimmten Sachverhalt erörtert, so bemüht sich der zuhörende Partner zunächst, sich gedanklich und erlebnismäßig in den sprechenden Partner hineinzuversetzen (A) und nachzuvollziehen, wie dieser den Sachverhalt wahrnimmt. Die Sichtweise des sprechenden Partners ist dann die gemeinsame Basis für den weiteren Umgang mit dem Sachverhalt (B). Der zuhörende Partner (Empfänger) bemüht sich hierbei also, seine Sichtweisen des Sachverhalts, seine wertenden Einschätzungen, seine diesbezüglichen Wünsche und Interessen weitgehend zurückzustellen, d. h. den »direkten Weg« von sich aus zum Sachverhalt (C) zu vermeiden.
Dieses Vorgehen darf nicht gleichgesetzt werden mit einem generellen Verzicht des zuhörenden Partners auf eigene Sichtweisen oder Bewertungen eines Sachverhalts; es geht vielmehr darum, daß durch ein solches Gesprächsverhalten des zuhörenden Partners dem sprechenden Partner Gelegenheit gegeben wird, in Ruhe seine Sichtweise zu entwickeln und darzustellen, ohne dabei sofort bewertet, zurückgestoßen oder bedrängt zu werden, und auf diesem Wege einer grundsätzlichen Akzeptierung und Achtung des sprechenden Partners als Person von gleichem Wert zu einer Konsolidierung eines guten Beziehungsverhältnisses oder zu einer Veränderung unbefriedigender Beziehungen beigetragen wird.
Auf der Inhaltsebene kann der Empfänger einer völlig anderen Auffassung sein als der Sender und dieses auch deutlich machen; er hat selbst die Möglichkeit, in einem solchen Gespräch die Rolle des Senders zu übernehmen und seine Sichtweisen, Probleme o. ä. darzustellen. Partner-zentrierte Gesprächsführung fokussiert *zunächst* die Art und Weise des Umgehens von Interaktionspartnern miteinander, weniger z. B. die Nivellierung sachlicher Differenzen zwischen ihnen. Oftmals ist aber festzustellen, daß sich auch sachliche Differenzen zwischen Interaktionspartnern im Kontext partner-zentrierter Gesprächsführung vermindern: Erlebt ein Gesprächspartner, daß er von einem anderen grundsätzlich akzeptiert und für seine differierenden Sichtweisen und Wünsche nicht verurteilt oder bedrängt wird, so wird er durch die damit einhergehende emotionale Entlastung weniger Verteidigungshaltungen aufbauen (müssen), und kann damit offener, unvoreingenommener und kreativer Lösungsmöglichkeiten zur Differenz-Beseitigung auf der Inhaltsebene erarbeiten und auch akzeptieren.

Wird nun aufgrund der Zielbestimmung (vgl. Punkt (11) des Verlaufsschemas S. 40) und der Planung der Beratungsdurchführung (Punkt (12) des Verlaufsschemas) – z. B. zum besseren Verständnis der Bedürfnisse und Absichten des Kindes durch die Mutter – das Erlernen der partner-zentrierten Gesprächsführung durch die Mutter als hilfreich erachtet (vgl. auch das Fall-Beispiel auf S. 154), so ist es sinnvoll, wenn der Berater diesen Schritt in mehrere Unterschritte aufteilt. Erfahrungsgemäß ist es für viele Erzieher (die in der Regel die Zielpersonen sind) schwierig, Änderungen eines so komplexen Verhaltens in einem Schritt zu vollziehen, auch wenn sie diesen Weg emotional voll akzeptieren (vgl. Veränderungsbereich »Selbsterfahrung«) und den starken Wunsch haben, ihr Verhalten zu ändern.

Daher dürfte es hilfreich sein, das Üben mit dem Klienten in die drei Abschnitte zu zerlegen, die die Kernpunkte der partner-zentrierten Gesprächsführung darstellen:
– Partner-zentriertes Zuhören
– Erfassen des Bedeutungsgehalts
– Verbalisierung des verstandenen Bedeutungsgehalts

Partnerzentriertes Zuhören erscheint auf den ersten Blick recht leicht zu verwirklichen zu sein. Es geht dabei darum, daß der Empfänger dem Sender die Möglichkeit gibt, ihn beschäftigende Dinge anzusprechen, ohne dabei durch das Verhalten des Empfängers eingeengt zu werden. Vom Empfänger wird also erwartet, daß er durch sein verbales und non-verbales Verhalten seinem Gesprächspartner Bereitschaft signalisiert, auf ihn einzugehen, ihn zu verstehen, ohne dabei sofort Einwände zu erheben, Gegenpositionen aufzubauen, eigene Sichtweisen und Bewertungen zu artikulieren u. ä. m.

Genau dies stellt in der Praxis jedoch bereits eine erhebliche Anforderung an den jeweiligen Empfänger dar. Die in diesem Verhalten geforderte relative Unvoreingenommenheit des Empfängers kollidiert oftmals erheblich mit seiner eigenen Sichtweise; er ist dann aufgrund dieser Tatsache nicht mehr in der Lage zum partner-zentrierten Zuhören, sondern ist mehr auf sich selbst, auf seine eigenen Gedanken und Gefühle zentriert. Hieraus resultiert dann häufig die sofortige Formulierung einer Gegenposition durch den Empfänger, wodurch Sender und Empfänger dann beide wieder auf sich, nicht aber auf den Partner zentriert sind.

Hier dürfte es hilfreich sein, dem jeweiligen Empfänger zu verdeutlichen, daß partner-zentriertes Gesprächsverhalten nicht bedeutet, daß damit die Sachposition des Senders auch vom Empfänger vertreten und akzeptiert werden muß, sondern daß *zunächst* einmal *einer* der am Gespräch Beteiligten ohne Druck und Einengung seine Sichtweise und sein Empfinden darlegen können soll. Der Empfänger kann dann seine Sichtweisen und Empfindungen in der weiteren Folge des Gesprächs ebenso darlegen (vgl. dazu auch unten, S. 99).

Erfassen des Bedeutungsgehalts baut auf dem partner-zentrierten Zuhören auf, es hat dieses als notwendige Voraussetzung. Es kommt dabei darauf an, daß der Empfänger sich nicht ausschließlich auf die Sachaussage des Senders konzentriert, sondern daß er versucht, den *inneren Bezugsrahmen* des Senders mitzuerfassen, d. h. seine in den Äußerungen mitenthaltenen Wünsche, Hoffnungen, Interessen, gefühlsmäßigen Stellungnahmen, Appelle an den Empfänger u. ä. m. herauszuschälen. Die Kernfrage für den Empfänger lautet also: »Was will mir der Sender *mitteilen*?«, sie lautet nicht »Was hat mir der Sender *gesagt*?«.

Um herauszufinden, welcher Bedeutungsgehalt in einer Äußerung des Senders enthalten ist, kann und muß sich der Empfänger jegliche geeignete Informationsquelle zunutze machen. Das bedeutet, daß der Empfänger auch nicht-verbale Hinweise im Zusammenhang mit der Sender-Äußerung zu berücksichtigen hat: Gestik, Mimik, Lachen und Weinen, der Tonfall, in dem eine Äußerung gemacht wird, etwas, was »zwischen den Zeilen« mit anklingt – all das kann gleichviel (wenn nicht mehr) Auskunft geben über das, was der Sender ausdrücken wollte.

Es ist daher hilfreich, sich zu verdeutlichen, daß auf seiten des Senders zwei sehr unterschiedliche Arten möglich sind, seine Sichtweisen und Empfindungen auszudrücken: Direkt und indirekt.

Beim *direkten Ausdrücken* sind in der Äußerung des Senders dessen Wünsche, Absichten, Interessen, Bewertungen bereits deutlich angesprochen und erleichtern so dem Empfänger das Erfassen des Bedeutungsgehalts. Beim *indirekten Ausdrücken* sind die Sichtweisen und Empfindungen des Senders gleichsam »verschlüsselt« und müssen im weiteren Verlauf des Gesprächs erst »entschlüsselt« werden:

indirekt	*direkt*
Hör' bloß mit diesem Thema auf!	Es belastet mich, wenn Du von diesem Thema sprichst
Habt ihr keine Lust, draußen zu spielen?	Ich brauche jetzt unbedingt etwas Ruhe und Zeit für mich selbst
Mein neues Fahrrad ist sehr schön!	Ich freue mich über mein neues Fahrrad
Nun beeil' Dich doch mal ein bißchen mit den Hausaufgaben!	Ich habe Angst, daß Du nicht rechtzeitig fertig wirst

Bei dem Versuch, den Bedeutungsgehalt der Äußerungen des Senders zu erfassen, muß der Empfänger auch auf kleinste Nuancen in der

Sender-Äußerung achten, da diese für den Bedeutungsgehalt entscheidend sein können. So kann z. B. ein einziges Wort in einer Äußerung dieser einen völlig anders gelagerten Bedeutungsgehalt zuweisen, als es der Rest der Äußerung nahelegen würde. Auch können z. B. Diskrepanzen zwischen dem verbalen und dem non-verbalen Ausdruck zum Tragen kommen. Oder es kann z. B. der Tonfall einer Äußerung zusätzliche Informationen über den Bedeutungsgehalt vermitteln:

Eigentlich kommen wir ganz gut miteinander aus	(aber es gibt doch etwas, was unser Verhältnis belastet)
(lachend) Das ist ja auch eine ganz schlimme Geschichte für mich	(aber gar so tragisch nehme ich es doch nicht)
(schnelles, stoßweises Sprechen) Ich muß diese Sache wieder in Ordnung bringen	(Es regt mich sehr auf und eine Korrektur ist mir sehr wichtig)

Unabhängig davon, auf welche Art und Weise der Sender über seinen inneren Bezugsrahmen – seine Sichtweisen, Gefühle, Interessen – Auskunft gegeben hat, ist der Empfänger zur *Verbalisierung des verstandenen Bedeutungsgehalts* gefordert. Er soll sich also bemühen, auf verbaler Ebene möglichst alle vom Sender auf verbalem oder nichtverbalem Weg mitgeteilten Aspekte seines inneren Bezugsrahmens diesem zu kommunizieren.
Durch diese Art des Vorgehens wird eine Möglichkeit dafür geschaffen, daß sowohl Sender als auch Empfänger (der hier jetzt zusätzlich als Sender des von ihm verstandenen Bedeutungsgehalts fungiert) die Äußerungen auf ihre »Richtigkeit« hin überprüfen: Der Empfänger erhält vom Sender eine Rückmeldung darüber, ob er den Bedeutungsgehalt der Sender-Äußerung richtig verstanden hat. Der Sender wird seinerseits durch die Kommunikation dessen, was der Empfänger von seinen Sichtweisen und Gefühlen verstanden hat, angeregt, seine eigenen, vorher gemachten verbalen und non-verbalen Äußerungen daraufhin zu überprüfen, ob sie präzise sein Erleben wiedergeben, sie gegebenenfalls zu korrigieren und zu präzisieren.
Die Konzentration auf den Partner und dessen Bezugsrahmen bedeutet für den Schritt der Verbalisierung des Bedeutungsgehalts, daß der Empfänger bei seiner Formulierung des verstandenen Bedeutungsgehalts zwei Verhaltensweisen vermeidet, die als Extrempole einer Dimension verstanden werden können:
Zum einen muß er sich bemühen, *echohafte Wiederholungen* der Sender-Äußerungen zu vermeiden. Zwar kann damit in gewissen Grenzen auch aktives, aufmerksames Zuhören signalisiert werden, jedoch ist von einem solchen Vorgehen nicht viel Hilfe zu erwarten,

da damit meist nur der Sachverhalt, nicht aber der Bedeutungsgehalt, der oft »zwischen den Zeilen« steht oder durch den Tonfall modifiziert wird (s. o.), kommuniziert wird. Im übrigen dürfte es zweifelhaft sein, ob sich der Sender in einem solchen Fall echohafter Wiederholungen vom Empfänger ernstgenommen fühlt, oder ob nicht gerade – entgegen der Absicht des partner-zentrierten Gesprächs – eine Verschlechterung der Beziehung resultiert.

Zum anderen sollten in die Formulierungen des Empfängers *keine Bewertungen, Schlußfolgerungen oder Interpretationen* mit einfließen, die aus seinem eigenen, nicht aber aus des Senders innerem Bezugsrahmen stammen. Wie bereits beim partner-zentrierten Zuhören und beim Versuch, den Bedeutungsgehalt der Sender-Äußerungen zu erfassen, so ist auch hier ein hohes Maß an Unvoreingenommenheit des (sendenden) Empfängers notwendig. Es wäre jedoch unrealistisch anzunehmen, daß eine Person in allen Situationen, in denen sie es anstrebt, vollkommen unvoreingenommen sein könnte; immer werden Wahrnehmungen und Reaktionen in bestimmtem Ausmaß von eigenen Lernprozessen überlagert sein. Was realistischerweise bei diesen Verbalisierungen im partner-zentrierten Gespräch angesteuert werden muß, ist das Bemühen, für diesen Moment weitmöglichst den eigenen Bezugsrahmen zurückzustellen.

Das partner-zentrierte Gespräch wird intensiviert, wenn bei der praktischen Anwendung einige Hilfspunkte berücksichtigt werden:
Unterbrechen des Senders: Der Empfänger soll sich möglichst weitgehend die Sichtweisen und Empfindungen des Senders vergegenwärtigen und entsprechend formulieren. Dies wird für den Empfänger um so schwerer, je mehr zu verarbeitendes »Material« von seiten des Senders vorgegeben wird. Da die Aufnahme- und Verarbeitungskapazität des Empfängers begrenzt ist, muß das vorgegebene Material in zu bearbeitende Einheiten untergliedert werden. Geschieht dies nicht durch den Sender selbst (indem dieser z. B. in relativ kurzen Satzfolgen formuliert), so muß dies vom Berater geleistet werden, indem dieser den Redefluß des Senders an den Stellen unterbricht, wo seine Aufnahme- und Verarbeitungskapazität erschöpft ist.
Dieses Vorgehen steht in krassem Gegensatz zu vielen herkömmlichen Praktiken im Bereich von Beratung, Erziehung und Therapie, und scheint zunächst auch im Widerspruch zu stehen zum partner-zentrierten Konzept. Jedoch: Die Unterbrechung dient gerade der Zentrierung auf den Partner, sie erfolgt nur, um den inneren Bezugsrahmen des Partners vollständig erfassen zu können. Dies ist auch für den Sender eine neue und akzeptable Erfahrung: Er nimmt wahr, daß der Empfänger jede seiner Äußerungen ernstnimmt und sie vollständig nachvollziehen können möchte, und daß die Unterbrechung – im Gegensatz zu sonst üblichen Unterbrechungen in Gesprächen – nicht erfolgt, um Bewertungen oder Gegenpositionen zu formulieren, sondern ausschließlich, um den Bezugsrahmen des Senders voll erfassen zu können.
Vergewisserungsfragen: In dem oben genannten Zusammenhang sind auch die sog. »Vergewisserungsfragen« (Bommert 1977, S. 73) von Bedeutung. Damit sind Fragen gemeint, die dazu dienen, abzuklären, ob der Empfänger das, was der Sender mitteilen wollte, richtig verstanden hat. Derartige Vergewisserungsfragen sind durch folgende beispielhafte Formulierungen charak-

terisierbar: »Habe ich Dich eben richtig verstanden, daß Du ...?«, »Ich bin mir nicht sicher, ob Du eben meintest, daß ...?«, »Ist es so, daß ...«. Vergewisserungsfragen, die das genaue Nachvollziehen des Sender-Bezugsrahmens zum Ziel haben, sind abzuheben gegen Fragen, die den Bezugsrahmen des *Empfängers* als Orientierungspunkt haben, so z. B. rhetorische Fragen (»Meinst Du nicht auch, daß es besser wäre, wenn Du ...)« oder Informationsfragen (»Was hast Du denn bereits dagegen unternommen?«).
Konkretheit: Je konkreter, bildlicher, anschaulicher die Schilderungen des Senders sind, um so leichter sind sie für den Empfänger nachzuvollziehen. Wählt der Empfänger bei seinen Verbalisierungen auch derartige Ausdrucksformen, so ist es ebenfalls für den Sender leichter zu prüfen, ob der Empfänger ihn verstanden hat und ob das von ihm selbst Ausgedrückte auch präzise seinen Bezugsrahmen wiedergibt oder ob er Korrekturen bzw. Präzisierungen vornehmen muß und will.

Es sei in diesem Zusammenhang noch einmal darauf hingewiesen, daß es sich bei dem partner-zentrierten Gespräch nicht darum handelt, daß die Gesprächspartner lediglich eine bestimmte Gesprächstechnik anwenden, sondern daß das *Gesprächsverhalten Ausdruck einer dahinterstehenden Beziehung und Einstellung zum Partner* sein muß. Es würde für die Beziehung zwischen den Partnern nicht nur nicht förderlich sein, wenn dieses Gesprächsverhalten als reine Technik und ohne innere Beteiligung des Empfängers angewandt würde, es würde vielmehr zu einer Verschlechterung der Beziehung führen, da der Empfänger sich in seinem Anliegen nicht akzeptiert, sondern schematisch, unpersönlich, »maschinenhaft« behandelt fühlen würde und befürchten müßte, daß dieses Verhalten dem anderen Partner nur dazu dient, seine Gegenposition besser vorbereiten zu können.
Andererseits ist zu erwarten, daß in der Praxis eine Phase zu durchlaufen ist, in der das Verhalten der Gesprächspartner »aufgesetzt« oder künstlich wirkt; dies ist allerdings kein Spezifikum des Einübens partner-zentrierter Gesprächsführung, sondern ist Kennzeichen fast jeder Form des Umlernens auf der Ebene des Verhaltens. Eine der Aufgaben des Beraters ist es in diesem Zusammenhang, die Klienten auf diese Phase vorzubereiten und ihnen zu verdeutlichen, daß es sich dabei um einen üblichen Lernprozeß handelt, der ein langsames Herantasten an das Zielverhalten impliziert, und daß nicht die Wahl der einzelnen Worte entscheidend ist, sondern die Haltung dem Gesprächspartner gegenüber.
Wie bereits betont, bedeutet Zentrierung auf den Gesprächspartner nicht, daß der Empfänger keine Möglichkeit hat, seine Sichtweisen und Gefühle mitzuteilen oder eigene Interessen (auch dem Partner gegenüber) zu vertreten. Es lassen sich vielmehr grob zwei Formen des partner-zentrierten Gesprächs voneinander abgrenzen, die jedoch beide auf einem guten Beziehungsverhältnis der Gesprächspartner (bzw. auf dem Bemühen um eine Verbesserung der Beziehung) basieren:
Bei der ersten Form des partner-zentrierten Gesprächs wird das Ziel

angesteuert, *einem* der Gesprächspartner zu einer Verdeutlichung und Klärung seiner Sichtweisen, Probleme, Wünsche u. ä. zu verhelfen. Dazu ist es hilfreich, wenn der Empfänger unvoreingenommen zuhört, den Bedeutungsgehalt erfaßt und dem Sender entsprechend verbalisiert (vgl. oben). Auf diese Weise wird der Sender seine Gefühle und Sichtweisen klären können, was für ihn eine Entlastung darstellt und ihn darüber hinaus in die Lage versetzt, evtl. weitere Änderungen an einem Problem in Angriff zu nehmen. Der Empfänger stellt sich hier ausschließlich in den Dienst des Senders und versucht nicht, seine eigenen Sichtweisen ins Spiel zu bringen oder seine eigenen Probleme zu lösen. Dies entspricht dem prinzipiellen Vorgehen in der Gesprächspsychotherapie (vgl. Bommert 1977).

Sohn: Schon wieder soll'n wir zu Tante Lene ...
Vater: Du hast gar keine Lust, dahin zu gehen
Sohn: Nö, bei der darf man ja nicht mal husten, dann ist die schon sauer
Vater: Du fühlst Dich da irgendwie eingeengt?
Sohn: Ja, da den ganzen Nachmittag am Kaffeetisch hocken und reden, reden, reden ... wenn man da wenigstens mal 'raus könnte
Vater: Für Dich wär's erträglicher, wenn Du mal an die frische Luft könntest?
Sohn: Weniger wegen der frischen Luft, aber dann beobachtet sie mich nicht ständig, ob ich mich auch anständig benehme
Vater: Dieses beobachtet werden, das fällt Dir auf die Nerven, wenn das nicht wär ...
Sohn: Ja, ... ich glaub' das stimmt ... Sie will mir doch die 50 Mark für mein neues Fahrrad nur dann geben, wenn ich mich anständig benehme
Vater: Ist es so, daß Du Angst hast, irgendeinen Fehler zu machen und damit die 50 Mark zu verlieren und deswegen nicht so gerne zu ihr willst?
Sohn: Jaa ... das muß es wohl sein ... obwohl ... ist mir eigentlich zu blöd, immer »Händchen falten« zu müssen, nur für die 50 Mark ...
Vater: Du zweifelst, ob Dir das die Sache überhaupt wert ist
Sohn: Ja, wenn nicht, dann eben nicht! Ich bekomme ja auch fürs Zeitung-Austragen noch Geld, das kann ich ja auch für das Fahrrad nehmen
Vater: Du fühlst Dich doch auf ihr Geld gar nicht so angewiesen ...
Sohn: Ja, ich krieg' mein Fahrrad auch so, da brauch ich mich bei der gar nicht so pingelig zu benehmen
(Vgl. ferner auch das Gesprächsbeispiel im Veränderungsbereich »Selbsterfahrung«, S. 142).

Die zweite Form des partnerzentrierten Gesprächs beinhaltet zwar auch die Elemente unvoreingenommenes Zuhören, Erfassen des Bedeutungsgehalts und dessen Verbalisierung, hat jedoch zum Ziel, daß *sowohl Sender als auch Empfänger ihre Sichtweisen, Gefühle und Wünsche darlegen können*. Das bedeutet, daß beide Seiten sowohl den Bedeutungsgehalt der Äußerung des anderen Partners zu erfassen sich bemühen, diese aufgreifen und (darauf bezogen) ihre eigenen – evtl. abweichenden – Sichtweisen, Gefühle und Wünsche mitteilen. Beide Seiten machen somit auf der *Beziehungsebene* deutlich, daß sie den Partner akzeptieren, ernstnehmen und an seiner Sichtweise interessiert sind, auch wenn sie auf der *Inhaltsebene* differieren und/oder unterschiedliche Interessen verfolgen.

Sohn: (weinerlich) Meine Eisenbahn ist immer noch kaputt, Du wolltest sie doch reparieren ...
Vater: Du bist ganz traurig, weil Du noch nicht wieder damit spielen kannst
Sohn: Mach's doch jetzt, bitte, ja?
Vater: Dir ist es sehr wichtig, daß ich sie jetzt gleich in Ordnung bringe, aber ich möchte im Moment diese Sportsendung zu Ende sehen, ich hab' mich lange darauf gefreut
Sohn: Ich will doch morgen mit Andreas und Peter damit spielen ... ich hab's denen versprochen
Vater: Du möchtest Dein Versprechen auf jeden Fall halten, aber für mich ist diese Sendung auch ganz wichtig, aber ...
Sohn: ... Du hast es aber versprochen!
Vater: ... aber wenn ich Dich richtig verstehe, geht es Dir auch gar nicht darum, daß ich die Eisenbahn im Moment in Ordnung bringe, sondern daß Du sie morgen benutzen kannst?
Sohn: Morgen haben wir schulfrei und die beiden kommen doch schon am Vormittag
Vater: Ich möchte die Sendung jetzt wirklich gerne in Ruhe zu Ende sehen, aber ich mach' die Eisenbahn auf jeden Fall heute noch fertig, o.k.?
Sohn: Ja, wenn ich sie morgen benutzen kann ... versprochen?
Vater: Versprochen!

Im Bereich der Erziehungsberatung wird die erste Form des Gesprächs oftmals nur zwischen Berater und dem oder den Klienten stattfinden, während Gespräche der zweiten Form etwa zwischen Eltern und Kindern im täglichen Umgang – etwa bei der Lösung von Konflikten – am ehesten Platz greifen werden (vgl. dazu den nachfolgenden Abschnitt).

1.2. Der Bereich der Konfliktbearbeitung

Grundsätzliche Gesichtspunkte der Beziehung zwischen Personen wie gegenseitige Achtung, Rücksichtnahme, Verständnis, Akzeptierung des anderen als eigenständige Person u. ä. m. kommen besonders deutlich bei der Bearbeitung von Konflikten zwischen den Interaktionspartnern zum Tragen. So läßt sich zum einen aus der Art, wie Konflikte angegangen werden, auf die Beziehung zwischen den Personen schließen, zum anderen kann die Art der Konfliktbearbeitung als Modellfall für das grundsätzliche Miteinanderumgehen verstanden werden. Für die Erziehungsberatung gilt es also, das Postulat einer grundsätzlichen Partnerschaft und Gleichberechtigung bei gegenseitiger Achtung und Akzeptierung von Eltern und Kindern (vgl. S. 92) auch auf den Bereich der Bearbeitung von Konflikten zu übertragen.

Hier ist es notwendig, daß der Berater zunächst einmal eventuell bestehende Fehlwahrnehmungen der Klienten bezüglich des Stellenwertes von Konflikten korrigiert: Das Entstehen von Konflikten ist nicht Ausdruck schlechter Beziehungen zwischen z. B. den Familienmitgliedern – Beziehungen manifestieren sich vielmehr in der Art und Weise, wie auftretende Konflikte gelöst werden.

Konflikte entstehen aus unterschiedlichen Interessen, Einschätzungen, Wünschen und Zielen der Konflikt-Beteiligten. Würde man davon ausgehen, daß in einer Partnerschaft, zwischen Eltern und Kindern, zwischen Arbeitskollegen und anderswo Konflikte nicht auftreten dürften, so wäre damit postuliert, daß die Interessen, Einschätzungen, Wünsche und Ziele dieser Personen identisch wären. Dem ist jedoch nicht so. Auch drückt sich eine gute Beziehung nicht durch eine hohe Übereinstimmung in den Interessen und Zielen aus. Eine gute Beziehung ist vielmehr dadurch charakterisiert, daß die Interaktionspartner den jeweils anderen akzeptieren und ihm eigene Wünsche, Interessen und Ziele zugestehen.

Diese individuelle Einzigartigkeit läßt beim Zusammenleben mehrerer Individuen – etwa in der Familie – zwangsläufig früher oder später Interessengegensätze – Konflikte – erwarten. Es wäre nun für die Beziehung dieser Individuen zueinander von entscheidendem Nachteil, wenn diese Konflikte nicht ausgetragen, sondern überspielt, verwischt, »verdrängt« würden. Jedoch wird genau dies in vielen Fällen praktiziert, weil sich die Interaktionspartner vor dem Hineingehen in den und Austragen des Konflikts fürchten. Diese Angst resultiert zum einen aus der (Fehl-)Annahme, daß Konflikte in ansonsten harmonischen Beziehungen nicht vorkommen dürften (s. o.), zum anderen haben oft frühere Erfahrungen im Umgang mit Konflikten so negative Erinnerungen hinterlassen, daß es den Interaktionspartnern ratsam erscheint, das Austragen von Konflikten wenn möglich zu umgehen.

Für die Praxis der Beratung ist also davon auszugehen, daß Konflikte nicht verhindert werden können und sollen, und ist deswegen

anzustreben, daß die Klienten zu einer humanen und für alle Beteiligten in Form und Ergebnis akzeptablen Konfliktregelung befähigt werden. Der im Bereich der Erziehung tätige Berater wird die Erfahrung machen müssen, daß Konflikte zwischen Erziehern und Kindern/ Jugendlichen oftmals einen sehr einseitigen Verlauf nehmen, der auf der Beziehungsebene von dem Postulat der gleichberechtigten Partnerschaft bei gegenseitiger Achtung und Akzeptierung weit entfernt ist: Eltern schreiben oft als die physisch und psychisch stärkeren Interaktionspartner die Art und die Richtung der Konfliktlösung vor, so wie sie selbst es für angemessen halten. Die Interessen der Kinder werden dabei unberücksichtigt gelassen. Dieses Vorgehen ist – wenn auch nicht akzeptabel – so doch zumindest erklärlich:
– Eltern haben meist während ihres eigenen Sozialisationsprozesses derartiges Konfliktbewältigungs-Verhalten durch ihre eigenen Eltern kennengelernt und es fehlen ihnen alternative Verhaltensmöglichkeiten
– Die Anwendung psychischer oder physischer Macht führt meistens zu einer (allerdings nur kurzzeitigen) Lösung (besser: Unterbrechung) der Konfliktursachen.

Andererseits sind bei einem solchen Vorgehen der Eltern eine Reihe von Auswirkungen zu erwarten, die die Eltern eigentlich selbst zu vermeiden versuchen:

Verschlechterung des Beziehungsverhältnisses: Es dürfte unmittelbar verständlich sein, daß sich bei dem oben skizzierten Vorgehen jener Konfliktpartner verletzt, mißachtet, übergangen und zurückgestoßen fühlt, der keine Möglichkeit hat, seine eigenen Bedürfnisse und Lösungsvorschläge zu artikulieren. Die Beziehung zwischen den Konfliktpartnern wird zukünftig durch Verteidigungshaltung, Trotz, Enttäuschung, Aggressionen u. ä. m. belastet sein.

Negativer Lernprozeß: Verhalten sich Eltern/Erzieher (oder andere Personen) in dieser Form, so sind sie damit Modelle für die Anwendung von Macht und die rücksichtslose Durchsetzung der eigenen Interessen in Konfliktsituationen. Die Kinder (oder andere weniger »mächtige« Personen) lernen, daß es besser ist, zu tun, was der »mächtigere« Partner will, eigene Ideen und Sichtweisen zurückzuhalten u. ä., wenn sie nicht unter psychischen oder physischen Druck geraten wollen.

Ungelöster Konflikt: Eine echte Lösung des Konflikts erfolgt nicht. Zwar werden die unmittelbaren Reibungspunkte für den Moment durch ein »Machtwort« unterdrückt, die ursächlichen Differenzen in den Interessen, Wünschen und Zielen sind damit jedoch nicht bearbeitet, und werden früher oder später wieder zum Tragen kommen.

Konfliktlösung ohne Verlierer

Die »erfolgreiche« Anwendung von Macht zur Bearbeitung und Lösung von Konflikten setzt ein Machtgefälle zwischen den Konfliktparteien voraus. In Situationen und Bereichen, in denen ein solches Gefälle nicht besteht, müssen und werden andere Arten der Konfliktbewältigung angewandt werden. Solche Strategien gehen von dem Grundprinzip des Aushandelns einer für alle Konfliktparteien akzeptablen Lösung aus und implizieren, daß es bei der letztlich ausgehandelten Lösung keinen »Verlierer« gibt.

Diese Strategie hat der amerikanische Psychologe Gordon (1972) auf den Bereich der Interaktion zwischen ungleich »mächtigen« Partnern, Eltern und Kindern, übertragen und dabei von der »niederlage-losen« Konfliktregelung gesprochen.

Gordon sieht dabei das Prinzip der niederlage-losen Konfliktregelung nicht nur auf den Bereich zwischen Erziehern und ihren Kindern beschränkt, sondern versteht dies als generell angemessenes, weil den Konfliktpartner grundsätzlich akzeptierendes und achtendes Verhalten. So sieht er z. B. auch vielfältige Anwendungsmöglichkeiten im Bereich der Schule (Gordon 1977).

Die Vorteile eines solchen Ansatzes zur Lösung von Konflikten, auch im Falle ungleich verteilter Macht bei den Konfliktparteien, lassen sich in folgenden Punkten zusammenfassen:
- Alle Konfliktbeteiligten werden in den Suchprozeß nach der besten Lösung einbezogen, Machtmittel werden nicht eingesetzt. Beziehungsbelastende Faktoren, wie Gefühle der Ohnmächtigkeit und des Hasses, Trotzverhalten, Vergeltungswünsche u. ä. treten daher zurück
- Der Denk- und Verhaltensspielraum bei der Suche nach Lösungen wird nicht durch die Furcht vor einer Niederlage und durch inflexibles Vertreten von Extrempositionen eingeengt; die Konfliktparteien können ihre Konzentration auf die sachlich-kreative Suche nach gemeinsamen Lösungen richten
- So können auch Lösungen zustande kommen, die für *beide* Seiten sehr nahe an ihrer ursprünglichen Wunschvorstellung liegen, während unflexibles »Feilschen« auf eingeengten Denkbahnen höchstens eine Lösung in der Mitte der beiden Ausgangspositionen (d. h. weit entfernt von jeder der beiden) als für beide akzeptabel nahegelegt hätte
- Die gemeinsam erarbeitete Lösung wird von allen Beteiligten mitverantwortet. Bei einem späteren Scheitern des Lösungsweges kann somit nicht nur eine Konfliktpartei »schuldig« sein, diesbezügliche Vorwürfe können nicht greifen; die positive Beziehung konsolidiert sich
  - Speziell in der Interaktion zwischen Eltern/Erziehern und Kindern/Jugendlichen erfolgt eine nachdrückliche Stimulierung und

Modellierung der Heranwachsenden zu selbständigem, kritischem, sozialem und kooperativem Denken und Handeln.

Die praktische Anwendung dieser Art der Konfliktbearbeitung vollzieht sich in 6 Einzelstufen, die nacheinander zu bearbeiten sind, wobei die nachfolgende Stufe erst dann angegangen werden sollte, wenn die vorherige vollkommen abgeklärt ist.

Stufe 1: *Definition des Konflikts*

Die Stufe 1 der Konfliktbearbeitung weist erhebliche Überschneidungen mit der partner-zentrierten Gesprächsführung auf. Es geht hier darum, präzise herauszuarbeiten, wo genau unterschiedliche Interessen und Bedürfnisse vorhanden sind, und deutlich zu machen, daß eine Bearbeitung des Konflikts im Sinne der »niederlage-losen Methode« angestrebt wird. Die partner-zentrierte Gesprächsführung hilft dabei, die Sichtweisen und Bedürfnisse der Konfliktparteien deutlich herauszuarbeiten. Bevor die Konfliktparteien zur Stufe 2 übergehen, muß genau geklärt sein, *was* verändert werden soll. Die Konfliktparteien sollten sich dabei konkret, verhaltensnah und in Form von Wünschen artikulieren.

Stufe 2: *Sammlung möglicher Lösungen*

Ziel dieser Stufe der Konfliktbearbeitung ist es, einen möglichst großen Fächer von Lösungsmöglichkeiten zusammenzustellen, aus dem dann die endgültige Lösung herauskristallisiert werden kann. Es ist dies die Phase des kreativen Suchens nach grundsätzlich möglichen Lösungen, zunächst unabhängig davon, ob aus der Sicht einzelner Konfliktbeteiligter gegen einzelne Lösungswege Einwendungen gemacht werden könnten. Dieses kreative Suchen (etwa in Form eines brain-storming) sollte alle Konfliktbeteiligten einschließen. Bewertungen einzelner Vorschläge sollen noch nicht vorgenommen werden.

Stufe 3: *Bewertung möglicher Lösungen*

Die gesammelten Lösungsmöglichkeiten werden nun einer Bewertung unterzogen. Jeder Konfliktbeteiligte muß die Möglichkeit haben, Lösungen, die für ihn bedrohlich, verletzend, unakzeptabel sind, aus dem Fächer möglicher Lösungen zu streichen. Die Verdeutlichung der Gefühle und Empfindungen, die für die Konfliktbeteiligten mit den einzelnen Lösungsvorschlägen verbunden sind, können zu weiteren Modifikationen einzelner Vorschläge führen, da zustimmende oder ablehnende Äußerungen damit für alle Beteiligten eher durchschaubar werden.

Stufe 4: *Einigung auf die akzeptabelste Lösung*

Der Berwertungsphase folgt die Einigung auf die Lösung, die von allen Konfliktbeteiligten getragen werden kann. Auch hier muß noch die Möglichkeit gegeben sein, Bedenken und Ängste anzumelden und Modifikationen vorzunehmen. Hilfreich ist es dabei zu verdeutlichen, daß der angesteuerte Lösungsweg nicht unveränderbar ist, sondern nach einem bestimmten Zeitraum – den die Beteiligten konkret miteinander vereinbaren sollten – auf seine Effizienz und auf die Zufriedenheit der Beteiligten hin überprüft werden sollte.

Stufe 5: *Durchführung der Lösung*

Die auf dem beschriebenen Weg erarbeiteten Lösungsvorhaben scheitern oft daran, daß dem Schritt der Umsetzung in die Praxis zu wenig Bedeutung beigemessen wird. Oft entstehen dann daraus neue Konflikte. Die Durchführung der Lösung sollte daher in allen Einzelheiten festgelegt werden. Jedem der Konfliktbeteiligten muß vollkommen klar sein, welche Handlungsmöglichkeiten er hat, was die anderen Konfliktbeteiligten von ihm erwarten, und wer beim Auftreten der Konfliktursache was unternimmt bzw. unterläßt. Auch hier ist es sinnvoll, die Durchführung möglichst konkret und verhaltensnah festzulegen.

Stufe 6: *Evaluation der Lösung*

Nach einem vorher festgelegten Zeitraum sollten die Konfliktparteien die Entscheidung für die praktizierte Lösung überprüfen; dabei ist zu analysieren, wie der Lösungsweg von den Beteiligten eingeschätzt wird, und festzulegen, ob auf dem eingeschlagenen Wege weitergegangen werden soll, oder ob einzelne Beteiligte eine Änderung wünschen. Die Evaluation kann wiederum in Form des partner-zentrierten Gesprächs erfolgen. Wird dabei von einem Beteiligten eine Änderung gewünscht, so treten alle Beteiligten wieder in die Phase der kreativen Sammlung von möglichen Lösungen (s. Stufe 2) ein, und der Ablauf der Konfliktbearbeitung in der Folge der einzelnen Stufen beginnt erneut.

Der Veränderungsbereich »Beziehung« mit seinen Kernpunkten »Partner-zentriertes Gespräch« und »Konfliktbearbeitung ohne Verlierer« ist ein komplexes Bedingungsgefüge vieler einzelner Verhaltens- und Erlebenselemente. Die Komplexität, die bereits auf der Ebene der Grunddimensionen zwischenmenschlicher Beziehungen (vgl. S. 86) zur Abbildung wesentlicher Gesichtspunkte in diesem Bereich notwendig ist, stellt in der Praxis an die am Interaktionsprozeß beteiligten Personen erhebliche Anforderungen: So müssen die eigenen

Gefühle und Sichtweisen deutlich wahrgenommen und ausgedrückt werden können; so müssen alle Beteiligten sensitiv sein für Vorgänge in den anderen Interaktionspartnern, deren Gefühle, Interessen, Absichten wahrnehmen und sowohl kognitiv als auch affektiv verarbeiten können; so müssen Ansätze zur Konfliktlösung erarbeitet und bewertet werden u. a. m.

Der Umfang der an die Interaktionspartner gestellten Anforderungen steht in unmittelbarem Zusammenhang mit der grundsätzlichen Akzeptierung der vier Grunddimensionen zwischenmenschlicher Beziehungen bzw. dem damit einhergehenden generellen Postulat nach einer grundsätzlichen Partnerschaft und Gleichberechtigung von Eltern/Erziehern und Kindern bei gegenseitiger Achtung und Akzeptierung (vgl. S. 92): Würde eine andere Grundtendenz der Beziehung zwischen Eltern/Erziehern und Kindern/Jugendlichen als Orientierungsrahmen herangezogen, etwa ein hierarchisches Modell im Sinne eines Vorgesetzten-Untergebenen-Verhältnisses, so wäre eine Analyse und Veränderung des Beziehungsprozesses weniger komplex und würde weniger Anforderungen an die Beteiligten stellen; eine der Interaktionsparteien wäre die »mächtigere«, die den Interaktionsablauf steuert, Sensitivität für Interessen, Gefühle und Absichten der anderen Partei wäre nicht erforderlich und auch die Konfliktbearbeitung wäre – da sie nach einseitigen Interessen und Bewertungen erfolgen würde – mehr eine einfache Festsetzung als ein komplexer Prozeß des Suchens, Bewertens, Aushandelns und Einigens.

Wenn nun dennoch – wie hier – der komplexere Weg als der einzig akzeptable für die Beziehung zwischen Eltern/Erziehern und Kindern/Jugendlichen verstanden wird, so gilt es, dabei in der Praxis einige Folgerungen zu beachten, die bei der Umsetzung der Grundhaltung in die alltäglichen Interaktionen des Erziehungsprozesses förderlich sein können, insbesondere bei der Interaktion zwischen Eltern/Erziehern und jüngeren Kindern.

Die grundsätzliche Gleichberechtigung der Interaktionspartner bedeutet nicht, daß auch eine grundsätzliche gleiche Befähigung aller Partner zur Erhaltung oder Förderung eines guten Beziehungsverhältnisses besteht. So werden z. B. kleinere Kinder weniger Möglichkeiten haben, auf den Interaktionsprozeß einzuwirken: Sie können ihre Gefühle, Wünsche, Absichten noch nicht differenziert artikulieren; sie können oftmals den Bedeutungsgehalt der Äußerung eines Interaktionspartners nicht voll erfassen und auch nicht angemessen verbalisieren; sie sind bei der Bearbeitung von Konflikten nach der Methode ohne »Verlierer« oft nur begrenzt in der Lage, Lösungsalternativen zu entwickeln und Lösungswege zu evaluieren.

Die ungleiche Befähigung, beziehungsrelevante Interaktionselemente zu realisieren, darf die Eltern/Erzieher nun nicht dazu verleiten, dies mit einer ungleichen *Berechtigung* zur Gestaltung der Beziehung gleichzusetzen. Vielmehr muß es die Aufgabe des »fähigeren« Interaktionspartners sein, Bedingungen zu erstellen, die dieses Ungleichgewicht in der Befähigung weitmöglichst aufhebt. Dies bedeutet z. B. für das partner-zentrierte Gespräch, daß Eltern/Erzieher dem Kind helfen müssen, seine Gefühle und Sichtweisen zu entwickeln, zu verdeutlichen und auszudrücken. Auch werden Eltern/Erzieher oft auf Unterstützung durch das Kind bei der Klärung ihrer eigenen Bedürfnisse verzichten müssen, da der Bedeutungsgehalt ihrer eigenen Äußerungen durch das Kind nicht immer angemessen aufgenommen und verbalisiert werden kann.

Auch bei der Bearbeitung von Konflikten ist es notwendig, daß die Eltern/Erzieher den schwächeren Partner bei der Vertretung seiner Interessen unterstützen. Dies gilt insbesondere beim Herausarbeiten eigener Vorschläge zur Lösung des Konflikts und bei der Evaluation vorgesehener Lösungswege. Durch das Vorschlagen grundsätzlich möglicher Lösungen (auch solcher, die der Erzieher für sich persönlich nicht unbedingt favorisieren würde) und durch geduldiges Nachfragen, ob seitens des Kindes bei einzelnen Lösungswegen noch Ängste, Befürchtungen, Einwände o. ä. bestehen, kann der schwächere Partner angemessen unterstützt werden.

Hier wird noch einmal deutlich, daß eine humane, partnerschaftliche, akzeptierende Beziehung nicht vorrangig von speziellen Fertigkeiten oder Techniken abhängig ist; diese sind lediglich Hilfsmittel in einem Prozeß, der im wesentlichen durch die Haltungs- und Einstellungsebene der Interaktionspartner gesteuert wird, die selbst wiederum in engem Zusammenhang mit Selbstreflexionsprozessen der Interaktionspartner steht.

2. *Veränderungsbereich Verhalten*

Dem Veränderungsbereich Verhalten ist in der modernen psychologischen Erziehungsberatung aus verschiedenen Gründen eine erhebliche Bedeutung beizumessen:
Erstens beschränkt sich psychologische Erziehungsberatung heute nicht mehr auf die Tätigkeit des Diagnostizierens und Informierens, sondern muß als ein komplexes Gefüge aus Diagnostik, Beratung und Behandlung – d. h. auch Modifikation von Verhalten – verstanden werden (vgl. S. 9).
Zweitens stehen – bezogen auf den Behandlungsaspekt – im Veränderungsbereich »Verhalten« eine Reihe von Interventionsmethoden zur Verfügung, die sich an grundlegenden psychologischen Lerngesetzen orientieren, und die in der Praxis vielfältig anwendbar sind.
Drittens können grundlegende Elemente dieses Veränderungsbereiches in der praktischen Arbeit der Erziehungsberatung den Klienten rela-

tiv leicht vermittelt werden, wobei meist eine unmittelbare Bezugnahme auf die Alltagserfahrung des Klienten möglich ist.
Viertens können die grundlegenden Elemente – wie auch jene im Veränderungsbereich »Beziehung« – sowohl zwischen dem Berater und dem Klienten als auch zwischen den Klienten (z. B. innerhalb einer Familie) wirksam werden.
Diese Gründe haben wesentlich dazu beigetragen, daß Elemente des Veränderungsbereichs »Verhalten« in der praktischen Beratungsarbeit zunehmend als wirksame Möglichkeit der Hilfe bei der Bewältigung verschiedenster Probleme herangezogen werden. Gerade in den Aspekten der praktischen Wirksamkeit und der relativ leichten Vermittelbarkeit grundlegender Elemente der Verhaltensänderung liegen aber auch erhebliche Gefahren, die in der Praxis oftmals zu wenig Berücksichtigung finden:
Die Ausnutzung von Gesetzmäßigkeiten der Verhaltensbeeinflussung kann kein Ersatz für die Festlegung von Richtung und Zielen der Verhaltensänderung sein. Vielmehr muß vor der Anwendung verhaltensändernder Interventionen mit den Beteiligten genau festgelegt werden, welche Ziele angesteuert werden sollen, was sich die Beteiligten davon erwarten, ob die angezielte Veränderung den Bedürfnissen *aller* Beteiligter entspricht u. ä. m.
Gerade dieser letzte Punkt – die Prüfung und Reflexion der Bedürfnisse aller Beteiligten – kommt in der Erziehungsberatung oft zu kurz: Vielfach wird von den Beratern die Konzentration fast ausschließlich auf die Klärung der aufrechterhaltenden Bedingungen eines als störend geschilderten Verhaltens gerichtet. Werden in der Phase der Problemdefinition dagegen Selbsterfahrungsprozesse zumindest mitfokussiert, so ist oftmals eine Umdefinition des Problems (und damit des Beratungsverlaufs) die Folge (vgl. dazu auch S. 139). Weiterhin muß beachtet werden, daß die Anwendung verhaltensändernder Methoden im Prozeß der Erziehungsberatung nur dann zu befriedigenderen Bedingungen z. B. in der Familie führen kann, wenn auch die Bedürfnisse des »schwächeren« Sozialpartners berücksichtigt werden. Der Einsatz verhaltensändernder Methoden in der Praxis muß also wiederum das komplexe Gesamtgefüge beratender Tätigkeit im Auge behalten und darf nicht zu einer frühzeitigen Ausblendung von Elementen der Veränderungsbereiche »Beziehung« und »Selbsterfahrung« führen.

Bei den praktischen Problemstellungen wird es nun jeweils das Ziel sein, erwünschtes Verhalten des Klienten aufzubauen und aufrechtzuerhalten bzw. unerwünschtes Verhalten abzubauen und zu schwächen. Dabei ist grundsätzlich davon auszugehen, daß Verhalten zum großen Teil nach bestimmten Gesetzmäßigkeiten erlernt wird, wobei für erwünschtes und unerwünschtes Verhalten die gleichen Gesetzmäßigkeiten gelten. Um in der Beratungssituation bestimmte Verhaltensweisen aufbauen oder abbauen zu können, ist es sinnvoll, sich mit diesen Gesetzmäßigkeiten vertraut zu machen. Dabei soll in der nachfolgenden Darstellung grob zwischen Lernen durch Konditionierung, Lernen am Modell und Regel-Lernen unterschieden werden, wobei diese Unterteilung als Strukturierungshilfe zu verstehen ist, die verschiedenen Lernkomponenten jedoch bei praktischen Verhaltensänderungen in der Regel ineinandergreifen und sich ergänzen.

Lernen durch Konditionierung

Ausgangspunkt dieses Ansatzes ist die von Skinner (1938) vorgenommene Unterscheidung von »respondentem« und »operantem« Verhalten. *Respondentes Verhalten* beinhaltet danach alle Verhaltensweisen, die durch Reize der Umwelt im Organismus ausgelöst werden. Dabei sind nicht nur Reflexe im engeren Sinne gemeint, sondern auch Verhaltensweisen, die einem ehemals neutralen Reiz folgen, welcher durch die Verbindung mit einem bedeutungsvollen Reiz eine bestimmte Wertigkeit erhalten hat.

Historisches Demonstrationsbeispiel hierfür ist das Experiment von Pawlow (vgl. 1927): Ein Hund sondert bei der Nahrungsaufnahme reflektorisch Speichel ab. Erfolgt nun die Nahrungsdarbietung eine Zeitlang bei gleichzeitiger (oder unmittelbar vorausgehender) Darbietung eines Glockentons, so assoziiert der Hund den Glockenton mit dem Futter und sondert nach kurzer Zeit auch dann Speichel ab, wenn der (ehemals) neutrale Glockenton allein ertönt.

Operantes (instrumentelles) Verhalten kann im Gegensatz dazu nicht direkt auf einen bestimmten, äußerlichen Reiz zurückgeführt werden, sondern manifestiert sich als willkürliche Einwirkung auf die Umwelt. Zwar wird dieses Verhalten auch durch die darauf folgenden Konsequenzen gesteuert (gestärkt oder geschwächt), die ursprüngliche Auslösung dieses Verhaltens erfolgt aber nicht direkt und unmittelbar durch Reize der Umwelt.

Historisches Demonstrationsbeispiel hierfür ist das Experiment von Skinner (1938), bei dem Ratten in kurzer Zeit lernten, sich in einem Experimentierkäfig durch Hebeldrücken Futter zu verschaffen. Das von den Ratten zunächst zufällig und unsystematisch gezeigte Verhalten des Hebeldrückens wurde durch die Darbietung von Futter verstärkt.

Analog zu dieser Unterteilung lassen sich grundsätzlich zwei Konditionierungsmethoden voneinander abgrenzen: Das »Klassische« und das »Instrumentelle« Konditionieren. In der Praxis der Erziehungsberatung kommt jedoch in der Regel nur der *Veränderung operanter Verhaltensweisen* Bedeutung zu; daher wird in der Folge nur auf diese Gesichtspunkte weiter eingegangen:

Im Gegensatz zu Pawlow, der alle Lernvorgänge nach dem Modell der direkten Reiz-Reaktions-Verknüpfung (s. o.) zu erklären ver-

sucht, wird beim instrumentellen Konditionieren angenommen, daß Verhalten dadurch ausgeformt wird, daß es mit bestimmten Konsequenzen verbunden ist, d. h. Lernen vollzieht sich nach dem Gesetz des Effekts.
Ausgangspunkt ist hier die Überlegung, daß vom Individuum zu jedem Zeitpunkt bestimmte Verhaltensweisen ausgehen, denen bestimmte Konsequenzen folgen: Folgen positive Konsequenzen, so wird ein bestimmtes Verhalten aufgebaut und gestärkt, sind die Konsequenzen negativ – oder in geringerem Maße positiv als bei anderen Verhaltensweisen – so wird die Wahrscheinlichkeit des Auftretens dieses Verhaltens geringer.
Aufbau von Verhalten erfolgt dann, wenn eine positive Verstärkung folgt, oder wenn durch das Verhalten ein negativer Zustand vermieden oder beendet werden kann. Abbau von Verhalten erfolgt dann, wenn eine negative Konsequenz folgt, oder wenn durch das Verhalten ein positiver Zustand verhindert oder beendet wird. Aus diesen grundlegenden Gesetzmäßigkeiten lassen sich eine Anzahl von Möglichkeiten ableiten, die zur Modifikation operanter Verhaltensweisen eingesetzt werden können (vgl. unten).

Lernen am Modell

Viele Lernprozesse sind durch die behavioristischen Prinzipien des instrumentellen Konditionierens nicht ausreichend erklärbar: So konnte nachgewiesen werden (vgl. Bandura & Walters 1963, Bandura 1969), daß Lernprozesse auch ohne Verstärkung auf dem Wege über die Nachahmung von Modellen stattfinden können. Lernen am Modell ist ein Prozeß, bei dem ein Verhalten einer Person durch die Beobachtung einer Modell-Person geändert wird. Hierbei ist die am Modell lernende Person nicht notwendig auf die genaue Darbietung eines bestimmten Verhaltens angewiesen, sondern kann auch solche Verhaltensweisen äußern, die sie in dieser speziellen Form zuvor noch nicht beobachten konnte. Dabei wird angenommen, daß die Person Einzelelemente verschiedener, von ihr beobachteter Verhaltensweisen zu abstrahieren in der Lage ist, und aus diesem Abstraktionsprozeß neue, »kombinierte« Verhaltensmöglichkeiten gewinnt.
Lernen am Modell ist auch dann möglich, wenn das Modell nicht als lebende Person in Kontakt mit dem Lernenden tritt, sondern wenn das Modell-Verhalten lediglich verbal vermittelt wird, oder ein Modell z. B. in einem Film beobachtet werden kann (vgl. O'Connor 1969).
Bestimmte Qualitäten des Modells und der Modell-Situation scheinen dabei den Lernprozeß zu fördern: So werden z. B. Attraktivität, hohes Prestige und Sympathie auf seiten des Modells als unterstützende Eigenschaften für den Lernprozeß gesehen (vgl. z. B. Bandura & Huston 1961; Hetherington & Frankie 1967); so dürfte die besondere Heraushebung des angezielten Verhaltens sowie dessen Verstärkung in der Modell-Situation für das Lernen hilfreich sein (vgl. z. B. Marlatt & Perry 1975).

Das auf dem Wege über ein Modell gelernte Verhalten manifestiert sich nicht notwendigerweise in einer sofortigen entsprechenden Verhaltensäußerung: Es kann eine Verhaltensaneignung stattfinden, die dann erst in einer von der Lernsituation unabhängigen Situation in konkretes Verhalten umgesetzt wird.

Trotz zahlreicher Untersuchungen über die Wirksamkeit von Modellen gibt es bis heute keine bewiesene und anerkannte theoretische Erklärung für das Lernen am Modell. Bandura (vgl. 1969) betont sehr stark kognitive Gesichtspunkte, indem er ein kognitives Vermittlersystem zwischen der Beobachtung des Modell-Verhaltens und der imitierten Verhaltensäußerung postuliert.

Nach Bandura (1971) können durch Lernen am Modell motorische, soziale, kognitive und emotionale Verhaltensmuster erlernt werden. Modellprozesse können zudem sowohl zum Aufbau erwünschten Verhaltens als auch zum Abbau unerwünschter Verhaltensweisen eingesetzt werden (vgl. unten).

Regel-Lernen

Beim durch Regeln gesteuerten Verhalten (»rule-governed-behavior«, vgl. Skinner 1969) stehen kognitive Gesichtspunkte im Mittelpunkt: Zentraler Ausgangspunkt dieses Ansatzes ist die Erkenntnis, daß die Komplexität der Situationen in der verhaltensändernden Praxis durch behavioristische Lernmodelle nicht hinreichend erfaßt werden kann, und daß die unreflektierte Übertragung der behavioristischen Lerngesetze auf psychologisch-pädagogische Situationen nicht angemessen ist. Gerade auch in der Erziehungsberatung kommen nämlich eine Reihe bedeutsamer Aspekte zum Tragen, die im S-R-K-Modell (Stimulus-Reaktion-Kontingenzverhältnis) nicht darstellbar sind, und deren Zusammenhänge nur teilweise mit den Lerngesetzen beschrieben werden können, wie z. B. Ziel- und Wertvorstellungen der Erzieher, Einstellungen und Interpretationen des Erzieherverhaltens auf seiten des Kindes/Jugendlichen u. ä. m. (vgl. z. B. Innerhofer 1974). Zudem ist gerade im Prozeß der Erziehungsberatung eine möglichst frühzeitige Ablösung der Verhaltenssteuerung von aktuellen Kontingenzen anzustreben und durch komplexere, »übergeordnete« Steuerungsmechanismen zu ersetzen.

Für die praktische Arbeit ist es indes notwendig, auch die o. g. und ähnliche kognitive Einheiten auf die Ebene des Verhaltens zu beziehen, weil sie dort z. B. auf das Verhalten des Kindes/Jugendlichen einwirken und Verhaltensänderungen hervorrufen, bzw. weil durch die Bildung kognitiver Regeln und das praktische Training zu deren Einhaltung z. B. instrumentelle Lernprozesse unterstützt und deren Ergebnisse gefestigt werden können. Die Bezugnahme auf die Verhaltensebene kann nun dadurch erreicht werden, daß diese kognitiven

Variablen in Form von *Verhaltensregeln* beschrieben werden, mit deren Hilfe eine Modifikation des Verhaltens möglich wird:

»Diese Regeln sind objektive und relativ dauerhafte diskriminative Stimuli verbaler Natur, typischerweise von der Form: »Wenn man unter den und den Umständen das und das tut, hat das die und die Konsequenz«.« (Kraiker 1974, S. 19)

Im Rahmen der Erziehungsberatung ist eine Verhaltensregel als eine konkrete verbale Verhaltensanweisung zu verstehen, die dem Kind/Jugendlichen verdeutlicht, was von ihm erwartet wird (»Nimm Deinem Bruder nicht ohne Erlaubnis Spielsachen weg, denn Du möchtest auch nicht, daß man Dir Deine Sachen wegnimmt«).

Beim Regel-Lernen wird nicht von isolierten Reizen oder Reaktionen ausgegangen, sondern von komplexeren Handlungsweisen; dies dürfte den Gegebenheiten im Rahmen der Erziehungsberatung oftmals angemessener sein, weil es bei der Veränderung von Verhalten meist nicht um die Veränderung einzelner Reaktionen, sondern um einen ganzen »Pool« von Reaktionen geht, die durch eine gemeinsame Zielbestimmung verbunden sind (z. B. »kooperatives Verhalten«).

Regel-Lernen im Sinne der Verdeutlichung von Verhaltensregeln und des Trainings der Regel-Befolgung wird in der Praxis sinnvoll mit anderen Möglichkeiten der Verhaltensänderung kombiniert (Näheres vgl. Abschnitt 2.3.).

Wie bereits erwähnt (vgl. S. 109) ist es bei den praktischen Problemstellungen in der Erziehungsberatung im Veränderungsbereich »Verhalten« das grundlegende Ziel, erwünschtes Verhalten des Klienten aufzubauen und aufrechtzuerhalten bzw. unerwünschtes Verhalten zu schwächen und abzubauen. Nachfolgend werden nun einzelne wesentliche Elemente zur Modifikation von Verhalten dargestellt; dabei ist es nicht das Ziel, eine vollständige Aufstellung sämtlicher verhaltensändernder Konzepte und Methoden vorzunehmen. Vielmehr sollen hier diejenigen Methoden und Wege skizziert werden, die im Rahmen der Erziehungsberatung am breitesten anwendbar sind, und die zudem in der praktischen Arbeit in Kooperation mit Elementen aus den Veränderungsbereichen »Beziehung« und »Selbsterfahrung« am ehesten eine Steigerung der Beratungseffektivität versprechen.

Um dem Leser die Erarbeitung dieses Bereiches zu erleichtern, ist hier über die sonst übliche Untergliederung in Methoden zum *Aufbau* und zum *Abbau* von Verhalten (vgl. z. B. O'Leary & O'Leary 1972, Gelfand & Hartmann 1975) hinausgegangen und eine Erweiterung durch die zusätzliche Behandlung der Abschnitte *Regelsteuerung* und *Eigensteuerung* von Verhalten vorgenommen worden (vgl. z. B. Meichenbaum 1977, Fiedler 1978). Die ersten beiden Abschnitte (Aufbau bzw. Abbau von Verhalten) der nachfolgenden Darstellung legen dabei eher Gewicht auf die instrumentellen Anteile von Verhaltensänderungen, während die Abschnitte über Regelsteuerung und Eigensteuerung von Verhalten stärker die kognitiven Anteile in den Vordergrund rücken.

Es sollte beim Lesen der einzelnen Abschnitte jedoch stets im Blickfeld bleiben, daß zur Veränderung von Verhalten — zumindest soweit es das im Rahmen üblicher Erziehungsberatung zu modifizierende Verhalten betrifft — in der Regel *sowohl* instrumentelles Lernen *als auch* Regel-Lernen wirksam werden, und die hier zwecks besserer Überschaubarkeit vorgenommene Aufgliederung damit in gewissen Grenzen willkürlich ist. Diese Untergliederung hat andererseits den zusätzlichen Vorteil, daß dadurch Bereiche betonend herausgehoben werden (Kognitionen und Eigensteuerungsmöglichkeiten der Klienten), die u. E. bisher im Veränderungsbereich »Verhalten« oftmals zu wenig Berücksichtigung gefunden haben.

2.1. Aufbau von Verhalten

Positive Verstärkung

Das Element »Positive Verstärkung« nimmt im Erziehungsprozeß breiten Raum ein: Eltern und Erzieher verfahren täglich nach diesem Prinzip, manchmal ohne sich dessen bewußt zu sein, auch in Richtung auf Verhaltensziele, die sie eigentlich gar nicht anstreben (vgl. S. 120); bereits im ersten Lebensjahr eines Kindes können verschiedene Verhaltensweisen (z. B. Lächeln, Augenfixation, Kopfbewegungen) durch »Positive Verstärkung« modifiziert werden.

Von Positiver Verstärkung wird gesprochen, wenn eine Verhaltensweise zur Aufrechterhaltung oder zur Intensivierung eines angenehmen Zustandes eingesetzt wird. Dieser angenehme Zustand oder Reiz, der positive Verstärker, erhöht die Wahrscheinlichkeit, daß das verstärkte Verhalten zukünftig häufiger gezeigt werden wird. (Es sei an dieser Stelle jedoch bereits darauf hingewiesen, daß diese »strenge« behavioristische Sichtweise bei Einbeziehung kognitiver Gesichtspunkte relativiert werden muß, vgl. dazu S. 126).

Ein Kind, das von seinen Eltern gelobt wird, weil es sein Spielzimmer aufgeräumt hat, wird zukünftig häufiger sein Spielzimmer aufräumen, weil das Gelobtwerden ein angenehmer Zustand für das Kind ist. Das Lob der Eltern verstärkt das Aufräum-Verhalten des Kindes.

Ein Jugendlicher, der einem Freund sein Moped ausgeliehen hat und dafür von ihm eine Schallplatte bekommt, wird dadurch für sein Ausleih-Verhalten verstärkt.

Grundsätzlich können Verstärker in drei Gruppen unterteilt werden: Materielle, soziale und Aktivitätsverstärker.

Materielle Verstärker können z. B. in Form von Spielsachen, Schallplatten, Kinokarten oder aber in Form von zunächst neutralen Werteinheiten (z. B. Punkte, Chips, Münzen) gegeben werden, die dann gegen beliebige Verstärker eingetauscht werden können, wobei die Wertigkeit – d. h. wieviel von einer Verstärkerart gegen einen Punkt, Chip o. ä. eingetauscht werden kann – vorher festgelegt wird.

Soziale Verstärker umfassen angenehme Aspekte des zwischenmenschlichen Kontakts, z. B. liebevolle Zuwendung, Lob, Ermutigung, freundliches Ansehen, Streicheln u. ä. m.

Aktivitätsverstärker sind angenehme Tätigkeiten wie z. B. Sport, Lesen, Spielen, Fernsehen u. ä. m. Derartige angenehme Tätigkeiten können auch als Verstärker für weniger beliebte Tätigkeiten eingesetzt werden.

So z. B. dann, wenn ein Kind nur dann mit seinen Freunden spielen darf (angenehme Tätigkeit), wenn es zuvor seine Schulaufgaben (unbeliebte Tätigkeit) erledigt hat. Das Spielen mit den Freunden wird als Aktivitätsverstärker für das Erledigen der Hausaufgaben eingesetzt.

Ob und wann ein Reiz als positiver Verstärker fungiert, läßt sich *streng genommen* erst dann feststellen, wenn er die Verhaltensfrequenz verändert hat, also im Nachhinein. (Auf die im Rahmen *kognitiver Ansätze* betonte Sichtweise, daß der verstärkende Reiz bzw. Zustand der Reaktion *vorausgehen* kann, wird an anderer Stelle eingegangen, vgl. S. 126). Dies hängt damit zusammen, daß die Verstärkerqualität eines Reizes von situativen Gegebenheiten, d. h. von sich ändernden Bedingungen abhängt und zudem von Person zu Person unterschiedlich ist: Zum Prinzip der Verstärkung gehört, daß ein vorhandenes Bedürfnis befriedigt wird. Ist ein bestimmtes Bedürfnis nicht vorhanden, so kann ein in diese Richtung zielender Reiz auch nicht als Verstärker wirksam werden. Daraus wird deutlich, daß ein identischer Reiz (oder Zustand) für dieselbe Person in der einen Situation als Verstärker wirksam werden kann, in einer anderen Situation dagegen nicht.

In der Praxis kann dieses Problem dadurch gemildert werden, daß Klient und Berater im gemeinsamen Gespräch vermutete prositive Verstärker für den Klienten herauszufinden sich bemühen, die dann zur Verhaltensänderung eingesetzt und dabei gleichsam auf ihre Verstärkerfunktion hin überprüft werden.

Ob durch die positive Verstärkung eine Änderung des Verhaltens eintritt, muß in der praktischen Beratungsarbeit genau geprüft werden und ist nicht von einem nur oberflächlichen Eindruck her zu entscheiden. Für diese Prüfung ist einerseits von Bedeutung, daß das zu ändernde Verhalten genau zu beobachten und zu beschreiben ist, andererseits muß ein Bezugssystem vorhanden sein, das als Orientierungsrahmen für die quantitative Erhebung der Veränderung dient.

Klienten beschreiben störendes Verhalten oftmals in recht pauschalen Kategorien, die in dieser Form eine genaue Analyse des Verhaltens als Ausgangspunkt für Veränderungsprozesse nicht zulassen. Diese pauschalen Kategorien müssen daher zunächst aufgegliedert, die Störungselemente in eindeutig registrierbare Einheiten umdefiniert werden.

Beispiele für derartige Umdefinitionen von Pauschalkategorisierungen in registrierbare Einheiten können etwa sein:

Pauschalkategorie	registrierbare Einheiten (Beispiele)
Schulunlust	– Häufigkeit des Schuleschwänzens – Zensuren-Durchschnitt – Anzahl unerledigter Hausaufgaben pro Woche u. ä. m.
Aggressivität	– Zerstören von Gegenständen – Verbale Drohungen gegen andere Personen – Schlagen, Beißen u. ä. m.
Unordentlichkeit	– Verlieren von Gegenständen – Häufigkeit des Aufräumens – Schulnote im Schreiben u. ä. m.

Auf der Ebene der eindeutig registrierbaren Einheiten muß sodann festgestellt werden, wie ausgeprägt das Verhalten vor dem Einsatz des Verstärkers ist. Diese Häufigkeit des Verhaltens vor der Verstärkung – die sog. *Grundrate* – wird mit der Verhaltensfrequenz nach Einsetzen des Verstärkers verglichen. Ist der Verstärker wirksam, so steigt die Frequenz des erwünschten Verhaltens an (vgl. dazu auch S. 126).

Soll bei einem Kind z. B. »Kooperatives Spielverhalten« aufgebaut werden, so ist es zunächst notwendig, registrierbare Einheiten zu bestimmen (z. B. Häufigkeit streitloser Spielkontakte mit einem oder mehreren anderen Kindern pro 30 Minuten) und die Grundrate zu erheben (z. B. einmal pro 30 Minuten, erhoben als durchschnittlicher Wert über mehrere Tage). Sodann wird streitloses Spielen in der Folge verstärkt und nach dieser Verstärkungsphase registriert, ob und in welchem Umfang eine Frequenzänderung eingetreten ist (z. B. Steigerung von einem streitlosen Spielkontakt auf drei pro 30 Minuten).

Positive Verstärker können auf unterschiedliche Art wirksam werden. Wenn jede Äußerung eines erwünschten Verhaltens verstärkt wird, so handelt es sich um eine *kontinuierliche Verstärkung*, die vorrangig beim Aufbau eines Verhaltens einzusetzen ist. Zur Aufrechterhaltung eines bereits bestehenden Verhaltens wird dagegen meist die diskontinuierliche, *intermittierende Verstärkung* eingesetzt, bei der das erwünschte Verhalten nicht jedesmal verstärkt wird. Dies ist deswegen günstiger, weil die Frequenz eines Verhaltens bei Absetzen der kontinuierlichen Verstärkung sehr schnell sinkt und das Verhalten nach einer gewissen Zeit ohne Verstärkung ganz erlischt. (Auf die Möglichkeit, das Verhalten auch über das Lernen von Verhaltensregeln – unter Ausblendung von aktuellen Verstärkungen – zu steuern, wird an anderer Stelle eingegangen, s. S. 124).

Bei der intermittierenden Verstärkung gibt es unterschiedliche Vorgehensmöglichkeiten: Man unterscheidet Intervallpläne und Quotenpläne der Verstärkung, je nachdem ob die Verstärkung nach einer bestimmten Zeiteinheit oder nach einer bestimmten Quote des Verhaltens erfolgt. Intervall- oder Quotenpläne lassen sich weiterhin danach untergliedern, ob die Intervall- bzw. Quotenfestlegung für die gesamte Verstärkungsphase erfolgt (fixierte Pläne) oder ob ein diesbezüglicher Wechsel während der Verstärkungsphase geplant ist (variable Pläne). Für die Praxis lassen sich jedoch dazu keine allgemeingültigen Aussagen bezüglich der Indikation der einzelnen Varianten machen.

Grundsätzlich ist ein Verhalten, das durch intermittierende Verstärkung modifiziert wird, resistenter gegenüber einer Löschung als ein durch kontinuierliche Verstärkung modifiziertes, was aus der Tatsache erklärbar ist, daß bei der intermittierenden Verstärkung bereits beim Aufbau des (neuen) Verhaltens fließende Übergänge zwischen verstärkter und nicht verstärkter Phase der Verhaltensäußerung vorhanden sind (vgl. dazu auch S. 121).

In der Praxis der Erziehungsberatung wird man nun nicht in jedem Fall davon ausgehen können, daß ein bereits vorhandenes – jedoch selten auftretendes – Verhalten durch positive Verstärkung modifiziert werden kann. Oftmals muß ein erwünschtes Verhalten erst grundsätzlich aufgebaut werden. Hierbei findet eine sukzessive *Verhaltensformung* (shaping) statt, bei der der Berater oder der Erzieher nicht darauf warten muß, bis das erwünschte Verhalten zufällig auftritt, um es dann zu verstärken, sondern es werden bereits die ersten Annäherungsstufen des angesteuerten Zielverhaltens verstärkt, wobei in zunehmendem Maße Verhalten belohnt wird, das dem Zielverhalten ähnlicher wird. Die positive Verstärkung erfolgt hier in differentieller Form und Verstärkungen werden im Laufe des Annäherungsprozesses für recht unterschiedliche Verhaltensweisen gegeben.

Ist ein Kind z. B. nicht in der Lage, ohne Streit mit anderen Kindern zu spielen, so kann es am Anfang der sukzessiven Verhaltensformung beispielsweise schon verstärkt werden, wenn es ohne Streit mit anderen Kindern im gleichen Spielzimmer, jedoch für sich allein, spielt. Der nächste Schritt kann dann z. B. darin bestehen, daß das Kind für eine Minute streitlosen Spiels mit einem anderen Kind verstärkt wird. In einem weiteren Schritt kann dann die Ausweitung des Zeitraumes auf 5 Minuten, dann auf längere Zeiträume erfolgen. Sodann kann die Anzahl der Spielkameraden erhöht werden usw. ...

Die Annäherungsschritte zwischen Ausgangsverhalten und Zielverhalten müssen dabei so klein gehalten werden, daß der Lernende den jeweils neuen Schritt auch zu vollziehen in der Lage ist. Wird der Annäherungsschritt zu groß, so können daraus neue Verhaltensprobleme – auch in anderen Verhaltensbereichen – resultieren (vgl. Tharp & Wetzel 1969). Daher empfiehlt es sich oftmals, daß der Berater oder der Erzieher zunächst *Verhaltenshilfen* (prompts) gibt, um dem Lernenden die ersten Verhaltensäußerungen zu erleichtern und entsprechend die Verstärkungen einsetzen zu können. Diese Verhaltenshilfen können verbaler oder physischer Art sein und lassen sich in Richtung auf unterschiedliche Verhaltensziele (z. B. motorische, soziale) einsetzen. Die Verhaltenshilfen werden im weiteren Fortlauf dann schrittweise wieder zurückgenommen, »ausgeblendet« (fading), bis das erwünschte Verhalten ohne Hilfestellung gezeigt wird.

Negative Verstärkung
Wie bereits betont (vgl. S. 111) erfolgt ein Aufbau von Verhalten auch dann, wenn durch dieses Verhalten ein negativer Reiz oder Zustand vermieden oder beendet werden kann. Der Verhaltensaufbau erfolgt in diesem Fall durch *negative Verstärkung*. Bei der negativen Verstärkung wird ein für eine Person negativer Reiz oder Zustand durch ein darauf folgendes Verhalten abgestellt bzw. durch ein vorheriges Verhalten vermieden, woraus eine Erhöhung der Auftretenswahrscheinlichkeit dieses Verhaltens resultiert.

Wird ein Jugendlicher von seinen Alterskameraden laufend geärgert und nicht als vollgültiges Gruppenmitglied akzeptiert, weil er noch nicht raucht, so kann er diesen unangenehmen Zustand des Ausgeschlossen-Seins dadurch beenden, daß er zu rauchen anfängt. Sein Rauch-Verhalten wird negativ verstärkt, die Wahrscheinlichkeit, daß er künftig raucht, erhöht sich.

In der Erziehungsberatung wird in der Regel mit Hilfe der negativen Verstärkung versucht, ein erwünschtes Vermeidungsverhalten zu erzeugen, das mit dem Zielverhalten identisch ist. Die Aufrechterhaltung erfolgt dabei durch die drohenden negativen Konsequenzen für den Fall der Frequenzerniedrigung des Vermeidungsverhaltens.

Durch die Erledigung von Hausaufgaben z. B. kann das Kind schlechte Noten oder die Bestrafung durch die Eltern vermeiden. Durch das Erledigen von Hausaufgaben wird also eine negative Konsequenz vermieden, dieses Verhalten wird durch drohende schlechte Noten oder durch drohende Bestrafung aufrechterhalten.

Verliert das drohende Element an Gewicht (z. B. bei einem Jugendlichen, der schon eine Lehrstelle hat und daher schlechte Schulnoten nicht mehr zu fürchten braucht), so wird auch das Vermeidungsverhalten (das hier identisch ist mit dem Zielverhalten) wieder weniger ausgeprägt; daher müssen in einem solchen Fall baldmöglichst auch andere Prozeduren zum Aufbau von Verhalten eingesetzt werden (z. B. Positive Verstärkung, Eigensteuerungsmethoden, Definition von Verhaltensregeln).

Lernen am Modell
Lernen am Modell zum Aufbau erwünschter Verhaltensweisen vollzieht sich in der Regel in drei Phasen:
In der Phase eins wird dem Lernenden ein Modell vorgestellt, das das erwünschte Verhalten in deutlich beobachtbarer Form darstellt; in der Phase zwei wird das Verhalten des Modells durch die lernende Person nachgeahmt und erhält bei angemessener Nachahmung des Modellverhaltens in der Phase drei eine Verstärkung für dieses Verhalten.

Nach Bandura & Walters (1963) können grundsätzlich folgende Prozesse durch die Beobachtung eines Modells ausgelöst werden:
– Bereits gelerntes oder vorhandenes Verhalten wird durch die Beobachtung eines Modells ausgelöst

- Neues Verhalten, das bisher noch nicht im Verhaltensrepertoire des Lernenden war, wird angeeignet
- Vorhandenes Verhalten wird verstärkt, insbesondere dann, wenn das Verhalten des Modells deutliche positive Konsequenzen nach sich zieht

Für den Aufbau von Verhalten ist es nicht erforderlich, daß dem Lernenden ein life-Modell vorgestellt wird, da auch z. B. per Film dargebotene Modelle erheblich verhaltensmodifizierenden Charakter haben.

So untersuchte beispielweise O'Connor (1969) die Modellwirkung filmisch dargebotener Modelle auf das Interaktionsverhalten von sozial isolierten Kindern. Das Film-Modell wurde für jegliche Art sozialer Kontaktaufnahme erheblich positiv verstärkt. Es zeigte sich, daß in der Folge eine bedeutsam höhere durchschnittliche Beteiligung *der* Kinder an Gruppeninteraktionen auftrat, die das Film-Modell und dessen verstärktes Interaktionsverhalten beobachten konnten, während solche Effekte bei einer vergleichbaren Teilgruppe von Kindern, die den Film nicht gesehen hatten, nicht auftraten.

Die in der Phase drei des Aufbaus erwünschter Verhaltensweisen (s. o.) erfolgende Verstärkung für ein durch Lernen am Modell modifiziertes Verhalten kann als ein Beispiel für die *enge Verknüpfung unterschiedlicher Elemente des Lernens* beim Aufbau von Verhalten gelten. Auch in anderen Bereichen findet diese Verknüpfung ihren Niederschlag: So bei dem notwendig werdenden Übergang von negativer zu positiver Verstärkung im Falle des Nachlassens der ein erwünschtes Vermeidungsverhalten aufrechterhaltenden negativen Konsequenz (vgl. das Beispiel auf S. 118); so etwa im Falle gleichzeitiger positiver und negativer Verstärkung unterschiedlicher Personen (Beispiel: Ein Kind fängt auf der Straße an zu schreien, weil es kein Eis bekommt; die Mutter kauft daraufhin das Eis, weil sie damit das ihr unangenehme Schreien beenden kann – negative Verstärkung –, das Kind wird für das Schreien durch das Eis positiv verstärkt); so etwa bei der Kombination von Lernen am Modell und Verhaltenshilfe (Beispiel: Der Berater hilft dem Klienten zunächst, das beobachtete Verhalten nachzuahmen); so etwa bei der Unterstützung des Lernens von Verhaltensregeln durch positive Verstärkung (vgl. dazu S. 127). Diese enge Verknüpfung gilt es in der Praxis stets im Auge zu behalten, einerseits um Hilfsmöglichkeiten voll auszunutzen (durch die Integration von Lernen am Modell und Verhaltenshilfe können z. B. die Lerneffekte gegenüber bloßem Lernen am Modell beträchtlich erhöht werden – vgl. z. B. Bandura, Blanchard & Ritter (1969)), andererseits um zu verhindern, daß unerwünschtes Verhalten mit aufgebaut wird (vgl. das Schreien des Kindes und das nachfolgende Eis). Der letztere Punkt – der unwillentliche Aufbau unerwünschten Verhaltens – ist für die praktische Arbeit von nicht zu unterschätzender Bedeutung, da er die Effektivität der Beratung nachhaltig beeinflussen kann: Es war bereits darauf hingewiesen worden, daß erwünschtes und unerwünschtes Verhalten grundsätzlich nach den gleichen Lernprinzipien aufgebaut wird.

Das bedeutet, daß Eltern und Erzieher vielfach Modelle für Verhaltensweisen sind, die sie bei den Kindern und Jugendlichen gerade nicht aufbauen wollen: Sie räumen ihr Zimmer nicht auf, erwarten dies aber von den Kindern; sie streiten mit den Nachbarn, fordern die Kinder aber zu kooperativer Konfliktlösung auf; sie möchten, daß ihr Kind sich sportlich betätigt, lesen selbst aber nur Sportberichte in der Zeitung.

Auch verstärken Eltern und Erzieher oft unwillentlich Verhaltensweisen, die sie nicht ansteuern; dabei spielen insbesondere auch die sozialen Verstärker eine wesentliche Rolle:

Eltern möchten beispielsweise erreichen, daß ihr Sohn sich an gemeinsamen Familienaktivitäten beteiligt, dieser will aber nichts Gemeinsames unternehmen. Jedesmal wenn die Eltern wieder gemeinsame Aktivitäten planen, führen sie lange Gespräche mit ihm, versuchen, ihn zu überreden mitzukommen, sagen ihm wiederholt, wie wichtig sie es finden, daß er mitkäme u. ä. m. Ihr Sohn erfährt durch seine Weigerung ein erhebliches Maß an Zuwendung und Aufmerksamkeit; diese sozialen Verstärker erhöhen die Wahrscheinlichkeit, daß der Sohn sich auch weiterhin gemeinsamen Aktivitäten verschließen wird.

2.2. Abbau von Verhalten

Löschung

Verhalten, das durch Verstärkung aufgebaut und aufrechterhalten wird, kann durch den Fortfall der Verstärkung bis zum Erlöschen abgebaut werden. Wird ein Verhalten nicht mehr verstärkt, so wird es *gelöscht*.

Ein klassisches Demonstrationsbeispiel für die Löschung unerwünschten Verhaltens beschreibt Williams (1959): Ein zweijähriger Junge war lange Zeit schwer krank gewesen und hatte in dieser Zeit laufend erhebliche Zuwendung und Aufmerksamkeit erhalten. Nach Beendigung der Krankheit wollten die Eltern das Kind von der laufenden Zuwendung entwöhnen. Das Kind reagierte jedoch auf jedes Alleinsein mit erheblichen Wutanfällen und intensivem Schreien. Die Eltern, die sich daraufhin an sein Bett setzten und ihm gut zuredeten, brauchten jeweils bis zu zwei Stunden, um das Kind zu beruhigen. Die Eltern wurden von dem Berater nun angehalten, das Kind abends ruhig und freundlich, aber konsequent hinzulegen, und nach dem Verlassen des Zimmers nicht mehr auf das Schreien und die Wutausbrüche zu reagieren. Durch das konsequente Nicht-Verstärken des Schreiens (das zuvor durch Zuwendung und gutes Zureden aufrechterhalten wurde) erfolgte innerhalb weniger Tage eine Löschung der Wutanfälle und des Schreiens.

Gerade unerwünschtes Verhalten, das, wie in dem genannten Fall, durch kontinuierliche soziale Verstärkung aufgebaut wurde, dürfte durch die Methode der Löschung besonders wirksam abgebaut werden können, so z. B. Weinen, Stören, Herumalbern u. ä. m.

Dies kann und darf nicht bedeuten, daß Eltern und Erzieher grundsätzlich nicht auf das Schreien und Weinen des Kindes eingehen sollten; Eltern und Erzieher müssen sich vielmehr der Ursache dieses Verhaltens bewußt sein. Die Methode der Löschung sollte dann ansetzen, wenn echtes Fehlverhalten bzw. unerwünschtes Verhalten vorliegt, wie etwa dann, wenn ein Kind stets versucht, alle seine Wünsche mittels Toben und Schreien durchzusetzen.

Wie schnell sich die Löschung (Extinktion) eines nicht mehr verstärkten Verhaltens vollzieht, hängt von verschiedenen Faktoren ab. Generell läßt sich sagen, daß ein Verhalten schnell gelöscht wird, wenn
– zuvor jede dieser Verhaltensweise verstärkt wurde
– sich dieses Verhalten erst kurz manifestiert hat

die Löschung erfolgt dagegen nur langsam, wenn
– zuvor eine intermittierende Verstärkung erfolgte
– sich dieses Verhalten bereits lange manifestiert hat

Die Abhängigkeit des Löschungsprozesses von dem vorangegangenen Verstärkungsmodus ist aus der Tatsache zu erklären, daß bei der intermittierenden Verstärkung bereits beim Aufbau des Verhaltens Phasen vorhanden sind, in denen eine Verhaltensäußerung nicht verstärkt wird - für die lernende Person kommen also in der Aufbau- wie in der Löschungsphase Verhaltensäußerungen ohne Verstärkung zum Tragen -, während für eine Person, die zuvor für jede Verhaltensäußerung verstärkt wurde, die Nicht-Verstärkung viel nachhaltigere Auswirkungen hat.

Zu berücksichtigen ist in diesem Zusammenhang auch die Tatsache, daß bei Löschung zuvor kontinuierlich verstärkten Verhaltens dieses unerwünschte Verhalten in der Regel zunächst häufiger oder intensiver auftritt. Werden also Eltern und Erzieher in der Beratung dazu angehalten, unerwünschtes Verhalten zu löschen (z. B. durch Ignorierung), so müssen sie deutlich auf diese Phase vorbereitet und hingewiesen werden; andernfalls ist damit zu rechnen, daß bei ihnen der (falsche) Eindruck entsteht, die vom Berater vorgeschlagenen Wege zum Abbau des Verhaltens würden genau das Gegenteil bewirken, und daß es dann doch noch günstiger sei, auf das unerwünschte Verhalten einzugehen.

Hieraus wird auch deutlich, daß die Methode der Löschung von Verhalten durch Nicht-Verstärken ein erhebliches Maß an Geduld und Stehvermögen von Eltern und Erziehern fordern kann. Dieses Stehvermögen ist jedoch notwendig, da ansonsten das unerwünschte Verhalten nicht nur nicht abgebaut wird, sondern durch intermittierende Verstärkung noch konsolidiert werden kann.

Als Beispiel kann hier die Mutter dienen, die sich nach dem Gespräch mit dem Berater vorgenommen hat, das fordernde Quengeln und Schreien ihres 5jährigen Kindes vor Eis- und Bonbon-Läden nicht mehr zu beachten (und damit zu löschen). Dies ist ihr auch mehrfach gelungen (wenn auch nur mit erheblicher Überwindung und Selbstdisziplin). Als sie durch einen Streit mit ihrem Mann psychisch erheblich belastet wird, kann sie die zusätzliche Belastung durch das Schreien des Kindes nicht mehr verkraften, und kauft dem Kind wieder eine Tüte »Gummiteddies«. Das Verhalten des Kindes ist damit intermittierend verstärkt und erheblich löschungsresistenter geworden.

Verstärkerentzug
Während die Methode der Löschung darauf basiert, daß von einem bestimmten Zeitpunkt an eine gewohnterweise erfolgende Verstärkung nicht mehr erfolgt, wirkt der aktive und kontinuierliche Verstärkerentzug strafend als unmittelbar spürbarer Verlust momentan bestehender positiver Verstärkungen. Die lernende Person wird nach einem »Fehlverhalten« konsequent um eine Verstärkung gebracht. Dies kann zum einen dadurch geschehen, daß der Lernende für die unerwünschte Verhaltensäußerung etwas »bezahlen«, d. h. auf einen Verstärker verzichten muß (response cost), zum anderen dadurch, daß jede unerwünschte Verhaltensäußerung von einem umfassenden Reiz- und Verstärkerentzug gefolgt wird (time-out).

Bei der Methode der *response cost* gibt es eine Vielzahl von Möglichkeiten, wie der Lernende für die unerwünschte Verhaltensäußerung »bezahlen« soll. Im Rahmen der Erziehungsberatung dürfte dabei dem sog. Privilegienentzug breiteste Anwendbarkeit zukommen. Es geht dabei darum, bestehende Privilegien in der Folge der unerwünschten Verhaltensäußerung zu beseitigen.

Beispiele für in der Praxis häufig anzutreffende Arten von Privilegienentzug sind Fernsehverbot bei Kindern und Ausgehbeschränkungen bei Jugendlichen. Grundsätzlich kann aber die Rücknahme jeder Art von Vergünstigung in diesem Sinne wirksam werden.

Daneben gibt es die Möglichkeit, bei Verwendung materieller Verstärker diese bei Auftreten des unerwünschten Verhaltens zurückzufordern; dies wird besonders häufig bei der Verwendung von (zunächst) neutralen Werteinheiten (Punkte, Chips, Münzen; vgl. S. 114) praktiziert.

Beim *time-out* wird das unerwünschte Verhalten in der Regel von einem Entzug positiver Sozialkontakte gefolgt (»sozialer Ausschluß«), der oftmals durch eine kurzfristige Isolierung des Lernenden in einer reiz- und verstärkerarmen Umgebung realisiert wird. Diese Methode des Verhaltensabbaus erscheint besonders in Gruppensituationen angezeigt (z. B. in der Schulklasse oder bei mehreren Geschwistern im Elternhaus), wenn das unerwünschte Verhalten durch die Aufmerksamkeit, Bewunderung oder ähnliches der anderen Gruppenmitglieder ansonsten sozial verstärkt werden würde.

Eine derartige ungewollte Verstärkung ist es aber auch, wenn der Erzieher während des sozialen Ausschlusses dem Kind besonders viel Zuwendung zeigt, indem er z. B. das Fehlverhalten vor dem Ausschluß ausführlich moniert, sich aufregt und ärgerlich zeigt u. ä. m. Es ist daher notwendig, daß ein solcher Ausschluß ruhig, konsequent und ohne längere Kommentierung praktiziert wird.

Wesentlich ist weiterhin, daß der Ausschluß aus einer für den Lernenden positiven sozialen Situation erfolgen muß, da ansonsten der Ausschluß als positiver Verstärker für das unerwünschte Verhalten zu dessen Stabilisierung beitragen würde.

Bestrafung
Es wurde bereits darauf hingewiesen, daß auch der Verstärkerentzug Strafcharakter besitzt. Bestrafung wird hier jedoch im engeren Sinne verstanden und meint das Einsetzen eines direkten Strafreizes wie z. B. Schimpfen und Schlagen durch den Erzieher. Diese Art der Verhaltensbeeinflussung ist allerdings aus mehreren Gründen problematisch:
— Erstens wird das unerwünschte Verhalten in diesem Fall (im Gegensatz etwa zur Löschung) nicht verlernt, sondern lediglich situativ gehemmt; läßt der aversive Reiz nach, so tritt das unerwünschte Verhalten wieder auf, weil immer noch die Kontingenz zwischen Verhalten und Verstärker besteht
— Zweitens ist eine erhebliche Verschlechterung der Beziehung zwischen dem Erzieher und dem Kind/Jugendlichen zu erwarten, die sich insbesondere in Bereichen wie Achtung, Partnerschaftlichkeit, Kooperation (vgl. Veränderungsbereich »Beziehung«) nachteilig niederschlägt
— Drittens sind Erzieher — insbesondere im Falle körperlicher Züchtigung — ungünstige Modelle für die Kinder/Jugendlichen, die damit lernen, in vergleichbaren Situationen anderen Personen gegenüber ähnlich aggressiv zu handeln
— Viertens werden durch Strafmaßnahmen keine neuen Verhaltensalternativen beim Lernenden aufgebaut

Daß dennoch Bestrafungen — in dem hier verstandenen Sinne — in der Praxis oft so eingesetzt werden, läßt sich (neben fehlenden Verhaltensalternativen des Erziehers) im wesentlichen daraus erklären, daß der Erzieher selbst, der diese Strafen einsetzt, für sein Strafverhalten nachdrücklich verstärkt wird: Der Einsatz massiver Strafreize hat in der Regel die sofortige Unterbrechung des unerwünschten Verhaltens auf seiten des Kindes/Jugendlichen zur Folge; je unmittelbarer jedoch eine derartige Verstärkung einsetzt, umso nachhaltiger wirkt sie.

Hilfreiche Erziehungsberatung kann sich aber nicht auf die Information der Erzieher über die langfristige Wirkungslosigkeit und schädliche Nebeneffekte von Strafen beim Abbau von Verhalten beschränken, sondern muß gleichzeitig auch Alternativen zur Bestrafung aufzeigen, wie sie insbesondere in den Methoden der Löschung und des Verstärkerentzugs, aber auch in der Verstärkung und Modellierung erwünschten Verhaltens gegeben sind.

In Extremfällen mit klinischer Symptomatik (z. B. bei selbstdestruktivem Verhalten, vgl. u. a. Merbaum 1973) und bei mangelnder Wirksamkeit anderer Methoden des Abbaus dieses Verhaltens, können Strafen der genannten Art bzw. spezielle Aversionstechniken angezeigt sein; sie kommen in der Erziehungsberatung jedoch in der Regel nicht zum Tragen, daher wird an dieser Stelle nicht weiter darauf eingegangen.

Lernen am Modell
Genauso wie einerseits Verhalten durch die Beobachtung eines Modells aufgebaut werden kann, läßt sich unerwünschtes Verhalten durch Lernen am Modell abbauen. Wesentliche Komponenten sind hierbei wiederum die negativen Konsequenzen: Werden diese am Modell beobachtet oder von der lernenden Person bei der Imitation des beobachteten Verhaltens selbst erfahren, so sinkt die Wahrscheinlichkeit dieser Verhaltensäußerung.

Ferner ist es möglich, unerwünschtes Verhalten durch »stellvertretende« Löschung abzubauen; dies gilt insbesondere für Angst- und Vermeidungsverhalten (vgl. z. B. Bandura, Grusec & Menlove 1967). Dabei erfolgt eine sukzessive Darbietung des Angstobjekts (bzw. eine sukzessive Annäherung an das Objekt), wobei das Modell keine Angst zeigt und auch keine negativen Konsequenzen erfährt. Gleichzeitig kann das jeweils erwünschte Alternativverhalten verstärkt werden, beim Modell wie auch bei der imitierenden Person, was zu einem intensiveren und schnelleren Lernprozeß in der gewünschten Richtung führt.

Dieses Vorgehen (gleichzeitiger Abbau von unerwünschtem und Aufbau von erwünschtem Verhalten) ist grundsätzlich – nicht nur beim Lernen am Modell – sinnvoll und sollte prinzipiell angewandt werden, da neben dem schnelleren und intensiveren Lernen auch eine Verringerung der Gefahr des allmählichen Wiederauftauchens unerwünschten Verhaltens resultiert.

2.3. Regelsteuerung von Verhalten

Es wurde bereits eingangs darauf hingewiesen (vgl. S. 114), daß im Rahmen der Erziehungsberatung Aufbau und Abbau von Verhalten nicht nur durch eine enge Orientierung an behavioristischen Lerngesetzen erfolgt, sondern daß die praktische Tätigkeit von Beratern und Erziehern in starkem Maße durch kognitive Gesichtspunkte gesteuert und Verhalten durch diese modifiziert wird. Regelsteuerung von Verhalten ist dabei nun nicht als Ersatz im Sinne einer andere Modifikationsformen ausschließenden Alternative zu verstehen, sondern muß als eine Ergänzung gesehen werden, mit deren Hilfe die Effekte anderer Formen der Modifikation von Verhalten unterstützt, gefestigt und erweitert werden können.

Angesteuertes Ziel einer Einwirkung auf das Verhalten ist dessen langfristige und umfassende Änderung in einem bestimmten Bereich, dies läßt sich in bestimmten Phasen und Situationen durch geeignete Verstärkungen initiieren. Jedoch darf dabei nicht aus dem Auge verloren werden, daß auch »einfache« Lernprozesse einer kognitiven Strukturierung bedürfen, wenn aus ihnen längerfristige und umfassende Änderungen resultieren sollen.

Insbesondere beim *sozialen* Verhalten kann nicht davon ausgegangen werden, daß eine Verhaltensänderung in erwünschter Richtung durch Löschung und Verstärkung allein zu erreichen ist.

Dies gilt namentlich dann, wenn die Problematik nicht in einem eingeschränkten Verhaltensrepertoire liegt, sondern — wie oft in der Erziehungsberatung - in unangemessenem, störendem Verhalten. Hier kann die notwendige Änderung des Verhaltens mit einem Verlust an »sozialen« Verstärkern einhergehen (z. B. Verlust von Zuwendung und Aufmerksamkeit). Werden nun in der Beratung zur Verhaltensmodifikation in umfangreichem Maße Verstärker eingesetzt, aber keine ergänzenden Methoden — wie z. B. das Aufstellen von Verhaltensregeln — realisiert, so dürften sich — insbesondere unter dem Gesichtspunkt der Generalisierung des Lernergebnisses — kaum erhebliche Fortschritte feststellen lassen, da der Klient nach der Beratung unter Löschbedingungen gerät. Hier sind erhebliche Einschränkungen z. B. bezüglich des ansonsten recht wirksamen Münzverstärkersystems zu machen (vgl. Innerhofer, Leinhofer & Gottwald 1975). O'Leary & Drabman (1971) stellen daher auch bei einer Übersicht über die Anwendung von Behandlung mit Münzverstärkung im Rahmen der Schule fest, daß bisher der Nachweis der Wirksamkeit dieses Vorgehens nicht zu führen ist.

Die Notwendigkeit der Einbeziehung kognitiver Aspekte in die Beschreibung und Darstellung von Zusammenhängen im Bereich der Erziehung und deren Berücksichtigung in der Erziehungspraxis macht auch Innerhofer (1974) an einem einfachen Beispiel deutlich: Ein Student tritt zum Examen an und fällt durch. Trotz der »Bestrafung« kommt er einige Zeit später zur Wiederholungsprüfung. Ein Kommilitone, der das Examen beim ersten Mal besteht und damit belohnt wird, kommt nicht erneut. Unter strenger Anlegung des Gesetzes der Positiven Verstärkung müßte erwartet werden, daß bei einem Studenten, der sein Examen bestanden hat, die Tendenz, das Examen zu wiederholen, größer sein müßte, als bei einem Studenten, der durchgefallen ist.

Der nach dem Gesetz der Verstärkung postulierte Zusammenhang zwischen Reaktion und Belohnung kommt hier jedoch nicht — wie im operanten Modell — durch die Zeitkontingenz zustande, sondern über eine *kognitive Strukturierung:* Die Studenten haben sich ein bestimmtes *Ziel* gesetzt, die Vorstellung der Vorteile der Zielerreichung haben sie zu bestimmten Handlungen motiviert. Solche und ähnliche Vorstellungen unterscheiden sich von den Stimuli der behavioristischen Lerntheorien in zweifacher Hinsicht (vgl. Innerhofer 1974):

Erstens sind solche Vorstellungen keine beobachtbaren Größen, sondern können nur verbal erschlossen werden. Zweitens läßt sich das Kriterium der zeitlichen Folge in dieser Form nicht aufrechterhalten, da hier der verstärkende Stimulus der Reaktion *vorausgeht* und auch eine zeitliche Folge nicht beobachtet werden kann.

Innerhofer (1974) schlägt daher vor, diese kognitiven Gesichtspunkte in die praktische Arbeit mit einzubeziehen, indem die möglichen Reiz-Reaktions-Zusammenhänge um eine Klasse von Größen erweitert werden, die sog. »motivierenden Ereignisse«, die sich vom Stimulusbegriff des Behaviorismus dadurch unterscheiden, daß hiernach auch vorgestellte Größen wie Ziele und Werte Verhalten zu beeinflussen in der Lage sind und das Ereignis auch der Reaktion vorangehen kann. Analog dazu erscheinen auch die Konsequenzen eines Verhaltens in einem anderen Licht: In dem o. g. Beispiel mit den beiden Studenten müßte nach der Skinner'schen Definition das Durchfallen durch das Examen als positive Verstärkung, und das bestandene Examen als Bestrafung gesehen werden, da ersteres zur Erhöhung der Reaktionsfrequenz (Antreten zum Examen) führt, letzteres jedoch nicht. Unter Einbeziehung kognitiver Gesichtspunkte ist daher in der Praxis neben das Kriterium der Frequenzänderung eines Verhaltens auch die Einschätzung nach »angenehm« bzw. »unangenehm« getreten und anstelle des Begriffs »verstärkender Reiz« wird der umfassendere Begriff des »verstärkenden Ereignisses« benutzt.

Verhaltensregeln als Bezugselemente zwischen der kognitiven und der Verhaltensebene werden im Rahmen der Erziehungsberatung in der Regel in Kombination mit anderen Modifikationsmethoden des Verhaltens eingesetzt. Ansatzpunkte sind dabei zum einen die *Erarbeitung und Vermittlung* derartiger Regeln, zum anderen das *Training zur Befolgung* von Verhaltensregeln.

Eine Verhaltensregel als konkrete verbale Verhaltensanweisung muß, wenn sie wirksam werden soll, der Zielperson so vermittelt werden, daß diese genau weiß, was von ihr erwartet wird. Regeln werden vom Berater oder Erzieher bewußt eingesetzt, um den Klienten in eine bestimmte Richtung zu lenken; es ist daher sinnvoll, in der Verhaltensregel das *kritische Verhalten* zu benennen und zudem *Ziel und Zweck* der Regel mit anzusprechen:

»Spiele nicht mit der Vase, damit sie nicht zerbricht«
»Gib jeden Tag nur eine Mark aus, damit Du am Ende der Woche noch etwas hast«
» Mache gleich nach der Schule Deine Hausaufgaben, damit Du dann ungestört Fußball spielen kannst«

Verhaltensregeln können sich dabei auf die unterschiedlichsten Bereiche beziehen, wesentlich ist dabei jeweils nur, daß über die einzelne Reaktion hinausgehende Verhaltensmuster angezielt werden.

So haben z. B. Innerhofer et al. (1975) bei verhaltensgestörten Kindern mit drei Verhaltensregeln gearbeitet:
Eigentumsregel: Formulierung: Nimm oder beschädige nicht, was Dir nicht gehört, denn Du willst auch nicht, daß Dir jemand Deine Sachen klaut oder sie kaputt macht.
Aufforderungsregel: Formulierung: Tue das, was der Spielleiter (Schieds-

richter/ Lehrer) Dir sagt, denn er achtet nur auf das Einhalten der Regeln, die wir miteinander beschlossen haben.
Verletzungsregel: Formulierung: Verletze den anderen nicht, wie Du auch nicht willst, daß man Dir wehtut.
Welche Art von Regeln in der Praxis aufgestellt werden, d. h. welche Bereiche konkret angegangen werden sollen, kann jeweils nur aus der spezifischen Situation heraus entschieden werden, auch wenn Bereiche wie die o. g. in der Erziehungsberatung häufiger anzuzielen sein dürften.

Bei der Arbeit mit Verhaltensregeln ist zu berücksichtigen, daß diese in einer Doppelfunktion wirksam werden können (vgl. Innerhofer 1974): Einmal als Mittel zur Beschreibung und Analyse des Verhaltens, zum anderen als Mittel der Verhaltensveränderung. Bei der Analyse des Verhaltens kann nun der Berater nicht davon ausgehen, daß z. B. innerhalb einer Familie sämtliche kognitiven Strukturen in Form explizierter Verhaltensregeln vorzufinden sind, sondern es wird oftmals notwendig sein, diese Verhaltensregeln über eine Verhaltensbeobachtung zu erschließen, sie auf ihre Adäquatheit hin zu prüfen und daran anschließend gegebenenfalls Änderungen zu initiieren.
Sind bestimmte Regeln erarbeitet und verdeutlicht worden, so gilt es oftmals, den Klienten im Befolgen dieser Regeln zu trainieren. Dabei wird von der Annahme ausgegangen, daß Regelverhalten eine eigene Klasse des Verhaltens ist (wie z. B. Imitation, Vermeidungsverhalten) und Regelverhalten sich damit *unabhängig vom Inhalt einer Regel* nach dem Prinzip der Reaktionsgeneralisation aufbauen läßt (vgl. Innerhofer, Hutter, Gottwald & Bänninger 1974).
Bei einem solchen Training im Befolgen von Verhaltensregeln wird die enge Verbindung zwischen der instrumentellen und der regelgesteuerten Verhaltensbeeinflussung besonders deutlich: So ist es auch hier z. B. denkbar, im Rahmen der Beratung das erwünschte Verhalten des Klienten (Befolgung einer bestimmten Verhaltensregel) zunächst durch Verstärkung aufzubauen, diese jedoch im Verlaufe der Beratung auszublenden. Verhaltensregeln haben also einerseits die Funktion, instrumentelle Modifikationsmethoden zu ergänzen und die im Beratungsprozeß notwendigen kognitiven Aspekte nutzbar zu machen, andererseits können Verhaltensregeln bzw. das dadurch angesteuerte Verhalten durch eben diese instrumentellen Methoden selbst beeinflußt werden.
Für die Praxis der Erziehungsberatung ist es hilfreich, bei der Regelsteuerung von Verhalten nachfolgende Einzelpunkte zu berücksichtigen, da dadurch deren Wirksamkeit unterstützt werden kann:

— Wichtige, immer wiederkehrende Verhaltensanforderungen sollten nicht in Form von einzelnen und individuellen Aufforderungen gegeben (und verstärkt), sondern in Form von Verhaltensregeln formuliert (und verstärkt) werden
— Klienten sollten bei der Aufstellung von Verhaltensregeln eine

Mitsprachemöglchikeit haben; dies gilt insbesondere auch für Kinder und Jugendliche in Elternhaus und Schule
- Auch für Eltern und Erzieher müssen Regeln expliziert werden, an die sie sich halten müssen
- Die Anzahl der Regeln darf nicht zu groß sein, sie muß vielmehr der Kapazität des Klienten angemessen sein, was z. B. eine altersabhängige Abstufung der Anzahl der Verhaltensregeln notwendig macht
- Widersprüchliche Regeln müssen vermieden werden
- Die Regelbefolgung sollte durch das Aufzeigen von Alternativen zum regelabweichenden Verhalten unterstützt werden
- Es sollten klare positive und negative Konsequenzen für Regelbefolgen bzw. Regelverstoß abgesprochen und realisiert werden

Wie auch im Falle der in den vorangegangenen Abschnitten erörterten Elemente des Veränderungsbereichs »Verhalten«, so ersetzen auch die Verhaltensregeln nicht die kritische Reflexion der mit diesen Regeln angesteuerten Ziele. Diese kritische Reflexion (auch hinsichtlich der Priorisierung verschiedener Verhaltensregeln) muß vielmehr Teil des Beratungsprozesses sein (vgl. dazu Veränderungsbereich »Selbsterfahrung«).

2.4. Eigensteuerung von Verhalten

Elemente der Eigensteuerung von Verhalten werden herkömmlicherweise den Techniken des Abbaus von Verhalten zugeordnet und entsprechend dort abgehandelt (»Selbstkontrolltechniken«). Zwei wesentliche Gründe lassen u. E. dagegen die hier vorgenommene Heraushebung dieses Aspekts der Verhaltensbeeinflussung sinnvoll erscheinen:

- Erstens dürfte die Zuordnung von Eigensteuerungsmethoden lediglich zum Bereich des Abbaus von Verhalten eine erhebliche Unterschätzung dieser Modifikationsmöglichkeit sein. Grundlegende Kenntnisse über Möglichkeiten und Bedingungen zur Steuerung des eigenen Verhaltens können vom Klienten über einen Generalisierungsvorgang auf andere Situationen übertragen werden, womit auch eine *Ausweitung* des Fächers möglicher Verhaltensäußerungen des Klienten verbunden sein kann
- Zweitens sollte gerade in einem Beratungsprozeß, der sich meist nur auf wenige Kontakte zwischen Berater und Klient beschränkt, die Förderung der Möglichkeit des Klienten, sein Verhalten selbst ständig zu ändern, besondere Beachtung finden; da dies jedoch in der Praxis meist nicht der Fall ist, erscheint eine besondere Heraushebung gerechtfertigt

Unter Eigensteuerung von Verhalten ist zu verstehen, daß der Klient (bzw. eine beliebige Person) ohne direkte äußere Hilfe (z. B. durch einen Berater) die Wahrscheinlichkeit für das Auftreten einer bestimmten Verhaltensäußerung ändert. Mit Verhalten ist dabei nicht nur direkt beobachtbares Verhalten gemeint, sondern auch sog. verdeckte Verhaltensweisen (z. B. Selbstgespräche, Gedanken).

In der Erziehungsberatung kommt der Selbstkommunikation nicht nur auf seiten der Kinder und Jugendlichen, sondern auch auf Erzieherseite große Bedeutung zu. So können beispielsweise in schwierigen und belastenden Erziehungssituationen Selbstgespräche in Form von Selbstinstruktionen nachfolgendes Erziehungsverhalten positiv beeinflussen. Ein Erzieher, der in einer solchen Situation z. B. zu sich sagt: »Nur schön ruhig bleiben, und nicht gleich explodieren! Erkläre dem Kind jetzt genau, warum das falsch war!« kann durch dieses Selbstgespräch die nachfolgende Situationsklärung ruhiger und gezielter vornehmen) s. dazu auch S. 133).

Bei der Eigensteuerung von Verhalten lassen sich grob zwei Hauptbereiche gegeneinander abgrenzen:

Zum einen das *Widerstehen gegenüber einer Versuchung,* bei dem die eigensteuernde Person etwas unterläßt, das kurzfristig positive, langfristig aber negative Konsequenzen nach sich zieht.

Beispiel hierfür kann das Unterlassen des Schlagens eines Kindes sein, wobei das Schlagen für den Erzieher unmittelbar positive Konsequenzen hätte (das Störverhalten wird sofort unterbunden), langfristig aber nicht zu der gewünschten grundlegenden Verhaltensänderung führt und zudem das Beziehungsverhältnis zwischen Erzieher und Kind verschlechtert.

Zum anderen das *Durchführen von etwas Unangenehmem,* bei dem die eigensteuernde Person etwas für sie Negatives unternimmt, um langfristig in den Genuß positiver Konsequenzen zu kommen.

Beispiel: Ein Jugendlicher, der in den Schulferien einen schweren und unangenehmen Job übernimmt, um sich später von dem verdienten Geld ein Moped zu kaufen.

Das praktische Vorgehen bei der Eigensteuerung läßt sich in mehreren, aufeinander aufbauenden Stufen systematisieren (vgl. dazu auch Hartig 1974, Kanfer 1973, Kanfer & Karoly 1972):

Stufe 1: *Selbstbeobachtung und Selbstbewertung*

Verhaltensänderung durch Verhaltenssteuerung setzt voraus, daß das eigene Verhalten als änderungswürdig klassifiziert wird. Grundlage hierfür ist die Selbstbeobachtung und Selbstbewertung des Individuums. Bei der Selbstbeobachtung konzentriert sich das Individuum stärker als gewöhnlich auf sein Verhalten und nimmt es deutlicher, distanzierter wahr. Das kommt häufig in herausgehobenen Situationen vor, etwa bei geringerer Anspannung (Urlaub, Wochenende) oder bei besonderer Konfrontation (z. B. im Streit). In einem Prozeß der problemorientierten Selbsterfahrung (vgl. dazu S. 136) wird das nunmehr deutlicher wahrgenommene Verhalten durch das Individuum bewertet. Fällt diese Bewertung negativ aus, und sieht es sich dafür als verantwortlich, so kommt das Individuum zu dem Vorhaben, sein Verhalten zu ändern (sofern dieses Verhalten eine bestimmte Relevanzschwelle für das Individuum überschreitet).

Stufe 2: *Entscheidungsfestlegung zur Verhaltensänderung*
Hat das Individuum dieses Vorhaben grundsätzlich gefaßt, so ist es für den weiteren Prozeß hilfreich, dieses Vorhaben auch zu explizieren, um somit eine stärkere Bindung an dieses Vorhaben zu erreichen. Eine derartige Explikation erfolgt oftmals über die öffentliche Bekanntgabe einer Änderungsintention gegenüber einer Bezugsperson (»Ab morgen rauche ich nicht mehr«). Sie kann aber auch durch eine vertragsähnliche Vereinbarung erfolgen, die der Klient mit dem Berater, dem Ehepartner, den Eltern oder auch mit sich selbst trifft. In diesem Vertrag sollte festgehalten werden
- welches Verhalten verändert werden soll
- wie das Zielverhalten aussehen soll
- auf welchem Wege, in welchen Schritten das Zielverhalten angesteuert werden soll
- wann das Ziel erreicht sein soll
- welche Belohnungen bzw. Nachteile bei Einhalten bzw. Nicht-Einhalten der Vereinbarung eintreten sollen.

Stufe 3: *Verhaltensanalyse*
In der Phase der Verhaltensanalyse wird systematisch beobachtet, unter welchen Bedingungen das vom Klienten als unerwünscht bewertete Verhalten auftritt. Dazu gehören Informationen über Ort, Zeit, äußere Situation, Häufigkeit und Intensität des unerwünschten Verhaltens, psychische und physische Verfassung des Individuums in diesen Situationen u. ä. m. Durch die sorgfältige Analyse dieser Daten und die damit verbundene Konzentration auf das eigene Verhalten tritt oftmals bereits auf dieser Stufe eine wesentliche Verhaltensänderung ein (vgl. dazu auch Veränderungsbereich »Selbsterfahrung«, S. 134). Zudem werden die Ansatzpunkte für die Eigensteuerung des Verhaltens deutlicher.

Stufe 4: *Eigengesteuerte Verhaltensäußerung*
Das Individuum führt nun das eigengesteuerte Verhalten aus und kontrolliert dessen Wirkung. Die Wirksamkeit ist u. a. davon abhängig, ob und mit welcher Zuverlässigkeit das steuernde Verhalten bereits im Repertoire des Individuums vorhanden ist. Oftmals müssen Klienten dieses steuernde Verhalten zunächst noch lernen bzw. festigen (z. B. partnerschaftliches Konfliktlöse-Verhalten anstelle von psychischer oder physischer Gewaltanwendung). Beim Aufbau des steuernden Verhaltens können sowohl Elemente des Konditionierungslernens als auch des Lernens am Modell, ferner verbale Instruktionen zum Tragen kommen.

Stufe 5: *Selbstverstärkung*
Ist die Eigensteuerung des Verhaltens gelungen, so sollte auch hier eine Verstärkung erfolgen, da dadurch das angesteuerte Ziel der Erhöhung der Frequenz des eigengesteuerten Verhaltens eher erreicht werden kann. Die Verstärkung gibt sich der Klient selbst, er kann jedoch dabei zunächst noch vom Berater unterstützt werden (Fremdverstärkung).

Stufe 6: *Konsolidierung*
Die Konsolidierung des eigengesteuerten Verhaltens kann neben der Verstärkung auch durch kognitive Reflexion des Klienten gefördert werden, indem dieser zum einen die entsprechende Verhaltensregel herausgearbeitet und (evtl. schriftlich) fixiert, zum anderen indem er noch einmal seine grundlegende Fähigkeit zur selbständigen Beeinflussung seines Verhaltens fokussiert.

Auch im Rahmen der Eigensteuerung von Verhalten ist, wie bereits erwähnt, zu Beginn die Mitarbeit eines Beraters notwendig, wenngleich das wesentliche Merkmal dieses Modifikationsaspektes gerade die Unabhängigkeit von einer anderen Person ist.
Zunächst ist dem Klienten die grundlegende Bedeutung eigengesteuerten Verhaltens, seine Möglichkeiten und Grenzen zu erklären. Dazu ist es hilfreich, wenn der Berater den Klienten in verständlicher Form über allgemeine Möglichkeiten der Behaltensbeeinflussung informiert und ihm damit eine kognitive Einordnung der Eigensteuerung von Verhalten erleichtert. Sind dem Klienten diese wesentlichen Grundlagen deutlich, so ist er auch eher in der Lage, über den speziellen Fall eines spezifischen Verhaltens hinaus, die Möglichkeiten der Steuerung von Verhalten (auch der Fremdsteuerung) zu durchschauen und sie auch in anderen Situationen generalisierend zu nutzen.

Neben diesen umfassenderen Aufgabenstellungen gibt es weitere Einzelbereiche, in denen eine anfängliche Intervention des Beraters angezeigt ist:

— Als Gesprächspartner im partner-zentrierten Gespräch verhilft er dem Klienten zu größerer Klarheit bei der Selbstbewertung und der Definition zu ändernden Verhaltens
— Er unterstützt den Klienten bei der Entscheidungsfestlegung und der Präzisierung der »Vertrags«-Inhalte
— Er legt mit dem Klienten zusammen fest, welche Punkte im Rahmen der Verhaltensanalyse auf welche Art beobachtet und festgehalten werden sollen
— Er beteiligt sich an der Präzisierung der Selbstverstärkungsmodalitäten und gibt in der Anfangsphase Fremdverstärkungen

Methoden der Eigensteuerung
Von den verschiedenen Methoden zur Eigensteuerung von Verhalten können im Rahmen der Erziehungsberatung die Eigensteuerung des Verhaltens durch Situationsmanipulation sowie die Steuerung der Selbstkommunikation als besonders praxisrelevant angesehen werden. Die Eigensteuerung des Verhaltens durch *Situationsmanipulation* bezieht sich auf die Möglichkeit des Klienten, durch Herstellen, Vermeidung oder Veränderung der Situation die Frequenz einer Verhaltensäußerung zu beeinflussen. Obwohl Situationsmanipulation im Alltagsleben recht häufig anzutreffen ist, hat diese Modifikationstechnik in der kontrollierten Beratungspraxis erst in einzelnen Bereichen Platz greifen können, wobei im Bereich der Erziehungsberatung dabei der Situationsmanipulation beim Arbeitsverhalten bisher am meisten Aufmerksamkeit geschenkt worden ist.

Hier gilt es insbesondere, Arbeitsmethodik und Arbeitsplatz so zu strukturieren, daß das erwünschte Verhalten (konzentriertes und effektives Arbeiten) erreicht und eine Selbstverstärkung möglich wird. Grundlage für eine Eigensteuerung von Verhalten ist dabei nicht nur eine umfassende Information des Klienten über hilfreiche Arbeitstechniken, sondern auch Hinweise zu äußeren Bedingungen am Arbeitsplatz (z. B. Störungswahrscheinlichkeit durch Personen oder Sachen reduzieren, gute Beleuchtung und Belüftung, angemessene Arbeitsmaterialien etc.), über die Notwendigkeit konkreter Zeiteinheiten mit anschließender Selbstverstärkung bei positivem Arbeitsverhalten, sowie über die Möglichkeit der Unterstützung angemessenen Arbeitsverhaltens durch eine klare und bewußte Difinition der Situation als Arbeitssituation (und nicht als Eß-, Freizeit-, Fernseh-Situation o. ä.) und die Entfernung arbeitshemmender Reize.

Die Steuerung der *Selbstkommunikation* wird in ihrer Bedeutung für den Prozeß der Erziehungsberatung u. E. bisher in der Regel erheblich unterschätzt; dabei ist auch Selbstkommunikation ein aus der Alltagserfahrung durchaus bekanntes und gängiges Verhalten, es wird hier lediglich systematisiert und – wenn erforderlich – modifiziert.

Tausch & Tausch (1974) definieren Selbstkommunikation als »Gedenkinhalte, die eine Person nicht-laut oder laut zu sich selbst äußert bzw. denkt und die wesentlich die eigene Person betreffen oder andere Personen, die zur eigenen Person in bedeutungsvoller Beziehung stehen«.
Beispiele für derartige selbstkommunikative Äußerungen:
»Nur Mut, Junge, wird schon klappen!«, »Ich tauge ja sowieso nichts, hat doch keinen Sinn mit mir«, »Prima, hast Du ja wieder gut hingekriegt«.

Derartige Äußerungen hängen nun eng mit Persönlichkeitsmerkmalen bzw. Verhaltensproblemen zusammen (vgl. u. a. Böllner, Tausch & Tausch 1975, Meichenbaum 1975, Meichenbaum & Cameron 1975, Quitmann, Tausch & Tausch 1974, Tausch & Tausch 1974), und es gibt zahlreiche Hinweise darauf, daß Selbstkommunikation eine verhaltenssteuernde Funktion hat (vgl. u. a. Luria & Judowitsch 1973, Meichenbaum 1973, Wygotzky 1972). Ein erwünschtes Verhalten kann also in seiner Frequenz zu niedrig sein, weil der Klient keine

konstruktiven oder zuviele destruktive Selbstgespräche führt. Wird in einem solchen Fall die Selbstkommunikation geändert, so ist auch ein verändertes Verhalten zu erwarten.
Die Änderung der Selbstkommunikation sollte dabei in der Praxis in mehreren Stufen verlaufen: Nach der allgemeinen Information über Möglichkeiten der Verhaltensänderung, der Eigensteuerung von Verhalten und der Bedeutung der Selbstkommunikation erfolgt die Verhaltensanalyse, in deren Rahmen der Klient sein Selbstkommunikationsverhalten beobachtet, registriert und sich damit seine herkömmliche Selbstkommunikation verdeutlicht. Die Daten der Verhaltensanalyse dienen dann als Ausgangspunkt für das Erlernen konstruktiver Selbstkommunikation. Dieser Lernprozeß kann auf unterschiedlichen Wegen ablaufen (z. B. Konditionierungslernen, Lernen am Modell des Beraters, Regel-Lernen, verbale Instruktion durch den Berater oder eine integrierte Lernmöglichkeit aus diesen Techniken), wobei sich auch ein stufenweises Herangehen an das Zielverhalten empfiehlt (vgl. unten). Ist eine veränderte Selbstkommunikation aufgebaut, so versucht der Klient, dieses neu gelernte Verhalten auch außerhalb der Beratungssituation zu realisieren und gibt sich für gelungene Versuche eine Selbstverstärkung.

Das nachfolgende Beispiel verdeutlicht noch einmal die einzelnen Schritte: Ein 10jähriger Junge wird zur Beratung gebracht, weil er bei der Erledigung der Hausaufgaben (insbesondere in Mathematik) sehr schnell entmutigt ist und aufgibt, wenn er die Aufgabe nicht sofort bewältigen kann. In der Phase der Verhaltensbeobachtung, in der er u. a. dazu angehalten wird, seine Selbstgespräche bei der Erledigung der Hausaufgaben zeitweise per Tonband aufzunehmen, wird deutlich, daß er bei komplexeren Aufgaben in der Regel destruktive Selbstgespräche führt (»Schon wieder so'n Ding, wo soll ich da anfangen, schaff' ich doch nicht!«).
In der Beratung wird mit dem Jungen daraufhin u. a. ein mehrstufiger Lernprozeß zum Aufbau konstruktiver Selbstkommunikation durchgeführt:
— Zunächst bearbeitet der Berater modellhaft eine Mathematikaufgabe, wobei er sich laut instruiert (z. B.: »Also, um was geht's? Ich soll angeben, welcher der beiden Züge schneller fährt . . . . Gut, ich muß die Aufgabe in ihre Einzelteile zerlegen, dann krieg' ich's besser hin. . . . . . . Vorgegeben habe ich jeweils eine Wegstrecke mit Kilometerangabe und die benötigte Zeit in Stunden. Jetzt muß ich erst mal eine gemeinsame Maßzahl für die beiden Züge haben . . . . das ist die Anzahl der Kilometer pro Stunde! Sehr gut! . . . . . . Ist ja dann gar nicht mehr so schwer. . . . . . . Zunächst mal sehen, wie schnell der erste ist, der legt also 550 Kilometer in 6 Stunden zurück . . . .«).
— Anschließend wird dieselbe Aufgabe von dem Jungen bearbeitet, wobei ihm der Berater laut die hilfreichen Instruktionen gibt.
— Im nächsten Schritt erfolgt die Bearbeitung der Aufgabe durch den Jungen, unter gleichzeitiger lauter Selbstinstruktion, die im
— letzten Schritt dann in eine leise, »innere« Selbstinstruktion umgewandelt wird.

Trotz der grundsätzlichen Möglichkeit der Verhaltenssteuerung durch Selbstkommunikation auf diesem oder ähnlichem Wege darf nicht übersehen werden, daß nicht alles unerwünschte Verhalten auf unangemessener Selbstkommunikation beruht und/oder auf diesem Wege verändert werden kann. Beispielsweise würden dem Jungen in dem o. g. Beispielfall die Selbstinstruktionen wenig bei der Lösung der Mathematik-Aufgaben helfen, wenn er die Grundrechenarten nicht beherrschte. Es gibt zudem auch viele Selbstkommunikationsäußerungen, die keine oder nur geringe verhaltenssteuernde Funktion haben. Dennoch dürfte der Selbstkommunikation gerade beim Aufbau vieler Verhaltensweisen in Form von Selbstbelohnungen und -bestrafungen sowie durch Selbstinstruktionen eine erheblich größere Bedeutung zukommen, als sich dies in der Häufigkeit der Berücksichtigung dieser Aspekte in der Praxis niederschlägt.

Hierbei muß – wie bei allen Techniken der Eigensteuerung von Verhalten – auch im Auge behalten werden, daß deren Anwendung nicht im Sinne einer andere Modifikationsmöglichkeiten ausschließenden Alternative zu sehen ist, sondern als eine Ergänzung; diese gilt es allerdings mit nutzbar zu machen, auch und gerade im Hinblick auf eine baldmögliche Unabhängigkeit des Klienten vom Berater.

3. Veränderungsbereich Selbsterfahrung

Konzepte und Methoden der Selbsterfahrung haben in den letzten Jahren eine explosionsartige Ausweitung im Rahmen psycho-sozialer Tätigkeiten durchlaufen. Dies dürfte wesentlich damit zusammenhängen, daß zunehmend deutlich geworden ist, daß Veränderungen im psycho-sozialen Feld nur eingeschränkt über das bloße Training isolierter Verhaltensweisen oder über ausschließlich kognitive Umstrukturierungsprozesse erreicht werden können, sondern daß vielmehr langfristig wirksame und befriedigende Änderungen ein *Umlernen unter emotionaler Beteiligung und reflektierendem Handeln* des Klienten notwendig machen. Ferner dürfte eine Rolle spielen, daß manche Konzepte der Verhaltens- und Erlebensänderung die Klienten zu sehr als fast beliebig zu manipulierende »Wesen« dargestellt und verstanden haben, so daß hier fast zwangsläufig eine Reaktion im Sinne einer ausdrücklichen Zentrierung auf die bisher vernachlässigten Bereiche in der »black box« Klient (Gefühle, Selbstwahrnehmungen, Kognitionen) erfolgt ist.

Heute lassen sich zwei Endpunkte eines Kontinuums der Selbsterfahrungspraxis definieren:

Der eine Endpunkt ist durch eine weitgehende *Nicht-Berücksichtigung von Selbsterfahrungsaspekten* in der praktischen Beratungsarbeit gekennzeichnet. Bei der Beschreibung von Richtungen und Zielen der Veränderungsprozesse werden diese als gegeben vorausgesetzt oder zumindest nicht als Ergebnisse von definitiv eingesetzten Selbsterfahrungsprozessen des Klienten im Rahmen der praktischen Beratungstätigkeit gesehen. Verhaltensänderungen werden über Verhaltensänderungstechniken angesteuert, wobei eine Reflexion über die angesteuerten Ziele und die Bedeutung dieser für die beteiligten Klienten, sowie über im Klienten liegende, für die Zielerreichung förderliche oder hinderliche Bedingungen und Probleme nicht erfolgt.

Beispiele hierfür im Rahmen der Erziehungsberatung sind manche Selbststudien- oder Trainingsprogramme für Erzieher. Hier werden Möglichkeiten zur Beeinflussung der Kinder und Jugendlichen aufgezeigt, die überwiegend an lernpsychologischen Gesetzmäßigkeiten orientiert sind (vgl. z. B. Becker 1974). Abgesehen von der Tatsache, daß die Kinder und Jugendlichen hierbei als Objekt betrachtet werden, bedürften diese Techniken für eine vertretbare Anwendung einer Einbettung in die Reflexion der jeweiligen Erziehungsziele und der Situationsangemessenheit dieser Techniken. Diese Reflexion fehlt jedoch vielfach.

Diese weitgehende Nicht-Berücksichtigung von Selbsterfahrungsaspekten entspringt dabei in der Praxis vielfach einem Mißverständnis der grundsätzlichen Ziele und der Methoden der Selbsterfahrung. Dieses Mißverständnis besteht darin, daß angenommen wird, Selbsterfahrung sei als *Ersatz* für Veränderungsprozeduren jeglicher Art zu verstehen – womit impliziert wäre, daß z. B. bestimmte Arten konkreter Verhaltensübungen durch die Selbsterfahrung überflüssig würden. Da diese Sichtweise oftmals nicht geteilt wird, erscheint Vielen Selbsterfahrung als in der Beratungspraxis grundsätzlich nicht verwendbar. Unterstützt und aufrechterhalten wird dieses Mißverständnis durch die Existenz des anderen Endpunktes des Kontinuums.

Dieser andere Endpunkt ist gekennzeichnet durch eine fast *ausschließliche Betonung emotionaler Komponenten des Veränderungsprozesses* und weitgehende Vernachlässigung rationaler, kognitiver und verhaltensmäßiger Aspekte. Die direkte emotionale Beteiligung des Klienten, sein unmittelbares gefühlmäßiges Erleben seiner Selbst und seiner Umwelt wird als der wesentlichste Gesichtspunkt betont.

Aus der Vielfalt ähnlicher Konzepte mit diesem Schwerpunkt (vgl. dazu z. B. Argyle 1972) sei hier zur Verdeutlichung beispielhaft das Modell der sog. *Encounter-Gruppe* (vgl. Rogers 1974) genannt: In der Encouter-Gruppe wird versucht, das Klima zwischenmenschlicher Beziehungen so zu gestalten, daß jedes Gruppen-Mitglied ohne Angst und Abwehr unmittelbare Gefühlsreaktionen gegenüber anderen Gruppen-Mitgliedern und gegenüber sich selbst ausdrücken kann. Durch die sich in angstfreier Atmosphäre entwickelnden Rückmeldungen zwischen den Gruppenmitgliedern erfährt jedes Mitglied, welche Wirkung es auf andere ausübt, und wie es den anderen erscheint. Das gegenseitige Vertrauen der Gruppenmitglieder und der damit einhergehende Verzicht auf Verteidigungshaltungen wird als notwendige Grundlage für bedeutsames individuelles Lernen im Sinne von Einstellungs- und Haltungsänderungen gesehen. »Für Individuen, die weniger durch Abwehr/Rigidität gehemmt sind, wird die Möglichkeit einer Veränderung der persönlichen Einstellung und des Verhaltens weniger bedrohlich« (Rogers 1974, S. 15).

In der Praxis ist nun festzustellen, daß Selbsterfahrungsmethoden dieser oder ähnlicher Konzeption oft – implizit oder explizit – als omnipotenter Ansatz für die Lösung nahezu aller Probleme in Beratung und Therapie verstanden und dargestellt werden. Zumindest bleibt der Stellenwert z. B. von Verhaltensübungen und rational-kognitiven Lösungsstrategien weitgehend ungeklärt.

Unabhängig von speziellen Einseitigkeiten einzelner Methoden der Selbsterfahrung können als grundsätzliche Ziele der Selbsterfahrungskonzepte die Erhöhung der Selbstreflexion, der Flexibilität der Wahrnehmung der eigenen Person und eigener Reaktionen und der Erkenntnis und Verarbeitung der Wirkung auf andere Personen gesehen werden. Diese Ziele werden in der Regel durch die Interaktion mit anderen Personen (Einzelperson oder Gruppe) zu erreichen versucht.

3.1. Problemorientierte Selbsterfahrung

Selbsterfahrung nach den o. g. oder vergleichbaren Konzepten ist dabei meist ein längerfristiger Prozeß, der eine grundsätzliche, alle Bereiche der Person umfassende Gesamtreflexion zum Ziel hat.
Derartige Selbsterfahrung wird in der Erziehungsberatung in der Regel nur bei der Ausbildung der Berater zu realisieren sein. Bei der Arbeit mit den Klienten werden Selbsterfahrungsansätze im wesentlichen *problemorientiert* zum Tragen kommen: Dabei ist es nicht das Ziel, daß der Klient alle Bereiche seiner Persönlichkeit erforscht, sondern es wird ein Klärungsprozeß in Gang gesetzt, der sich auf die Bereiche bezieht, die im Zusammenhang mit den vom Klienten geschilderten Problemen stehen, und dessen Ergebnisse unmittelbar auf die Erziehungssituation übertragen werden können.
Wie bereits betont, sind die Übergänge zwischen Beratung und Therapie fließend (vgl. S. 11). Die Beschränkung der Selbsterfahrung auf Bereiche im Problemumfeld ist nun nicht so zu verstehen, daß bei weiterreichenden, evtl. erst im Prozeß der problemorientierten Selbsterfahrung deutlich werdenden Schwierigkeiten dem Klienten nicht die Möglichkeit zur Lösung auch dieser Probleme gegeben werden kann oder soll. Diese können sehr wohl in einer parallel laufenden oder an den Erziehungsberatungsprozeß anschließenden psychologischen Therapie angegangen werden. Es erscheint dagegen jedoch unpraktikabel und unzweckmäßig, mit allen Betroffenen grundsätzlich und ohne Problemzusammenhang eine alle Aspekte der Persönlichkeit umfassenden Selbsterfahrungsprozess einzuleiten.

Die Betonung des Prozesses der problemorientierten Selbsterfahrung kann dabei zum einen auf der Analyse der *Wirkung des Klienten* auf andere Personen, zum anderen auf der *intrapersonellen Klärung* von Einstellungen und Haltungen des Klienten liegen.
Die Rückmeldung über die Wirkung seines Verhaltens auf andere Interaktionspartner ist für den Klienten deswegen von Bedeutung, weil

dieses sich bei der Problembewältigung in der Erziehung förderlich oder hinderlich niederschlagen kann.

Erfährt z. B. ein Vater eine Rückmeldung derart, daß er bei gemeinsamen Aktivitäten der Familie wenig kooperativ und stark dominierend auf seine Kinder wirkt, so hat er die Möglichkeit, sein Verhalten zu überdenken und zu ändern. Fehlt ihm diese Erfahrung, so mag er das Sich-Zurückziehen seiner Kinder bei bestimmten gemeinsamen Familienaktivitäten als Desinteresse seiner Kinder an dieser speziellen Form der Aktivität interpretieren und daher eine neue vorschlagen; macht er — wie zu erwarten — dort die gleiche Erfahrung, wird wieder eine neue Aktivität in Angriff genommen usw. Oder der Vater mag dieses Verhalten seiner Kinder als generelles Desinteresse an gemeinsamen Aktivitäten oder gar an seiner Person mißverstehen.

Jede Sachentscheidung im Rahmen des Erziehungsprozesses ist gleichzeitig auch Ausdruck einer grundlegenderen Einstellung und Haltung zu Situationen oder Personen im Erziehungsfeld. Entscheidungen über Erziehungsziele und -methoden sind eng verbunden mit allgemeinen Sichtweisen über das Zusammenleben in Familie und Gesellschaft.

Als Beispiel kann hier das Verhalten von Erziehern in Konfliktsituationen gesehen werden. Erzieher, deren Grundeinstellung dem Kind oder Jugendlichen gegenüber partnerschaftlich ist, werden sich in Konfliktsituationen anders verhalten (zumindest verhalten wollen), als Erzieher, deren Grundeinstellung zu den Kindern/Jugendlichen eher ein Vorgesetzten-Untergebenen-Verhältnis wiederspiegelt, und die daher auch die Berechtigung zu haben glauben, ihre eigenen Interessen im Konfliktfall vorrangig oder ausschließlich zu verwirklichen (vgl. dazu S. 103). Genau diese jeweiligen Grundeinstellungen gilt es im Beratungsprozeß problemorientiert mit zu beleuchten.

Änderungen im Feld der Erziehung durch Beratung sollten daher mit einer *Reflexion über die Richtung und Methoden einer Änderung* einhergehen. In der Erziehungsberatung ist daher — neben dem Berater, bei dem eine derartige grundsätzliche Reflexion Teil seiner Ausbildung sein sollte — jeder Erzieher zu einer solchen Reflexion gefordert. Eine der wesentlichen Aufgaben des Beraters in der Praxis ist es, diesen Prozeß bei seinen Klienten in Gang zu setzen und zu unterstützen. Er muß dabei insbesondere verhindern, daß die Erzieher Erziehungsziele, die ihnen von dritter Seite nahegelegt werden, unbesehen übernehmen und daß sie unreflektiert einzelne Erziehungs-»Techniken« schematisch anwenden.

Wenn auch die äußere Situation, in der diese problemorientierte Selbsterfahrung stattfindet, ähnlich wie alle Arten von Selbsterfahrungsmodellen, gekennzeichnet ist durch eine angstfreie Atmosphäre, durch positive Zuwendung des Beraters zum Klienten und sein intensives Einstellen auf ihn, so bleibt dennoch — durch die unmittelbare Verbindung zu den realen Erziehungsproblemen, d. h. zu einer konkreten Anforderung an den Klienten zu einer Änderung im Feld der Erziehung — der Bezug zur Lebenssituation außerhalb dieser Selbsterfahrungssituation zu jedem Moment gewahrt.

Dieser Bezug zur realen Lebenssituation ist eine für die Integration der Selbsterfahrungsergebnisse in das Alltagsleben des Klienten wesentliche Komponente. Ein solcher unmittelbarer Bezug fehlt bei vielen der Selbsterfahrungskonzepte und -methoden jedoch oftmals. Selbsterfahrungssituationen sind oft durch eine laboratoriumsähnliche Isolierung gekennzeichnet, innerhalb derer bestimmte »Spielregeln« gelten, die sich in charakteristischen verbalen und non-verbalen Verhaltensweisen niederschlagen, und die von allen Mitgliedern einer Selbsterfahrungsgruppe akzeptiert werden. Selbsterfahrung findet damit in einem in sich geschlossenen System mit allseits akzeptierten Regeln unter vergleichbarer Zielsetzung aller Teilnehmer in einem Quasi-Schutzraum statt (vgl. z. B. Encounter-Gruppen, sog. T-Gruppen, Organisationslaboratorien etc.). Wird dieses geschlossene System verlassen, d. h. treten die Mitglieder in Kontakt mit dem Alltagsleben, so werden sie mit einem andersgearteten System konfrontiert, in dem andere Regeln gelten, unterschiedliche Ziele verfolgt und Anforderungen von dritter Seite gestellt werden. Eine Übertragung auf die reale Alltagssituation wird damit erheblich erschwert, ja oftmals unmöglich gemacht. Im Extremfall kann eine so geartete Selbsterfahrung dann das Gegenteil dessen bewirken, was eigentlich erreicht werden sollte: Statt einer angstfreien, reflektierten, bewußten Auseinandersetzung mit sich und der Umwelt kann ein resignierendes Sich-Abkapseln von der Umwelt erfolgen, da eine so unbedrohliche, angstfreie Situation mit allen Kontaktpersonen akzeptierten Regeln und übereinstimmenden Zielen in der Alltagsrealität nicht wiedergefunden wird.

Problemorientierte Selbsterfahrung ist grundsätzlich in allen Phasen einer Erziehungsberatung möglich, jedoch lassen sich drei Situationen herauskristallisieren, die sich für die Anwendung dieser veränderungsrelevanten Komponenten besonders anbieten:

Bei der *Problemdefinition* stellt sich die Frage, warum bestimmte Verhaltensweisen (z. B. des Kindes) als problematisch (z. B. von den Eltern) erlebt werden. Dies mag in Einzelfällen, z. B. bei extrem aggressivem Verhalten offenkundig und nachvollziehbar sein; auch die Richtung einer anzusteuernden Veränderung wäre unschwer übereinstimmend zwischen Berater und Klient festzulegen. In anderen Fällen kann der Problemdefinition eine unreflektierte Erziehungshaltung seitens der Erzieher zugrundeliegen, über die sich die Erzieher bislang noch keine Gedanken gemacht haben und die sich durch eine Reflexion im problemorientierten Selbsterfahrungsprozeß evtl. verändern könnte.

So mag beispielsweise ein Elternpaar zur Beratung kommen, weil ihr 13jähriger Junge sich immer häufiger den Anforderungen nach gemeinsamen Aktivitäten der Familie in der Freizeit widersetzt. Hier gilt es zu klären, warum es für die Eltern problematisch ist, wenn sich ihr Junge ihren Wünschen verschließt.

So ist etwa denkbar, daß die Eltern die grundsätzliche Einstellung haben, Kinder müßten bis zu einem bestimmten Alter den Eltern gehorchen und sich diesen in ihren Bedürfnissen unterordnen; so kann es sein, daß es den Eltern wichtig ist, nach außen hin durch gemeinsames Auftreten aller Familienmitglieder ein harmonisches Familienleben zu dokumentieren; so könnten die Eltern Angst haben, der Junge könne »Dummheiten« machen, wenn sie seine Freizeitaktivitäten nicht unter Kontrolle haben u. ä.

Für den weiteren Verlauf der Beratung ist es notwendig, zu klären, welche Sichtweite der Problemdefinition durch die Eltern zugrunde liegt, und welche Hoffnungen, Wünsche und Befürchtungen sich für sie damit verbinden.

In der Phase der Problemdefinition ist es denkbar, daß die im Rahmen der Selbsterfahrung ausgelösten Prozesse dazu führen, daß eine Umdefinition des Problems und damit eine Umorientierung des gesamten Beratungsprozesses erfolgt: Was ursprünglich als ein Problem mit dem Kind erschien (»Problematisch ist, daß der Junge nicht gemeinsam mit uns aktiv werden will«), wird durch den problemorientierten Selbsterfahrungsprozeß durch die Eltern als eigenes Problem erkannt (»Wir können nicht akzeptieren, daß der Junge andere Interessen hat als wir«). Vom Berater muß daher in der Praxis ein hohes Maß an Flexibilität und Reflexion erwartet werden, da er sich in seiner Strategie der Beratung nicht durch die erstbeste Problembeschreibung der Eltern/Erzieher (»Unser Junge ist unkooperativ, »Das Kind kann sich überhaupt nicht konzentrieren«, »Was wir auch tun, er gehorcht uns einfach nicht«) festlegen lassen darf.

Wie bei der Problemdefinition so ist auch bei der *Zieldefinition* ein wesentlicher Ansatzpunkt für die problemorientierte Selbsterfahrung gegeben. Beratungsziele lassen sich nicht wissenschaftlich und objektiv festlegen, sondern sind abhängig und gesteuert durch individuelle und subjektive Einstellungen und Haltungen, die wiederum auf recht unterschiedliche Lernerfahrungen zurückgehen. Problemorientierte Selbsterfahrung bei der Definition von Beratungszielen bedeutet, daß sich die am Beratungsprozeß Beteiligten Klarheit darüber verschaffen, warum sie bestimmte Ziele ansteuern, welche Erwartungen sie damit verbinden, welche Befürchtungen mit einem Nicht-Erreichen verbunden sind u. ä. m.

Dabei kann es in der Praxis auch zu *Zielkonflikten* zwischen Berater und Klienten kommen. Verfolgen die Eltern z. B. Beratungsziele, die der Berater bei Abwägung der Interessen aller Beteiligter — also auch des Kindes — aus seiner Sicht nicht verantworten kann (etwa wenn die Eltern Techniken vermittelt bekommen wollen, mit denen sie das Kind zu größerer Abhängigkeit von sich bringen wollen), so ist es denkbar, daß die Eltern diese Ziele aufgrund veränderter Wahrnehmungen und Einstellungen durch die Selbsterfahrung revidieren; ist dies nicht der Fall, so wird der Berater auch auf die Gefahr hin, daß die Klienten die Beratung abbrechen, eine so geartete Beratung ablehnen müssen. In der Regel werden jedoch durch die problemorientierte Selbsterfahrung Voraussetzungen geschaffen, die einen Zielkompromiß unter Einbeziehung der Interessen des Kindes ermöglichen.

Selbsterfahrung im Zusammenhang mit der *Zielumsetzung* in konkretes, zu erlernendes oder zu verlernendes Verhalten ist ein weiterer wesentlicher Ansatzpunkt für reflektiertes Handeln in der Praxis. Hier gilt es u. a. Bedingungen zu isolieren und zu bearbeiten, die für die Erreichung eines definierten Zieles hinderlich sein können.

Beispiel: Ein Kind soll lernen, sich für eine bestimmte, relativ kurze Zeit auf eine Aufgabe zu konzentrieren. In der Beratungsstunde wird zu Übungszwecken eine schularbeitenähnliche Situation hergestellt, in der das Kind zusammen mit seiner Mutter übt. Der Berater beobachtet dabei, daß die Mutter bei dem kleinsten Fehler des Kindes »aus der Haut fährt«, es beschimpft und ihm Vorwürfe macht. In der nachfolgenden Selbsterfahrungssequenz stellt sich heraus, daß es für die Mutter von größter Bedeutung ist, daß ihr Kind das Gymnasium erreicht, um damit ihrem geschiedenen Mann beweisen zu können, daß sie auch allein in der Lage ist, dem Kind eine »ordentliche Ausbildung« zu ermöglichen. Jedes kleine Versagen des Kindes läßt die Mutter befürchten, diesen ihr wichtigen Beweis ihrem geschiedenen Mann gegenüber nicht antreten zu können, und hindert sie an einem angemessenen und zugewandten Verhalten in der Übungssituation. Erst durch eine anschließende therapeutische Bearbeitung der in der problemorientierten Selbsterfahrung herauskristallisierten Probleme der Mutter wird dieser ermöglicht, sich so auf das Kind einzustellen, daß dieses zu dem angestrebten Arbeitsverhalten befähigt wird.

Problemorientierte Selbsterfahrung kann im Beratungsprozeß auf unterschiedliche Arten evoziert und gefördert werden. In der Erziehungsberatung sind dabei das *Gespräch* und das *Video-feed-back* am sinnvollsten.

Das Gespräch orientiert sich dabei am partner-zentrierten Vorgehen (vgl. S. 94), wobei der Berater die Rolle des »Empfängers« übernimmt und auf diese Weise zu einer Reflexion der Einstellungen, Haltungen, Gefühle und Absichten des Klienten beiträgt. Weiterhin hat er die Möglichkeit, die durch die am Erziehungsprozeß Beteiligten (Eltern, Erzieher, Kinder, Jugendliche) initiierte gegenseitige Rückmeldung (z. B. in einem Familiengespräch, in dem von einem Familienmitglied Gefühle des Ärgers oder Zorns gegenüber einem anderen Familienmitglied wegen dessen Verhalten geäußert werden) zu unterstützen und zu fördern, wobei er insbesondere auch als Modell für die partner-zentrierte Gesprächsführung im Prozeß der gegenseitigen Rückmeldung fungiert.

Ansätze zur problemorientierten Selbsterfahrung durch Video-feedback sind im Bereich der Erziehungsberatung besonders sinnvoll und hilfreich anzuwenden.

Hierbei wird der Klient — mit seinem Wissen — in bestimmten Situationen gefilmt, z. B. der Vater im Spiel mit seinem Kind. Per Video-Recorder wird dem Vater dann entweder unmittelbar nach dieser Interaktion oder in einem späteren Beratungskontakt dieser Film im Beisein des Beraters wieder vorgespielt, wobei der Film zur Besprechung einzelner Situationen oder Szenen an beliebigen Stellen angehalten werden kann.

Allein die bloße Konfrontation mit dem eigenen Verhalten — ohne jeden Kommentar oder Hinweis des Beraters — bewirkt oftmals erhebliche Reflexions- und Änderungsprozesse bei den Klienten. Viele Klienten erhalten hier zum ersten Mal in ihrem Leben eine sachliche und objektive Rückmeldung über ihr Verhalten, ohne daß mit der Rückmeldung gleichzeitig Vorwürfe oder Anschuldigungen verbunden werden. Sie erfahren dabei die unterschiedlichen Dinge über sich, die ihnen in dieser Form nie deutlich gewesen sind, und die teilweise sogar ihren eigenen Zielen und Interessen entgegenstehen: Daß sie ihrem Interaktionspartner oft das Wort abschneiden, daß sie sehr laut oder leise sprechen, daß sie auf Wünsche und Bedürfnisse anderer nur selten eingehen, daß sie sich ihren Interaktionspartnern gegenüber mißachtend oder unhöflich verhalten, daß sie ungeduldig, unkonzentriert oder unkooperativ sind, daß sie in bestimmten Situationen stark gestikulieren oder einen mürrischen Gesichtsausdruck haben und viele ähnliche Dinge mehr.

Folgende Beispieläußerung können diese neuen Erfahrungen charakterisieren: »Ich hab' ja schon öfter gehört, daß ich andere Personen nicht ausreden lasse, daß es aber *so* schlimm ist, . . .«. »Ich bin wohl viel zu impulsiv, nicht?« »Ja, ja, das ist so 'ne typische Situation, bei sowas schaff ich's einfach nicht, ruhig zu bleiben«. »Oh, Gott, ich seh' ja so fürchterlich mürrisch aus, da müssen die Kinder ja Angst haben, sich zu äußern;«. »Wenn ich das so sehe . . . . . vielleicht sollt' ich ihr doch mehr Spielraum lassen«.

Derartige Äußerungen kann der Berater zum Anlaß nehmen, im partner-zentrierten Gespräch Ursachen, Hintergründe und Absichten, die mit diesen neuen Erfahrungen verbunden sind, mit dem Klienten zu besprechen und zu vertiefen.

Neben der unselegierten Wiedergabe der Filmaufnahmen kann der Berater zur Förderung problemorientierter Selbsterfahrung auch von sich aus einzelne Sequenzen, die ihm bedeutsam erscheinen, per Video-Recorder wiedergeben und mit dem Klienten bearbeiten. Hierbei wird es sich meist um Sequenzen handeln, in denen auf Einstellungs- oder Haltungsvariablen zurückgehendes, unerwünschtes Verhalten einen konstruktiven Änderungsprozeß behindert. Ehe weitere Veränderungen auf der Verhaltensebene – etwa ein Verhaltenstraining des Klienten – zum Tragen kommen, ist zunächst einmal die grundlegendere Reflexion und Aufarbeitung der dahinterstehenden Einstellung des Klienten angezeigt.

Neben dem Einsatz von Video-feed-back zu *Selbsterfahrungszwecken* im Sinne der Analyse und Bearbeitung von Einstellungen und Werthaltungen, Ängsten, Hoffnungen und Absichten kann diese Rückmeldemethode sinnvoll auch z. B. für praktisches Verhaltenstraining eingesetzt werden, um dem Klienten falsche oder richtige Verhaltensweisen an seinem eigenen Verhalten zu demonstrieren, und dieses als Ausgangspunkt für das weitere Training zu nehmen.

Der Berater hat in diesem Zusammenhang (mindestens) drei unterschiedliche Funktionen zu erfüllen:
Der *Berater als Beobachter* registriert in unterschiedlichen Problem-

situationen das Verhalten des Klienten und bemüht sich, fördernde und hindernde Gesichtspunkte der Zielerreichung im Verhalten des Klienten zu isolieren.

Der *Berater als Rückmelder* informiert den Klienten über diese seine Wahrnehmungen. Diese Informationen sollten konkret und anschaulich gegeben werden, feststellend und vorwurfsfrei. Diese Rückmeldungen können Veränderungen bei Klienten unmittelbar auslösen, müssen es aber nicht. Werden Veränderungsprozeduren aufgrund dieser Informationen angesteuert, so sollten sie von Klient und Berater gemeinsam präzisiert werden.

Der *Berater als hilfreicher Gesprächspartner* hilft dem Klienten als »Empfänger« im Sinne des partner-zentrierten Gespräches (vgl. S. 43) die Rückmeldung zu verarbeiten und einzuordnen, die neue Information daraufhin zu prüfen, ob eine Diskrepanz zwischen dem Soll-Wert (angestrebtes bzw. bisher vermutetes eigenes Verhalten) und dem Ist-Wert (tatsächliches Verhalten) besteht, ob der Soll-Wert oder Ist-Wert verändert werden soll, welche Ängste, Hoffnungen und Interessen mit einer Veränderung verbunden sind u. ä. m.

3.2. Praxisbeispiele problemorientierter Selbsterfahrung

Nachfolgend werden zwei Beispiele aus der Beratungspraxis dargestellt, die die Anwendung problemorientierter Selbsterfahrung verdeutlichen.

Im ersten Fall geht es dabei um problemorientierte Selbsterfahrung im Kontext der *Problemdefinition,* beim zweiten Fall stehen stärker Probleme im Kontext der *Zielumsetzung* im Mittelpunkt.

Die Mutter hat den Berater angerufen, und mit ihm einen Gesprächstermin wegen »Schulschwierigkeiten« ihres Jungen vereinbart. Der Berater verfügt über keine weiteren Informationen bezüglich des Problems. Die Mutter erscheint zum verabredeten Gesprächstermin:

M = Mutter
B = Berater

M: Guten Tag
B: Guten Tag
M: Ja, also, eh, ich habe ja in der letzten Woche bei Ihnen angerufen, und ich bin vom Klassenlehrer unseres Sohnes zu Ihnen geschickt worden. Unser Sohn, der ist in der Sexta, und wir haben jetzt einen ersten Elternsprechtag gehabt und gehört, daß er ungefähr fünf mal die Schule geschwänzt hat. Und der Klassenlehrer meinte, wir sollten vielleicht mal eine Beratung aufsuchen, daß man die Sache mal bespricht und so ... und daß der Junge vielleicht mal untersucht wird
B: Daß Sie selbst aber das Schwänzen gar nicht als so beunruhigend empfinden?

M: Ja, doch, das hat uns ziemlich überrascht oder ... das kam ziemlich wie aus heiterem Himmel: erstens ist der Thomas ziemlich gut in der Schule und wir haben wirklich noch nicht Sorgen mit ihm gehabt
B: Sie sehen gar keinen Grund dafür, daß er nicht in die Schule geht?
M: Ach, fürs Schwänzen hat man ja schon Verständnis; ich glaub', das kommt in dem Alter schon vor ... aber das wirklich Schlimme ist, daß der doch dem Lehrer gesagt hat ... so als Entschuldigung: Meine Mutter die ist krank und ich mußte im Salon aushelfen — also wir haben ein Frisörgeschäft — und das hat natürlich überhaupt nicht gestimmt
B: Verstehe ich das richtig, daß Sie gar nicht so sehr das Schuleschwänzen so hart bewerten, sondern das Lügen?
M: Ja! genau! Daß er also so hintenherum die Eltern quasi da mit 'reinzieht
B: Das hat Sie doch irgendwie enttäuscht?
M: Ja, bestimmt, das haben wir eigentlich nicht von ihm erwartet. Er war in der Volksschule immer gut und wir haben nie Last mit ihm gehabt in der Schule ... er war auch nicht auffällig oder so ...
B: Ja, daß Sie sich gewünscht hätten, daß ihr Sohn Ihnen auch weiterhin keinen Kummer macht
M: Ja bestimmt ... er hat bis jetzt doch alles zu unserer Zufriedenheit gemacht, ich meine die Schularbeiten, die mußte er immer allein machen, weil wir den ganzen Tag im Salon sind. Er kommt allein nach Hause, hat noch nie geschwänzt ... also das paßt da gar nicht 'rein
B: Es beunruhigt Sie, daß er sich plötzlich ganz anders verhält ...
M: Ja ... und ich überlege ... ob man selbst so, ich mein man liest so viel von Erziehung und von Fehlern die man machen kann, ob man selbst alles richtig gemacht hat ...
B: Daß Sie das Gefühl haben, es könnte auch irgendwie an Ihnen mit liegen?
M: Ja, ich mein ... das war schon immer ein Problem, das immer wieder auftaucht ... daß ich eben den Beruf habe, den ganzen Tag unten sein muß ... und gleichzeitig das Kind ... wo ich mich eigentlich um die Schularbeiten kümmern müßte ... überhaupt, so wie andere Mütter immer da sein, daß der Junge jemanden hat mit dem er spielen kann ... oder ...
B: Sie fühlen, beides nicht so zusammen schaffen zu können, wie Sie es eigentlich für richtig halten?
M: Ja, bestimmt, es ist ja auch ... wenn ich so überlege ... der Junge kommt einfach zu kurz neben der Arbeit im Salon. Man kommt mittags hoch, ist abgespannt, nervös, dann wird gekocht

... dann schnell wieder runter ... Ich meine, ich frag' auch schon gar nicht mehr: wie war's in der Schule oder so ... Wir wissen gar nicht, wie das so ist in der neuen Schule

B: Sie erleben sich so eingespannt im Beruf, daß sie das Gefühl ha- haben irgendwie – ja – der Junge, der steht so draußen im Au- genblick

M: Ja, ich mein ... der läuft einfach so nebenher – hm – war im- mer still, hat alles gemacht, ja ...

B: Daß Sie das Gefühl haben es könnte auch so'n bißchen damit zusammenhängen, wenn der Junge die Schule schwänzt, daß Sie irgendwie ... ja, zu sehr eingespannt sind und sich vielleicht zu wenig um ihn kümmern?

M: Ja, ich meine, den Gedanken hab ich mir schon immer gemacht, daß ich, eh, daß man sich zu wenig um ihn kümmert ... Ich mein er hat vielleicht ja auch das Gefühl, er braucht sich gar nicht mehr anzustrengen, er kann tun und lassen was er will ... wir merken es ja sowieso nicht

B: Wenn Sie sich so in den Jungen hineinversetzen, dann können Sie so nachfühlen, wie er sich eventuell fühlt in der Situation

M: Ja, also ... bestimmt ... Ich mein', man macht sich viel zu wenig Gedanken um ihn. Aber wenn ich mir das so vorstelle, hat er ja eigentlich nie jemanden, den er mal fragen kann oder ... oder dem er mal was erzählen kann ... man braucht eben seine Kräfte so selber

B: Ja, Sie würden gerne irgendwie mehr Zeit für ihn haben?

M: Ja, ich denke auch, wenn man ehrlich ist und konsequent, dann würde man's auch verwirklichen ... würde ich's auch verwirk- lichen können ... wenn man sich ein wenig abspricht unten im Salon ... sich einfach mal ein bißchen zusammenreißt ...

B: Sie halten es jetzt doch irgendwie für notwendig, sich mit dem Jungen auseinanderzusetzen ... daß Sie sich sagen, ja, da muß irgendwo ein Weg sein?

M: Ja, ja, denn das ist ja auch alles neu für ihn in der Schule und ich kann mir vorstellen, daß er Probleme hat, von denen wir gar nichts wissen ... und wo er einfach jemanden braucht ...

B: Das wäre irgendwie so ein Weg jetzt für Sie mit ihm voranzu- kommen, sich erstmal mehr mit ihm auseinanderzusetzen?

M: Ja bestimmt! ... ja, ... vielleicht versuch ich das einfach mal so ... ja!

B: Ja, Sie betrachten das jetzt so als den gangbarsten Weg, Sie meinen, einfach jetzt mal ausprobieren?

M: Ja, ich spreche einfach mal mit meinem Mann darüber, ob wir nicht einfach mal mehr Zeit für ihn finden und uns auch mal mehr mit ihm auseinandersetzen ... Vielleicht ruf' ich dann noch mal an bei Ihnen, ja, wenn's nicht so klappt?

B: Ja, gerne, okay ...
M: Vielen Dank auch

Familie S. ist zur Beratung gekommen, weil die Eltern sich keinen Rat mehr wissen, wie sie es schaffen können, daß ihre beiden Kinder (Sabine, 13 Jahre, und Michael, 9 Jahre) besser miteinander auskommen. Die beiden seien »wie Hund und Katze« miteinander, es gebe laufend Streit und richtig friedlich sei es eigentlich nur, wenn eines der beiden Kinder bei der Großmutter zu Besuch wäre.
Als Grundlage für das weitere Vorgehen in der Beratung dient dem Berater eine Verhaltensbeobachtung, die von einer Video-Aufzeichnung begleitet wird. Um die Interaktion der Familienmitglieder problembezogen beobachten zu können, hat der Berater für die Beobachtungssituation verschiedene Spiele und Übungen vorgeschlagen und entsprechende Materialien bereitgestellt. Die Aufzeichnung dieser Interaktionen wird der Familie in der nachfolgenden Sitzung vorgespielt, anschließend findet ein Gespräch darüber statt.

Berater: Ja, kann man sagen, daß es so lief, wie zuhause auch, oder war etwas anders als sonst?
Mutter: Nein ... war eigentlich wie sonst auch
Vater: (nickt zustimmend)
Berater: Ist denn irgendjemanden etwas aufgefallen?
Michael: (erfreut) Ich hab die meisten Spiele gewonnen!
Sabine: Papa hat Dir ja auch immer geholfen, ist dann ja auch keine Kunst, zu gewinnen
Berater: Du ärgerst Dich so'n bißchen darüber, daß der Michael da so ...
Sabine: (unterbricht) Der soll doch bloß nicht so angeben, allein würde der doch gar nichts zustande bringen!
Mutter: Aber Sabine ...
Berater: (zum Vater gewandt) Mir ist in diesem Zusammenhang aufgefallen, Herr S., daß Sie bei den Spielen fast ausschließlich den Michael unterstützt haben
Vater: Der ist ja auch noch viel kleiner
Berater: Ja, irgendwie finden Sie, daß der Michael Ihre Unterstützung mehr braucht?
Vater: Ja, klar, ich möchte doch, daß keines der Kinder irgendwie besser oder schlechter wegkommt als das andere, und der Michael ist ja nun erst neun – der braucht doch noch unsere Hilfe ...
Mutter: Er ist auch sehr oft krank ...
Berater: Sie möchten verhindern, daß der Michael aufgrund seines Alters irgendwie benachteiligt wird
Vater: Ja, er kann doch nichts dafür, daß er noch nicht älter ist
Sabine: (erregt) Aber *ich* werde doch benachteiligt und zurückgesetzt! Nie werde ich unterstützt ...! ... immer nur er ...! ... Ich finde das gemein!

Berater: Du bist traurig und enttäuscht, und wünschst Dir, daß Du auch unterstützt wirst?
Vater: Ja ... aber ...
Sabine: (schluchzt) Immer wird er vorgezogen ... ich kann doch auch nichts dafür, daß ich älter bin als er ...
Berater: Du findest es ungerecht, so gar keine Unterstützung zu bekommen, nur weil Du älter bis als der Michael?
Sabine: (weint) Ja ... wirklich ...
... (ca. 1 Minute Pause, das Weinen wird stärker) ...
Mutter: Hier, nimm mal ... (gibt Sabine ein Taschentuch)
Vater: (verstört) Ja, ... also ... so hab ich das ja gar nicht gemeint ...
Mutter: Ja, Herbert, irgendwie ... jetzt, wo ich das so mal von außen gesehen hab (meint die Video-Aufzeichnung) ... und wo die Sabine das so sagt ... irgendwie stimmt es ja ...
Berater: Ist es so, Frau S., daß Sie auch die Erfahrung gemacht haben, daß die Sabine durch Ihren Mann weniger unterstützt wird?
Mutter: Ja, ich weiß nicht ... ob nur durch meinen Mann, oder ob ich selber auch ... (Sabine: nee, nee) ... auch irgendwie ...
Vater: (zu Sabine) Mir ist das so gar nicht bewußt gewesen, daß Du Dich durch mich so zurückgesetzt fühlst ...
Sabine: Ist aber so!
Vater: ... das möchte ich natürlich auch nicht ... aber weiß auch gar nicht so recht, wann ich eigentlich so bin ...
Berater: Ja, Sie bedauern, daß die Sabine sich durch Sie so benachteiligt fühlt und es ist wichtig für Sie zu wissen, in welchen Situationen sich Ihr Verhalten so auswirkt?
Vater: Ja, ich meine ... mir selbst fällt das wohl gar nicht so auf ...
Berater: (zu Sabine) Kannst Du weiterhelfen?
Sabine: Beim Kartenspiel zum Beispiel ... das war so typisch ... der Michael hat geschummelt (Michael: Stimmt gar nicht!) ... und Papa hat ihm auch noch geholfen!
Vater: (nachdenklich) Ja, ich glaub, ich weiß was Du meinst ...

4. Integration und Indikation

Wie bereits an anderer Stelle betont (vgl. S. 80), ist es u. E. notwendig, die praktische Arbeit im Rahmen der Erziehungsberatung problemorientiert zu gestalten, d. h. praktische Interventionsmöglichkeiten nicht bereits a priori danach zu selegieren, ob sie aus einer bestimmten, dem Berater bekannten bzw. von ihm favorisierten »Schule« der Beratungstätigkeit entstammen und andere Elemente frühzeitig »auszublenden«.

In der Praxis ist jedoch heute noch festzustellen, daß die Arbeit von Beratern oftmals mehr durch deren eigene Einstellung oder Ausbildung als durch die Probleme der Klienten geleitet wird, wodurch in der Regel einer der drei Veränderungsbereiche (»Beziehung«, »Verhalten« oder »Selbsterfahrung«) zu Lasten der anderen überbetont wird.
»Unsere Beratungsstelle arbeitet verhaltenstherapeutisch« oder »Ich wende, wenn es irgendwie geht, gesprächspsychotherapeutische Elemente an«, diese und ähnliche Äußerungen können beispielhafter Ausdruck hierfür sein. Die zugrundeliegenden Ursachen sind recht unterschiedlich:
Erstens werden viele Berater während ihrer Ausbildung lediglich mit einer Beratungsschule vertraut gemacht, es fehlen ihnen daher Handlungsalternativen. Zweitens – und damit verbunden – werden den angehenden Beratern im Rahmen ihrer Ausbildung oft zu sehr die Vorteile und Möglichkeiten einer bestimmten Schule der Beratungstätigkeit nahegebracht, die Einschränkungen und Grenzen dagegen nur angedeutet. Daraus erwachsen dann Omnipotenzvorstellungen bezüglich einer bestimmten Beratungsschule und deren Interventionselemente, die im krassen Mißverhältnis zur sinnvollen Anwendungsmöglichkeit bei der Lösung praktischer Probleme stehen. Drittens wird oftmals die Komplexität praktischer Anforderungen an den Berater erheblich unterschätzt; erst wenn der Berater mit einer Anzahl recht unterschiedlicher Klienten und Problemstellungen konfrontiert worden ist, kann er diese Anforderungen ermessen, sieht er die Begrenztheit der herkömmlichen Konzepte und die Notwendigkeit zu deren Überwindung.
Verantwortungsvolle Praxistätigkeit im Rahmen der Beratung bedeutet jedoch die *Anpassung der Interventionsform an den Klienten und dessen Probleme* – nicht die Anpassung von Klient und Problemen an eine bestimmte, orthodoxe Beratungsschule. Der hier vorgestellte Ansatz sieht sich genau diesem Postulat verpflichtet und betont die Notwendigkeit der Überwindung des sich ausschließenden Nebeneinanders verschiedener herkömmlicher Schulen und die damit verbundene Überbetonung von Interventionselementen aus einzelnen Veränderungsbereichen, um auf diese Weise durch die Erweiterung des Blickwinkels dem einzelnen Berater ein größeres Spektrum von Interventionselementen zugänglich zu machen und die Gefahr »blinder Flecken« zu verringern.
Die Praxistätigkeit im Rahmen dieses Ansatzes läßt sich grob durch vier Orientierungspunkte umreißen:
Erstens wird die Beratungstätigkeit durch ein *Prozeßmodell* charakterisiert, das von einem fortlaufenden Ineinandergreifen verschiedenster Prozesse und Methoden der Informationserhebung und -verarbeitung, der Zieldefinition, des Einsatzes von Modifikations-

techniken und der Evaluation gekennzeichnet ist (vgl. S. 40). Dies impliziert zum einen eine laufende Erhebung der Diskrepanz zwischen dem Ist-Wert und dem Soll-Wert, mithin die Anwendung verschiedenster diagnostischer Verfahren. Zum anderen wird damit auch die Auffassung vertreten, daß zu unterschiedlichen Zeiten und bei unterschiedlichem Ist-Wert verschiedene Modifikationstechniken angezeigt sind (Postulat der differentiellen Indikation). Beide Implikationen stehen im Widerspruch zu einzelnen herkömmlichen Beratungskonzepten.

Ein zweiter Orientierungspunkt ist die grundsätzliche *Eigenverantwortlichkeit des Klienten* für sich und die Lösung seiner Probleme. Der Berater wird hier als unterstützende Person verstanden, die aufgrund ihrer Fachkompetenz dem Klienten bei der Lösung seiner Probleme in unterschiedlichen Phasen (z. B. bei der Problemdefinition, bei der Zieldefinition, bei der Auswahl und Anwendung der Modifikationstechnik) helfen kann; die unterstützenden Maßnahmen werden jedoch nicht als Ersatz für verantwortliche Eigenaktivität des Klienten gesehen. Notwendig ist vielmehr, daß der Klient in jedem Stadium des Beratungsprozesses zur Eigenaktivität motiviert und ihm die Eigenverantwortlichkeit bewußt gemacht wird. Dabei wird angesteuert, daß der Klient möglichst frühzeitig wieder ohne Hilfe des Beraters auskommen kann. Dies setzt u. a. voraus, daß der Klient umfassend über die zur Verfügung stehenden Mittel und Wege zur Zielerreichung informiert und bei deren Auswahl beraten wird.

Grundsatz ist dabei die Orientierung am inneren Bezugsrahmen des Klienten, seinen Wünschen, Vorstellungen, Interessen, Befürchtungen u. ä. Eigenverantwortlichkeit des Klienten bedeutet in der Praxis auch, daß dieser während des gesamten Beratungsprozesses laufend mit unterschiedlichen und oftmals belastenden Anforderungen konfrontiert wird. Aufgabe des Beraters ist es hierbei, die konstruktive Bearbeitung dieser Anforderungen zu ermöglichen, nicht dagegen, Anforderungen und Belastungen grundsätzlich vom Klienten fernzuhalten.

Im Bereich der Erziehungsberatung muß dabei berücksichtigt werden, daß diesbezüglich an Erzieher und Kinder/Jugendliche nicht in jedem Fall die gleichen Erwartungen gestellt werden können; hier gilt es, altersgemäße Abstufungen vorzunehmen. Altersgemäße Abstufung sollte aber auch hier nicht mit einer vollständigen Negierung der Eigenverantwortlichkeit der Kinder und Jugendlichen gleichgesetzt werden.

Als dritter Orientierungspunkt kann die *Betonung des sozialen Feldes* bei der Definition von Ist- und Soll-Wert und der Auswahl der Modifikationsstrategie gesehen werden. Hierunter ist die ausdrückliche Betonung der Tatsache zu verstehen, daß die Entstehung und Behandlung von Problemen als in einem Feld sozialer Beziehungen eingebettet be-

trachtet werden müssen, in dem nur in Ausnahmefällen eine Einzelperson für die Problematik verantwortlich ist, und Ansätze zur Problemlösung daher in der Regel auch dann wirkungslos bleiben, wenn sie diese soziale Einbettung nicht berücksichtigen. Für die Erziehungsberatung gilt es daher insbesondere zu vermeiden, daß Interventionen einseitig in Richtung auf die Kinder und Jugendlichen hin geplant und vorgenommen werden. Auch die Erzieher stehen in dem sozialen Feld, in dem das Problem sich manifestiert hat. Daß ein bestimmtes Verhalten eines Kindes als problematisch klassifiziert wird und damit zur Inanspruchnahme einer Beratung führt, kann z. B. auch an völlig unrealistischen Erwartungen der Erziehungsperson liegen. Im Beratungsprozeß gilt es daher, Konstellationen des sozialen Feldes zu berücksichtigen und in die Problem- und Zieldefinition mit einzubeziehen.
Beratung lediglich als Hilfe für die Erzieher zur Manipulation von Kindern und Jugendlichen zu verstehen, würde zudem auch dem hier erhobenen Postulat nach grundsätzlicher Gleichberechtigung von Erziehern und Kindern/Jugendlichen zuwiderlaufen. Weitgehende materielle Abhängigkeit sowie physische und psychische Unterlegenheit von Sozialpartnern (hier: Kinder und Jugendliche) darf nicht mit geringerer Berechtigung des schwächeren Sozialpartners gleichgesetzt werden, seine Interessen zu vertreten.
Betonung des sozialen Feldes als Orientierungspunkt bedeutet daher auch, zu registrieren und zu intervenieren, wenn Sozialpartner aufgrund ihrer Stellung im gemeinsamen sozialen Feld (z. B. in der Familie) andere Partner in ihrer Entwicklung behindern und/oder eigene Bedürfnisse auf Kosten der anderen durchsetzen. Die Orientierung am inneren Bezugsrahmen des Klienten (s. o.) kann nicht Orientierung am inneren Bezugsrahmen des jeweils sozial stärksten Partners bedeuten, sondern hat – gerade in der praktischen Arbeit der Erziehungsberatung – auch den inneren Bezugsrahmen der schwächeren Sozialpartner zu berücksichtigen.
Im vierten Orientierungspunkt wird die Ablösung von herkömmlichen Schulen und das Streben nach deren Integration besonders deutlich: Es handelt sich hier um die *Integration von Behandlungselementen unterschiedlicher Schulen in einen gemeinsamen Prozeßablauf.* Hierbei findet die Tatsache Berücksichtigung, daß sich Erziehungsberatung (wie auch jegliche andere Art von Beratung und Therapie) nicht nur auf der Verhaltens- oder der Beziehungsebene abspielt, Veränderungen nicht nur durch Selbsterfahrung oder Informationsvermittlung erzielt werden, Prozeßabläufe nicht ausschließlich die Kognitionen oder die Emotionen des Klienten tangieren usw. Vielmehr wird davon ausgegangen, daß die hier im Sinne eines Ordnungsschemas voneinander abgegrenzten Veränderungsbereiche (»Beziehung«, »Verhalten«, »Selbsterfahrung«) grundsätzlich in jeder praktischen

Beratungsarbeit gemeinsam zum Tragen kommen (vgl. S. 82). Welcher der drei Bereiche dabei jeweils fokussiert wird und welche Interventionselemente damit zum Tragen kommen, hängt von der Problemstellung und den von Klient und Berater gemeinsam festgelegten Zielen ab (vgl. S. 45). Das impliziert, daß im Ablauf der Beratung auch eine Schwerpunktverlagerung von einem Veränderungsbereich zu einem anderen stattfinden kann, was mit einem verstärkten Einsatz von Interventionselementen aus dem jeweiligen Veränderungsbereich einhergeht.

Ebenso ist gerade in dem hier fokussierten Bereich der Erziehungsberatung die gleichzeitige Betonung verschiedener Veränderungsbereiche bei verschiedenen Personen (z. B. Erzieher und Kind oder Vater und Mutter) denkbar. Immer wird jedoch das enge Ineinandergreifen der drei Veränderungsbereiche im Auge behalten werden müssen.

Der Ansatz der Integration von Interventionselementen unterschiedlicher Schulen in den Prozeßablauf geht dabei von der Annahme aus, daß es grundsätzlich möglich und sinnvoll ist, Interventionselemente unterschiedlicher Herkunft gemeinsam in ein Behandlungskonzept zu integrieren, etwa im Sinne eines »Baustein«-Prinzips. Welche Bausteine in der Praxis zum Tragen kommen, richtet sich dabei nach dem Klienten, seiner Problematik und den daraus abgeleiteten Veränderungszielen, sowie nach dem Stadium, in dem sich der Beratungsprozeß befindet.

So werden z. B. in den Stadien der Problemdefinition und der Festlegung von Zielen eher Elemente der Veränderungsbereiche »Beziehung« und »Selbsterfahrung« angezeigt sein, die anderen orthodoxen Ursprungskonzepten zuzuordnen sind, als z. B. das Element »Positive Verstärkung«, das dann – nach der Zieldefinition – zur Verhaltensmodifikation eingesetzt werden kann.

So werden z. B. die Elemente »Partner-zentriertes Zuhören«, »Erfassen des Bedeutungsgehalts« und »Verbalisierung des verstandenen Bedeutungsgehalts«, die der Gesprächspsychotherapie entlehnt sind, und die der anfänglichen Beziehungsherstellung zum Klienten besonders dienlich sind, oftmals gefolgt werden müssen von Elementen aus dem Bereich der kognitiven Verhaltensmodifikation (z. B. Situationsmanipulation).

Die hier für den Bereich der Erziehungsberatung sowohl als praxisrelevant als auch als integrierbar verstandenen Interventionselemente sind dabei auf recht unterschiedliche Ursprungskonzepte zurückzuführen: So werden Konzepte der lerntheoretisch orientierten Verhaltenstherapie, des Modell-Lernens, der phänomenologischen Gesprächspsychotherapie, der Selbsterfahrung sowie der kognitiven Verhaltensmodifikation einbezogen.

Diese Vielfalt unterschiedlicher Ursprungskonzepte und deren Interventionselemente lassen sich auf der theoretischen Ebene derzeit nicht in einem gemeinsamen, übergreifenden Rahmen erfassen (vgl. S. 80). Damit ist auch eine Ableitung von praktischen Interventionsanweisungen von einem übergreifenden theoretischen Bezugspunkt aus nicht möglich. Dennoch bedarf der Berater bei der Auswahl und Zusammenstellung von Interventionselementen eines Orientierungsrahmens, der grundsätzlich den Einsatz der Modifikationselemente steuert. Dieser Orientierungsrahmen läßt sich als grob durch die Aspekte der *Zieldefinition* und der *Fachkompetenz des Beraters* skizziert betrachten:

Die Zieldefinition (vgl. auch Punkt (11) des Verlaufsschemas, S. 40) gibt die Richtung an, in der die Diskrepanz zwischen Ist-Wert und Soll-Wert verringert werden soll. Sie läßt sich durch folgende Fragen beispielhaft beschreiben: Soll ein bestimmtes Verhalten aufgebaut werden? Sollen Informationsdefizite des Klienten behoben werden? Soll eine Beziehungsverbesserung zwischen den Klienten angesteuert werden? Gilt es, eine bestimmte Entscheidung zu treffen? Sollen Erziehungsmethoden reflektiert werden? u. ä. m. Diese und ähnliche Zieldefinitionen schließen dabei einander nicht aus, sondern können als Teilziele eines Gesamt-Prozesses sukzessiv oder simultan angesteuert werden.

Die Fachkompetenz des Beraters, insbesondere seine Kenntnisse über die Analyse und Modifikation menschlichen Verhaltens, speziell über die Wirksamkeit und Grenzen einzelner »Bausteine« zur Zielerreichung und deren Zusammenfassung zu wirksamen Modifikationsstrategien fungiert dann als Grundlage für die Erarbeitung von Modifikationsalternativen; die Entscheidung über diese Alternativen trifft der Klient mit Unterstützung des Beraters.

Ist z. B. in der Zieldefinition herausgearbeitet worden, daß ein bestimmtes Verhalten beim Klienten aufgebaut werden soll, so kann der Berater aufgrund seiner Fachkompetenz mögliche Techniken zum Aufbau des gewünschten Verhaltens vorschlagen, deren Vor- und Nachteile und gesicherte Wirksamkeit darstellen und dann mit dem Klienten gemeinsam eine Entscheidung treffen.

Der Berater stützt sich dabei im Wesentlichen auf die bisherigen Untersuchungen zur Wirksamkeit einzelner Modifikationselemente und -strategien (z. B. empirische Belege über die Wirksamkeit der Positiven Verstärkung beim Aufbau von Verhalten, über die Auswirkung von life-Modellen bei der Aneignung sozialer Kompetenz, über die Möglichkeiten, Verhalten durch Selbstkommunikation zu ändern, über die Möglichkeit der Verringerung psychischer Spannungen durch partnerzentrierte Gespräche, über die höhere Wirksamkeit von Modell-Lernen plus positiver Verstärkung gegenüber alleinigem Modell-Lernen u. ä.).

Hierbei gilt es allerdings zu berücksichtigen, daß die Entscheidung für ein bestimmtes Modifikationselement oder eine Modifikationsstrategie zur Zielerreichung beim heutigen Kenntnisstand oftmals nicht empirisch voll abgesichert werden kann, sondern aus theoretischen Überlegungen und Analogieschlüssen abgeleitet werden muß. Diese Aussage hat für *sämtliche* Konzepte (das hier vorgelegte eingeschlossen) Gültigkeit. So läßt sich zwar die grundsätzliche Wirksamkeit eines bestimmten Modifikationselements zur Erreichung eines bestimmten Ziels abschätzen (vgl. obige Beispiele), ob es jedoch das *optimale* Vorgehen ist, läßt sich in der Regel nicht schlüssig beweisen, da vergleichende Untersuchungen fehlen, die die spezielle Wirksamkeit einzelner Elemente *im gegenseitigen Vergleich* präzisieren würden.

Diese Kenntnislücke ist – wie erwähnt – kein Spezifikum einzelner Interventionskonzepte, sondern kennzeichnet den heutigen Stand psychologischer Forschung und weist vielmehr das Präzisierungsziel auf, dem sämtliche Konzepte sich zu nähern angehalten sind. Es bleibt festzuhalten, daß die empirische Beantwortung der Indikationsfrage auch in den *orthodoxen* Konzepten nur in recht globaler Form beantwortet werden konnte, so daß auch auf diesem Gebiet durch die Hinwendung zu integrativen Ansätzen keine Nachteile resultieren, da diese Kenntnisse voll ausgeschöpft werden können – dagegen wird aber durch die Integration eine Vergrößerung und Effektivierung des Fächers möglicher Interventionen erreicht.

Es sei in diesem Zusammenhang auch noch einmal darauf verwiesen, daß die jeweiligen orthodoxen Konzepte auch auf der *theoretischen* Ebene nicht über stringente und unangreifbare Systeme verfügen, die eine Bevorzugung dieser Konzepte gegenüber integrativen Konzepten nahelegen würden (vgl. S. 81). In diesem Sinne erfolgt keine Praxisintervention vollkommen theoriegeleitet. Auch hier ist also kein Nachteil mit der Hinwendung zu dem hier vorgestellten Ansatz verbunden.

Eine empirisch abgesicherte Klärung der Frage, bei welcher Problematik und bei welchem Ziel welche Art der Intervention angezeigt ist (und nicht nur, welcher »Pool« von Interventionselementen global wirksam sein kann), wird wegen der damit verbundenen erheblichen praktischen Probleme in absehbarer Zeit auch nicht abschließend erfolgen können.

Dazu müßte nämlich bei einer bestimmten Problemlage (Symptomatik A) eine Vielzahl von Modifikationselementen daraufhin *vergleichend* überprüft werden, ob und in welchem Umfang sie zur Erreichung eines bestimmten Ziels (Z 1) beitragen. Hält man sich weiterhin die große Zahl möglicher Probleme (Symptomatik A . . . x) und Ziele (Z 1 . . . Z x) vor Augen, so werden die Anstrengungen deutlich, die bereits auf dieser Ebene notwendig sind, um zu präzisen empirischen Indikationsaussagen zu kommen.

Sind die Probleme bei der empirischen Absicherung bereits bei einem einzelnen Modifikationselement (z. B. »Positive Verstärkung«) erheblich, so vervielfältigen sich diese bei der Indikation von *Veränderungsstrategien*. Als Veränderungsstrategie wird hier die systematische und geplante Verbindung einzelner Modifikationselemente zu einem komplexeren Veränderungskonzept unter einer bestimmten Zielperspektive verstanden. (Eine noch relativ einfache Strategie ist z. B. die Verbindung von »Lernen am Modell« und »Positive Verstärkung« beim Aufbau von bestimmtem sozialem Zielverhalten; vgl. S. 119). Hierbei stellt sich nicht nur die Frage, ob die Einzelelemente wirksam sind, sondern auch, ob und welche Wirkung sie, als Strategie verbunden, haben, ob nicht evtl. zur Effektivierung das Element X gegen das Element Y ausgetauscht werden müßte u. ä. m.

Diese Gegebenheiten dürfen u. E. jedoch nicht dazu führen, resignierend im status quo (d. h. in der überwiegenden Anwendung orthodoxer Konzepte bzw. daraus abgeleiteter Interventionen) zu verharren, sondern sollten als Anregung und Aufforderung zum Bemühen um eine weitere Effektivierung der Beratungsarbeit durch schulübergreifende Interventionen aufgefaßt werden, auch wenn – wie bisher immer – einzelne Unsicherheitsmomente in der praktischen Beratungstätigkeit ertragen werden müssen.

Fall - Beispiel

In diesem Abschnitt wird ein Fall-Beispiel aus der Beratungspraxis dargestellt. Die Darstellung erfolgt in schematisierter und tabellarischer Form. Ziel der Darstellung ist weniger die Verdeutlichung des Vorgehens in diesem speziellen Einzelfall, sondern es sollen vielmehr an einer beliebigen Problemstellung noch einmal die wesentlichen Momente des hier vorgestellten Beratungskonzepts verdeutlicht werden. Dazu werden zum einen die einzelnen Beratungsschritte jeweils auf die entsprechenden Punkte des Verlaufschemas (Prozeßmodell der Erziehungsberatung) bezogen dargestellt wodurch eine formale Orientierung ermöglicht wird, zum anderen arbeitet ein begleitender Kommentar erläuternd die inhaltlichen Schwerpunkte — insbesondere den integrierten und problemorientierten Einsatz von Interventionselementen unterschiedlicher »Schulen« — heraus.

Ausgangssituation: Frau M. (29) meldet sich wegen Schwierigkeiten mit ihrem einzigen Sohn (Thomas, 9; 4 Jahre) zur Beratung an: Es gebe insbesondere Probleme bei der Erledigung der Hausaufgaben, zu denen der Junge sehr lange brauche und die er nur sehr unkonzentriert erledige. Die Mutter sei somit gezwungen, ihn ständig bei den Hausaufgaben zu beaufsichtigen, wobei es fast ausnahmslos zum Streit mit dem Jungen komme. Im übrigen gehorche der Junge auch in anderen Situationen nur sehr schwer.

Rahmenbedingungen: Thomas geht in die 4. Klasse der Grundschule. Frau M. ist von ihrem Mann seit 4 Jahren geschieden und arbeitet seit einem Jahr wieder halbtägig in ihrem erlernten Beruf als kaufmännische Angestellte. Sie lebt mit ihrem Sohn allein in einer 3-Zimmer Wohnung in einer mittleren Großstadt.

Zuordnung zum Verlaufsschema	Prozeßablauf	Kommentar
(1) (2) (3)	Hypothesen: – Intelligenz- und/oder Konzentrationsdefizite des Kindes – Falsches Erzieher-Verhalten	*Aufgrund der ersten Informationen (vgl. oben) lassen sich lediglich vorläufige Hypothesen formulieren.*
(4) (10)	Mitteilung an die Mutter, daß die Beratung durchgeführt werden kann.	*Die Kompetenz des Beraters zur Problemreduktion wird grundsätzlich bejaht; eine Überweisung ist nach dem derzeitigen Informationsstand nicht erforderlich.*
(5) (6)	Mitteilung an Mutter und Kind, daß eine genauere Analyse der Problematik erforderlich ist. Vereinbarung von Informationserhebungssitzungen mit beiden. Vorgesehen werden Informationserhebungsverfahren, die eine Klärung des Ist-Zustandes des Jungen, des Leistungs- und Konzentrationsvermögen des Jungen, des Erziehungsverhaltens der Mutter, sowie in diese Bereiche evtl. einwirkender Faktoren ermöglichen können: – Anamnese und Exploration (Mutter, Kind, Lehrer) – Intelligenztest (Kind) – Konzentrationstest (Kind) – Verhaltensbeobachtung (Kind, Mutter und Kind): Testverhalten, Hausaufgabensituation, Spielsituationen mit Interaktionsbetonung	*Eine Zielbestimmung ist bei diesem Informationsstand des Beraters noch nicht möglich, daher wird eine Informationserhebungsphase eingeschaltet.* *Diese Informationserhebung zielt von vornherein nicht nur auf das Kind, sondern schließt die Mutter mit ein; diese wird damit ebenfalls als Zielperson für den weiteren Beratungsablauf betrachtet.* *Die Planung der Informationserhebung ist problemorientiert, d. h. es sollen nur solche Informationen erhoben werden, die eine Klärung der genannten Problematik erwarten lassen. Ein schematisiertes, bei jedem Klienten wiederkehrendes Abfragen theoretisch denkbarer Problembereiche bei unterschiedlichen Problemstellungen erscheint wenig sinnvoll (z. B. Fragen nach dem Zeitpunkt der »Sauberkeit« eines Kindes, wenn es um die Frage des Besuches einer weiterführenden Schule geht).*
(7) (8) (9)	Anamnese und Exploration: – In der Entwicklung des Kindes keinerlei Hinweise auf Faktoren, die die Leistungs- oder Konzentrationsfähigkeit beeinträchtigen könnten.	*Die Informationserhebungsgespräche mit Mutter und Kind werden getrennt voneinander durchgeführt. Die Gespräche haben klienten-zentrierten Charakter, d. h. es werden nicht nur Informationen über die*

Zuordnung zum Verlaufsschema	Prozeßablauf	Kommentar

	– Keine Probleme bei der Einschulung.
	– Bislang durchweg durchschnittliche Noten in der Schule.
	– Dauer zur Erledigung der Hausaufgaben ca. 2½ Stunden pro Tag.
	– Arbeitsverhalten des Kindes:
	  Unkonzentriert und leicht ablenkbar (Mutter).
	  Keine Auffälligkeiten (Lehrer).
	– Mutter: leidet sehr unter den Problemen, insbesondere unter dem Streit; bedauert, sich dem Jungen gegenüber manchmal nicht »durchsetzen zu können«.
	– Kind: Ist bedrückt, daß die Mutter immer so viel schimpft, möchte aber, daß sie weiterhin bei den Hausaufgaben hilft. Will versuchen, zur Verbesserung der Situation beizutragen.
	– Hausaufgabensituation: Hausaufgaben werden am frühen Nachmittag im Zimmer des Jungen erledigt, das auch gleichzeitig sein Spielzimmer ist.
		Problematik durch den Berater abgerufen, sondern dieser bemüht sich vielmehr, mit dem Klienten zusammen auch zu erarbeiten, welche Ängste, Befürchtungen, Wünsche, Absichten u.ä.m. mit dem Ist-Zustand für den einzelnen Klienten einhergehen.

Tests:	– HAWIK: Durchschnittliche bis gut durchschnittliche Leistungen im Gesamttest, bei beiden Testteilen und den einzelnen Untertests, keine signifikanten Diskrepanzen zwischen den Ergebnissen. – KLT und d 2: Keine Hinweise auf verminderte Konzentrationsfähigkeit.	*Auch hier erfolgt das Vorgehen problemorientiert, d.h. es wird keine Standard-Testbatterie verwendet, sondern spezifische Einzelbereiche werden mit jeweils neu ausgewählten Verfahren angegangen.*

Zuordnung zum Verlaufsschema	Prozeßablauf	Kommentar
	Verhaltensbeobachtung: — Hausaufgabensituation: Strukturierung der Hausaufgabensituation durch laufende Aufforderungen der Mutter an das Kind. Die Mutter übt fast ausschließlich negative Kritik. Kaum Lob oder Ermunterungen, anschließend an diese dann jedoch kurzzeitig konzentriertes Arbeiten des Kindes. Ist das Kind unkonzentriert, so versucht die Mutter, es durch intensive Erklärungen und Ermahnungen wieder auf die Arbeit zu lenken. Wenig Zuwendung der Mutter für das Kind, Übergehen von Wünschen und Absichten des Kindes. — Spielsituation: Auch hier kaum Eingehen auf die Vorschläge und Absichten des Kindes. Wenig verbale Kommunikation; wenn doch, dann von seiten der Mutter belehrend bzw. abweisend. Ebenso keine verbale oder non-verbale emotionale Zuwendung.	*Die Hausaufgaben- und Spielsituationen werden vom Berater durch eine Einwegscheibe beobachtet und zudem per Video-Recorder aufgezeichnet.*
(2) (3)	Zusammenfassung und Abwägung der Informationen durch den Berater und Formulierung von Hypothesen: — Zielinadäquates Erzieherverhalten. — Störungen im Beziehungsverhältnis zwischen Mutter und Kind. — Ungünstige Arbeitsbedingungen und -methoden.	*Die eingangs vorläufig formulierte Hypothese eines Defizits im Intelligenz- oder Konzentrationsbereich läßt sich aufgrund der hinzugekommenen Informationen nicht mehr aufrechterhalten.* *Die eine der neu formulierten Hypothesen — Störungen im Beziehungsverhältnis — weist darauf hin, daß der Berater eine Umdefinition des Problems insofern vornimmt, als damit nicht das Kind allein als Problemperson gesehen wird, sondern beide Interaktionspartner*

Zuordnung zum Verlaufsschema	Prozeßablauf	Kommentar
		als »Problemquellen« verstanden werden (Betonung des sozialen Feldes).
(4) (10)	Mitteilung an die Mutter (s. o.) kann aufrechterhalten werden.	Auch die neuen Informationen legen keine Überweisung an andere Stellen nahe.
(5) (11) (8) (9)	Gespräch mit der Mutter: Mitteilung der Ergebnisse der Informationserhebung und -verarbeitung und daraus abgeleitete Hypothesen. Gemeinsame Erarbeitung von Beratungs(teil)zielen: 1) Aufbau von zielgerichtetem, konsequentem Erzieherverhalten. 2) Intensivierung der Zuwendung und des Eingehens der Mutter auf das Erleben und die Bedürfnisse des Kindes. 3) Verbesserung der situativen Arbeitsbedingungen des Kindes. Gespräch mit dem Kind: Altersadäquate Vermittlung der Testergebnisse und deren Bedeutung für den Jungen sowie für den weiteren Beratungsprozeß. Besprechung der Beratungsziele und Abklärung der Bereitschaft zur Mitarbeit daran.	Gerade in dieser Phase kommt der Kontrolle der Auswirkung auf den Klienten (vgl. Punkt (8) des Verlaufsschemas) und der Abklärung seines Interesses an Weiterarbeit (Punkt (9) des Verlaufsschemas) hervorragende Bedeutung zu: Werden im Rahmen der gemeinsamen Zielfestlegung Bedenken oder Einwände des Klienten nicht wahrgenommen oder berücksichtigt, wird seine Weiterarbeit unter für ihn nur schwer zu akzeptierenden Bedingungen gefordert, so kann das zu einer erheblichen Beeinträchtigung der nachfolgenden Beratungsarbeit und deren Effektivität führen. In dieser Phase sind grundsätzlich auch längere Selbsterfahrungsprozesse denkbar. Im Gespräch mit dem Kind verdeutlicht der Berater insbesondere, daß auch die Mutter als Zielperson verstanden und die Probleme als Probleme beider Interaktionspartner gesehen und angegangen werden.
(12) (8) (13) (9)	Aufstellung eines Beratungsplans durch den Berater in Abstimmung mit dem Klienten unter Berücksichtigung der dem Berater zur Verfügung stehenden methodisch-didaktischen, räumlichen und zeitlichen Möglichkeiten der Intervention. Dabei wird den Klienten verdeutlicht, daß die Unter-	Bei der Planung der konkreten Interventionen orientiert sich der Berater an den gemeinsam mit dem Klienten erarbeiteten Zielen einerseits und der – nach dem derzeitigen Kenntnisstand zu erwartenden – Wirksamkeit einzelner Elemente der Beratung zur Zielerreichung andererseits.

Zuordnung zum Verlaufsschema	Prozeßablauf	Kommentar
	teilung der Problematik in einzelne Teilbereiche und -ziele zur größeren Transparenz beitragen und die Problembearbeitung erleichtern soll, daß jedoch eine grundlegende Änderung nur im Zusammenspiel sämtlicher Einzelbereiche zu erwarten ist.	*Es wird dagegen nicht geplant, Elemente einer bestimmten Beratungs-»Schule« auf jeden Fall und vorrangig zum Einsatz zu bringen, sondern es wird davon ausgegangen, daß Veränderungen durch Beratung alle drei Veränderungsbereiche («Beziehung«, »Verhaltens«, »Selbsterfahrung«) tangieren und die Interventionselemente je nach Schwerpunktsetzung (d. h. nach dem angesteuerten Ziel bzw. Teilziel) aus unterschiedlichen Ursprungskonzepten abgerufen werden. Hinsichtlich des methodisch-didaktischen Vorgehens wird versucht, einen möglichst breiten Fächer von Vorgehensweisen zur Anwendung zu bringen (z. B. Informationsvermittlung, Verhaltensübungen, Video- und Tonrückmeldung, Lernen am Modell u. a. m.) um den Lernprozeß der Klienten zu intensivieren und damit eine Übertragbarkeit auf andere Situationen sowie eine raschere Ablösung der Klienten von dem Berater zu ermöglichen.*
(14) (8) (9)	1. Intervention Teilziel 1): – Informationsvermittlung an die Mutter: Grundinformationen über die Elemente »Positive Verstärkung«, »negative Verstärkung«, »Löschung« sowie »Lernen am Modell« zur Steuerung von Verhalten. – Video-Rückmeldung an die Mutter: Verdeutlichung der o. g. Grundinformationen anhand ihres in der Verhaltensbeobachtung gezeigten Verhaltens; dabei aufzeigen von Alternativverhalten.	*Die beraterischen Interventionen können hier nicht alle gleichzeitig begonnen werden, sondern müssen der Verarbeitungskapazität der Klienten angemessen sein. Daß hier zunächst Gesichtspunkte des Veränderungsbereichs »Verhalten« angegangen werden, ist Resultat einer Absprache zwischen Berater und Klienten, ist aber nicht Ausdruck einer grundsätzlichen oder auf diese Gesamtproblematik bezogenen Priorisierung dieses Veränderungsbereichs und der entsprechenden Interventionselemente.*

Zuordnung zum Verlaufsschema	Prozeßablauf	Kommentar
	– Hausaufgabe für die Mutter: Vertiefung der Grundinformation durch Lektüre eines leicht verständlichen Buches zu diesem Thema. Erstellung von Tonbandaufnahmen bei den Hausaufgabensituationen. Teilziel 3): – Informationsvermittlung an Mutter und Kind: Informationen über günstige äußere Bedingungen am Arbeitsplatz und hilfreiche Arbeitsmethoden (Pausen, Verstärkung, etc.). – Hausaufgabe für den Jungen: Aufschreiben aller für den Jungen interessanten (ablenkenden) Dinge in seinem Spiel-/Arbeitszimmer 2. Intervention Teilziel 1): – Lernen am Modell: Modell-Verhalten des Beraters in Bezug auf die o. g. verhaltenssteuernden Elemente in einer Hausaufgabensituation mit dem Kind; dabei insbesondere Lob bei konzentriertem und Löschung von störendem Verhalten. Ferner ausdrückliches Eingehen auf die Äußerungen und Bedürfnisse des Kindes im partner-zentrierten Gespräch (dabei Erstellung einer Video-Aufzeichnung). – Informationsvermittlung an die Mutter: Besprechung der Video-Aufnahme mit dem Modell-Verhalten des Beraters unter Herausarbeitung der wesentlichen verhaltenssteuernden Aspekte.	*Zu Beginn jeder Beratungssitzung werden im klientenzentrierten Gespräch die bisherigen Erfahrungen des Klienten mit dem Beratungsprozeß bzw. einzelnen Beratungselementen besprochen, und die Zielumsetzung eventuell behindernde Gesichtspunkte herausgearbeitet; dann erst werden weitere Beratungsschritte realisiert.*

Zuordnung zum Verlaufsschema	Prozeßablauf	Kommentar

- Hausaufgabe für die Mutter: Weiterhin Tonbandaufnahmen von den Hausaufgabensituationen.

Teilziel 3):
- Informationsvermittlung an Mutter und Kind: Ausgangsmaterial ist die von dem Kind erstellte Liste interessanter (und ablenkender) Dinge in seinem Spiel-/Arbeitszimmer. Information über die Möglichkeit der Eigensteuerung von Verhalten durch Situationsmanipulation.
- Hausaufgabe für Mutter und Kind: Veränderung der äußeren Situation am häuslichen Arbeitsplatz. Entfernung aller Störreize bzw. Wahl eines neuen Arbeitsplatzes, der ausschließlich für diesen Zweck genutzt wird.

3. Intervention
Teilziel 1):
- Rückmeldung an die Mutter: Besprechung von Tonbandausschnitten der Hausaufgabensituationen bezüglich des Verhaltens der Mutter in den angezielten Bereichen.
- Hausaufgabe für die Mutter: Weiterhin Tonbandaufnahmen von den Hausaufgabensituationen.

Teilziel 2):
- Informationsvermittlung an die Mutter: Ziele und Elemente des partner-zentrierten Gesprächs. Demonstration der Elemente »Partner-zentriertes Zuhören«, »Erfassen des Bedeutungsgehalts« und »Verbalisierung des verstandenen Bedeutungsge-

161

Zuordnung zum Verlaufsschema	Prozeßablauf	Kommentar
	halts« anhand der Modell-Sitzung mit dem Berater (vgl. 2. Intervention).	
	– Rollenspiel mit der Mutter: Zu den Elementen »Partnerzentriertes Zuhören« und »Erfassen des Bedeutungsgehalts«. Der Berater übernimmt die Rolle des Kindes. Beginn mit einzelnen Sätzen, Steigerung auf mehrere Sätze. Erfassen des Bedeutungsgehalts zunächst nur in Form einer inhaltlichen Analyse, noch keine Verbalisierung.	
4. Intervention Teilziel 2):		
	– Rollenspiel mit der Mutter: Wie oben (vgl. 3. Intervention), jedoch Hinzunahme des Elements »Verbalisierung des verstandenen Bedeutungsgehalts«.	
	– Verhaltensübung mit unmittelbarer Rückmeldung für die Mutter: Eingehen auf den »inneren Bezugsrahmen« des Kindes durch partner-zentrierte Gesprächsführung in unterschiedlichen Situationen (Spielsituation, Arbeitssituation, Planung gemeinsamer Aktivitäten). Verstärkung für gelungene Ansätze zur »Verbalisierung des verstandenen Bedeutungsgehalts«.	*Die Verstärkung erfolgt in Form kurzer verbaler Zustimmung für das vorher präzisierte Zielverhalten durch den hinter einer Einwegscheibe sitzenden Berater über einen drahtlosen Sender-Empfänger-Set (»Knopf im Ohr«).*
	– Hausaufgabe für die Mutter: Anwendung partnerzentrierter Gesprächsführung mit dem Kind während der Hausaufgabensituation (soweit dort möglich) sowie in Spielsituationen. Erstellung von	

Zuordnung zum Verlaufsschema	Prozeßablauf	Kommentar
	Ton- bzw. Video-Aufnahme (zuhause bzw. in der Beratungsstelle) darüber. 5. Intervention Teilziele 1) und 2): – Rückmeldung an die Mutter: Rückmeldung über ihr Verhalten in den Veränderungsbereichen »Verhalten« (z. B. »Positive Verstärkung« etc.) und »Beziehung« (z. B. »Verbalisierung des verstandenen Bedeutungsgehalts«) anhand der zwischenzeitlich erstellten Ton- und Video-Aufzeichnungen. Daraus abgeleitet: – Problemorientierte Selbsterfahrung der Mutter: Psychische Probleme der Mutter bei der Verwirklichung der Zuwendung zum Jungen und dessen Wünschen (kurzes Anreißen der Problematik; Vereinbarung, die problemorientierte Selbsterfahrung während der nächsten Intervention zu intensivieren).	*Bei vorzeitiger »Ausblendung« von Elementen des Veränderungsbereichs »Selbsterfahrung« durch den Berater (z. B. weil sich dieser einer bestimmten »Schule« der Beratung verpflichtet fühlt, der diesen Aspekten keinen Raum läßt) würde hier anstelle einer Phase problemorientierter Selbsterfahrung evtl. eine Intensivierung des Gesprächstrainings vorgesehen werden. Dieses würde aber über den Rahmen einer problemorientierten Veränderung der Gesprächstechnik nicht hinauskommen, da die zugrundeliegenden Haltungen und Einstellungen der Mutter ungeklärt bleiben würden. Eine Veränderung der Gesprächstechnik ohne damit einhergehende Einstellungsänderung kann jedoch kaum in einer verbesserten Beziehung zu dem Kind resultieren.*

Zuordnung zum Verlaufsschema	Prozeßablauf	Kommentar
(15) (17)	Teilziel 1): Die Mutter hat gelernt, wesentliche Elemente des Veränderungsbereichs »Verhalten« stärker zu beachten und konsequenter einzusetzen. Teilziel 2): Die Intensivierung der Zuwendung und des Eingehens der Mutter auf das Erleben und die Bedürfnisse des Kindes wird durch psychische Blockaden bei der Mutter behindert. Zwar versteht sie manche Wünsche und Bedürfnisse des Kindes besser, kann diese aber oft nicht akzeptieren. Teilziel 3): Die situativen Bedingungen bei den Hausaufgaben sind hinsichtlich der äußeren Gestaltung (Arbeitsplatz) und der Arbeitsmethodik (Pausen, Verstärkungen) so verändert worden, daß ein konzentriertes Arbeiten möglich ist.	*Die Veränderungen in den Teilzielen 1) und 3) werden von Berater und Klienten übereinstimmend als so weit erreicht angesehen, daß hier keine weitere Unterstützung durch den Berater erforderlich ist.* *Teilziel 2) ist noch nicht erreicht. Eine neue Zielbestimmung ist nicht notwendig. (vgl. Punkt (16) des Verlaufsschemas), da ein wesentlicher Gesichtspunkt der Gesamtproblematik nach wie vor die Intensivierung des Eingehens der Mutter auf das Kind ist; aber der Berater muß für dieses Teilziel eine erneute Planung der Beratungsdurchführung vornehmen (d. h. den Prozeßablauf ab Punkt (12) des Verlaufsschemas wiederholen).* *Die Planung wird hier durch die Tatsache mitbestimmt, daß die Mutter selbst bereits erkannt hat, daß einzelne, in ihrer Person liegende Aspekte die Zielumsetzung beeinträchtigten. In anderen Fällen ist es z. B. denkbar, daß derartige blockierende Gesichtspunkte von anderen Familienmitgliedern oder vom Berater thematisiert werden.*
(14) (8) (9)	6. Intervention Teilziel 2): – Problemorientierte Selbsterfahrung der Mutter: Thematik: Erklärung von Erziehungszielen. Die Mutter ist sich bezüglich der Frage, wieviel Freiheiten und Spielraum sie dem Kind lassen soll, zunächst völlig unklar. Arbeitet dann heraus, daß sie auch für ihr Gefühl Interessen und Bedürf-	*Die problemorientierte Selbsterfahrung erfolgt im Kontext klienten-zentrierter Gesprächsführung.*

Zuordnung zum Verlaufsschema	Prozeßablauf	Kommentar
	nisse des Kindes zu schnell ablehne. Kommt dann zu der Klarheit, daß sie bei gegenläufigen Vorstellungen zwischen dem Kind und sich selbst immer nur »schwarz oder weiß« handelt und damit eben meist ihre eigenen Vorstellungen realisiere. Wird sich deutlicher über den Wunsch, Zwischenstufen zwischen »schwarz« und »weiß« verwirklichen zu können, um dem Kind mehr Freiraum zu lassen (»es soll ja auch mal selbständig werden«), ohne es jedoch dabei »führungs- und anleitungslos wie manche andere Kinder aus geschiedenen Ehen allein dahinvegetieren zu lassen«. Überlegung, wie diese Zwischenstufen in der täglichen Erziehungssituation praktiziert werden könnten. – Informationsvermittlung an die Mutter: Hinweis auf die Realisierungsmöglichkeit der angestrebten Zwischenstufen durch partnerschaftliches Aushandeln gemeinsamer Lösungen bei unterschiedlichen Interessen. 7. Intervention Teilziel 2): – Informationsvermittlung an Mutter und Kind: Verdeutlichung des Modells der »Konfliktlösung ohne Verlierer« und Erläuterung der einzelnen Stufen anhand von Beispielen. – Lernen am Modell des Beraters: Konflikt vom gleichen Tag wird als Demonstrationsbeispiel für	*Die Erkenntnisse aus dem problemorientierten Selbsterfahrungsprozeß werden wieder in den Veränderungsbereich »Beziehung« integriert, indem die im Selbsterfahrungsprozeß geklärten Absichten durch konkretes Interaktionsverhalten auf der Beziehungsebene realisiert werden*

Zuordnung zum Verlaufsschema	Prozeßablauf	Kommentar
	das Aushandeln einer beiderseits akzeptierten Lösung verwendet. – Verhaltensübungen mit Mutter und Kind: Anhand verschiedener Konfliktsituationen werden von Mutter und Kind die 6 Stufen der »Konfliktlösung ohne Verlierer« gemeinsam unter Supervision des Beraters erarbeitet. – Hausaufgabe für Mutter und Kind: In 3 häuslichen Konfliktsituationen »Konfliktlösung ohne Verlierer« praktizieren, dabei Tonbandaufnahmen erstellen.	*Die durchgeführten Verhaltensübungen beziehen auch den Veränderungsbereich »Verhalten« mit ein, indem dort Elemente zur Verhaltenssteuerung (z. B. »Positive Verstärkung«, »Lernen am Modell«) durch den Berater eingesetzt werden. Dies erinnert an den Sachverhalt, daß viele Interventionselemente im Rahmen der Erziehungsberatung sowohl zwischen Berater und Klient als auch zwischen den Klienten (hier: Mutter und Kind) zur wirksamen Verhaltensmodifikation verwendet werden.*
	8. Intervention Teilziel 2): – Rückmeldung für Mutter und Kind: Besprechung der Art und Inhalte der Konfliktlösung in den drei Fällen. – Informationsvermittlung für Mutter und Kind: Hinweise auf Generalisierbarkeit dieses Vergeben. Teilziel 2):	
(15) (17)	Größere Klarheit der Mutter über ihre Erziehungsziele sowie ihre neu erworbene Fähigkeit, beim Auftreten unterschiedlicher Interessen diese differenzierter zu sehen und zu behandeln, haben die Streithäufigkeit zwischen Mutter und Kind reduziert, und erlauben der Mutter eine intensivere Zuwendung zu dem Kind, da sie angstfreier mit dessen Anforderungen umzugehen vermag.	*Auch das Teilziel 2) ist damit erreicht und die Gesamtberatung kann beendet werden. Im abschließenden Gespräch weist der Berater auf die Möglichkeit hin, bei neuen – oder wieder auftauchenden – Problemen wieder zur Beratung zu kommen.*

Literatur

Adler, A. *Praxis und Theorie der Individualpsychologie.* Darmstadt: Wissenschaftliche Buchgesellschaft, 1965.
Ahrens, H. & Stäcker, K. Diagnostische Urteilsbildung und sprachliche Kommunikation. *Z. Sozialpsychol,* 1975, 6, 129–149.
Alexander, F. & French, T. M. *Psychoanalytic Therapy.* New York: Ronald Press, 1946.
Alisch, L. M. & Rössner, L. *Grundlagen einer generellen Verhaltenstheorie.* München: Reinhardt, 1977.
Arbuckle, D. S. *Counseling: philosophy, theory and practice.* Boston: Allyn and Bacon, 1970.
Argyle, M. *Soziale Interaktion.* Köln: Kiepenheuer & Witsch, 1972.
Balint, M. *Der Arzt, sein Patient und die Krankheit.* Stuttgart: Klett, 1957.
Bandura, A. *Principles of behavior modification.* New York: Holt, 1969.
Bandura, A. Psychotherapy based upon modelling principles. In: A. E. Bergin & S. L. Garfield (Eds.) *Handbook of psychotherapy and behavior change.* New York: Wiley, 1971, 653–708.
Bandura, A., Blanchard, E. B. & Ritter, B. Relative efficacy of desensitisation and modeling approaches for inducing behavioral, affective and attitudinal changes. *Journal of Personality and Social Psychology,* 1969, 13, 173–199.
Bandura, A., Grusec, J. E. & Menlove, F. L. Vicarious extinction of avoidance behavior. *Journal of Personality and Social Psychology,* 1967, 5, 16–23.
Bandura, A. & Huston, A. C. Identification as a process of incidental learning. *Journal of Abnormal and Social Psychology,* 1961, 63, 311–318.
Bandura, A. & Walters, R. H. *Social learning and personality development.* New York: Holt, 1963.
Barclay, R. *Counseling and philosophy: a theoretical exposition.* Boston: Houghton Mifflin, 1968.
Bartlett, C. J. & Green, C. G. Clinical prediction: does one sometimes know too much? *Journal of Counseling Psychology,* 1966, 13, 267–270.
Bastine, I. Beurteilung und Beurteilungsverfahren (Diagnostik) im Hinblick auf Beratung. In: W. Hornstein, R. Bastine, H. Junker und C. Wulf (Eds.) *Funkkolleg Beratung in der Erziehung,* Bd. 1, Frankfurt: Fischer TB, 1977.
Bastine, R. Ansätze zur Formulierung von Interventionsstrategien in der Psychotherapie. In: P. Jankowski, D. Tscheulin, H. J. Fietkau & F. Mann (Eds.) *Klientenzentrierte Psychotherapie heute.* Göttingen: Hogrefe, 1976, 193–207.
Becker, A. M. Die Behandlungstechnik in der Psychoanalyse. In: W. Schraml & U. Baumann (Eds.) *Klinische Psychologie I.* Bern: Huber, 1975.
Becker, W. C. *Spielregeln für Eltern und Erzieher. Lehrprogramm zur Führung von Kindern auf verhaltenspsychologischer Grundlage.* München: Pfeiffer, 1974.
Bergold, J. Experimentelle und Klinische Untersuchungen zur Desensibilisierung: Eine Literaturübersicht. *Schweizerische Zeitschrift für Psychologie,* 1969, 28, 229–256.
Bergold, J. *Lerntheoretische Grundlagen für Theorie und Praxis der Psychiatrie.* Unv. Diskussionspapier Nr. 1 aus dem Psychologischen Institut der FU Berlin, FB 11. 1978.

Bergold, J. & Selg, H. Verhaltenstherapie. In: W. Schraml & U. Baumann (Eds.) *Klinische Psychologie I.* Bern: Huber, 1975.
Berne, E. *Games people play.* New York: Grove, 1961. Deutsch: *Spiele der Erwachsenen.* Reinbeck: Rowohlt, 1975.
Binswanger, L. *Ausgewählte Vorträge und Aufsätze.* Bern: Francke, 1955.
Bion, W. R. *Erfahrungen in Gruppen.* Stuttgart: Klett, 1970.
Blaser, A. *Der Urteilsprozeß bei der Indikationsstellung zur Psychotherapie.* Bern: Huber, 1977.
Blocher, D. H. *Developmental Counseling.* New York: Roland, 1965.
Böllner, G., Tausch, A. M. & Tausch, R. Selbstkommunikation von psychiatrischen Patienten, körperlich erkrankten und gesunden Personen, Zusammenhang mit Persönlichkeitsmerkmalen. *Zeitschrift für Klinische Psychologie,* 1975, *4,* 101—111.
Bommert, H. *Grundlagen der Gesprächspsychotherapie.* Stuttgart: Kohlhammer, 1977.
Bommert, H. & Dahlhoff, H. D. (Eds.) *Das Selbsterleben (Experiencing) in der Psychotherapie.* München: Urban & Schwarzenberg, 1978.
Bommert, H., Jelinek, H., Landgraf, G., Misek, K., Olbrich, M., Plessen, U. & Zierott, J. Effekte kombinierter Verhaltensmodifikation bei Sonderschülern. *Zeitschrift für Klinische Psychologie,* 1978, *7,* 81—89.
Breuer, F. & Seeger, F. *Erfahrungen und erste Ergebnisse aus Interviews mit praktisch tätigen Psychologen in Beratung und Therapie.* Unveröffentlichter Forschungsbericht, Universität Münster, 1977.
Brickenkamp, R. (Ed.) *Handbuch psychologischer und pädagogischer Tests.* Göttingen: Hogrefe, 1975.
Bundeszentrale für Gesundheitliche Aufklärung (Ed.) *Beratungsführer.* Köln, 1975.
Carlson, R. E. Effect of applicant sample on ratings of valid information in an employment setting. *Journal of Applied Psychology,* 1970, *54,* 217—222.
Cronbach, L. J. Beyond the two disciplines of scientific Psychology. *American Psychologist,* 1975, *30,* 116—127.
Cronbach, L. J. & Gleser, G. L. *Psychological tests and personell decisions.* Urbana: University of Illinois Press, 1965.
Cunningham, L. M. & Peters, H. J. *Counseling Theories.* Columbus: Ch. E. Merrill, 1973.
Dehmelt, P., Kuhnert, W. & Zinn, A. *Diagnostischer Elternfragebogen. DEF.* Weinheim: Beltz, 1974.
Duhm, E. Das Beratungsgespräch als Lernsituation. *Psychologische Beiträge,* 1965, *8,* 222—236.
Dustin, R. & George, R. *Action counseling for behavior change.* New York: Intext Educ. Publ., 1973.
Eckardt, H. H. Möglichkeiten des Einsatzes der elektronischen Datenverarbeitung in der psychologischen Eignungsdiagnostik. In: J. K. Triebe & E. Ulich (Eds.) *Beiträge zur Eignungsdiagnostik.* Bern: Huber, 1977.
Eckert, A. F., Huppmann, G. & Hellhammer, D. Grundlagen elektronischer Meßtechnik in der Klinischen Psychologie. In: L. Pongratz (Ed.) *Handbuch der Psychologie, Klinische Psychologie,* Bd. 8/2. Göttingen: Hogrefe, 1978, 1428—1470.
Einhorn, H. J. Use of nonlinear, noncompensatory models as a function of task and amount of information. *Organ. Behav. Human Performance,* 1971, *6,* 1—28.
Eisele, U., Dornette, W. & Fritsch, G. Arbeitsmodell zur funktionalen Diagnostik kindlicher Entwicklungsstörungen. In: W. H. Tack (Ed.) *Bericht 30. Kongr. DGfP Bd. 2,* Göttingen: Hogrefe, 1977.
Ellis, A. *Reason and emotion in psychotherapy.* New York: Stuart, 1973. Deutsch: *Die rational-emotive Therapie.* München: Pfeiffer, 1977.

Engelbrecht, W. Weiterentwicklung der maschinellen Testbefundinterpretation zur EUB-Testbatterie. *Diagnostica*, 1978. *24*, 39—49.

Ertle, Ch. *Erziehungsberatung.* Stuttgart: Klett, 1976.

Eysenck, H. J. Learning theory and behavioral therapy. *Journal of Mental Sciences*, 1959, *105*, 61—75.

Eysenck, H. J. *Behavior Therapy and the neuroses.* London: Pergamon Press, 1960.

Fiedler, P. A. Diagnostische und therapeutische Verwertbarkeit kognitiver Verhaltensanteile. In: N. Hoffmann (Ed.) *Kognitionstherapien.* Bern: Huber, 1978.

Fiedler, P. A. Gesprächsführung bei verhaltenstherapeutischen Explorationen. In: D. Schulte (Ed.) *Diagnostik in der Verhaltenstherapie.* München: Urban & Schwarzenberg, 1976.

Ford, D. & Urban, H. *Systems of psychotherapy.* New York: Wiley, 1967.

Foulkes, S. H. & Anthony, E. J. *Group psychotherapy.* London: Penguin books, 1965.

Frankl, V. E. *Die Psychotherapie in der Praxis.* Wien: 1961.

Freud, A. *Das Ich und die Abwehrmechanismen.* London: Imago Publ., 1946.

Freud, A. *Einführung in die Technik der Kinderanalyse.* München: Reinhardt, 1973.

Freud, S. *Studien über Hysterie* (1895). G. W. I, London: Imago Publ., 1952.

Freud, S. *Über Psychotherapie* (1905). G. W. V, London: Imago Publ., 1942.

Freud, S. *Erinnern, Wiederholen und Durcharbeiten* (1914). G. W. X, London: Imago Publ., 1946.

Freud, S. *Das Ich und das Es* (1923). G. W. XIII, London: Imago Publ., 1940.

Freud, S. *Abriß der Psychoanalyse* (1938). G. W. XVII, London: Imago Publ., 1938.

Fromm, E. *Man for himself.* New York: Holt, Rinehart & Winston, 1947. Deutsch: *Psychoanalyse und Ethik.* Stuttgart: Diana, 1954.

Fromm-Reichmann, F. *Intensive Psychotherapie.* Stuttgart: Hippokrates, 1959.

Garfield, J. C., Weiss, S. L. & Pollack, E. A. Effects of the child's social class on school counselors decision making. *Journal of Counseling Psychology*, 1973, *20*, 166—168.

Gelfand, D. M. & Hartmann, D. P. Behavior therapy with children: a review and evaluation of research methodology. *Psychological Bulletin*, 1968, *3*, 204—215.

Gendlin, E. A theory of personality change. In: J. T. Hart & T. M. Tomlinson (Eds.) *New directions in client-centered therapy.* Boston: Houghton Mifflin, 1970.

Glasser, W. *Reality therapy.* New York: Harper & Row, 1965. Deutsch: *Realitätstherapie.* Weinheim: Beltz, 1972.

Goldberg, L. R. Man versus model of man: a rationale plus some evidence, for a method of improving on clinical inferences. *Psychological Bulletin*, 1970, *73*, 422—432.

Goldfried, M. R. Systematic desensitisation as training in self control. *Journal of Consulting and Clinical Psychology*, 1971, *37*, 228—234.

Goldstein, A. P. *Strukturierte Lerntherapie.* München: Urban & Schwarzenberg, 1978.

Gordon, T. *Familienkonferenz.* Hamburg: Hoffmann & Campe, 1972.

Gordon, T. *Lehrer-Schüler-Konferenz.* Hamburg: Hoffmann & Campe, 1977.

Grabitz, H. J. & Haisch, J. Umbewertung von unterstützender und widersprechender Information. *Archiv für Psychologie*, 1972, *124*, 133—144.

Green, B. F. Descriptions and explanations: a comment on papers by Hoffmann and Edwards. In: B. Kleinmutz (Ed.) *Formal representation of human judgement*. New York: Wiley, 1968.

Hämmerling-Balzert, C. Grundlagen, Probleme und Ergebnisse der psychoanalytischen Therapie. In: L. Pongratz (Ed.) *Handbuch der Psychologie, Klinische Psychologie*, Bd. 8/2. Göttingen: Hogrefe, 1978, 1884—1910.

Hall, M. H. A conversation with Carl Rogers. *Psychology Today*, 1967, *1*, 19—21, 62—66.

Hartig, M. Die Anwendung von Techniken der Selbstkontrolle in der Verhaltenstherapie. In: C. Kraiker (Ed.) *Handbuch der Verhaltenstherapie*, München: Kindler, 1974, 325—350.

Hayes, J. R. Strategies in judgemental research. In: B. Kleinmuntz (Ed.) *Formal representation of human judgement*. New York: Wiley, 1968.

Heigl-Evers, A. *Konzepte der analytischen Gruppenpsychotherapie*. Göttingen: Vandenhoeck & Ruprecht, 1972.

Hetherington, E. M. & Frankie, G. Effects of parental dominance, warmth and conflict on imitation in children. *Journal of Personality and Social Psychology*, 1967, *6*, 119—125.

Hoffman, P. J. Cue-consistency and configurality in human judgement. In: B. Kleinmuntz (Ed.) *Formal representation of human judgement*. New York: Wiley, 1968.

Hollingshead, A. B. & Redlich, F. C. *Social class and mental illness*. New York: Wiley, 1958.

Horney, K. *Neurosis and human growth*. New York: Norton 1950. Deutsch: *Neurose und menschliches Wachstum*. München: Kindler, 1975.

Innerhofer, P. Ein Regelmodell zur Analyse und Intervention in Familie und Schule. *Zeitschrift für Klinischer Psychologie*, 1974, *3*, 1—29.

Innerhofer, P., Leinhofer, G. & Gottwald, P. Generalisationseffekt des Regeltrainings bei verhaltensgestörten Sonderschulkindern. *Zeitschrift für Klinische Psychologie*. 1975, *4*, 160—180.

Innerhofer, P., Hutter, D., Gottwald, P. & Bänninger, A. Das Regelspiel als Therapiemedium in der Verhaltenstherapie emotional gestörter Kinder: Eine experimentelle Untersuchung. *Zeitschrift für Klinische Psychologie*, 1974, *3*, 170—192.

Jacobi, J. *Die Psychologie von C. G. Jung*. Zürich: Rascher, 1959.

Jacobi, J. R., & Bastine, R. Theorien und Elemente psychotherapeutischer Beeinflussung. In: W. Hornstein, R. Bastine, H. Junker & C. H. Wulf (Eds.) *Funkkolleg Beratung in der Erziehung*. Frankfurt a. M.: Fischer Taschenbuchverlag, 1977.

Jankowski, P. Diagnostik in der Erziehungs- und Familienberatung. In: L. Pongratz (Ed.) *Handbuch der Psychologie: Klinische Psychologie*. Bd. 8/2, Göttingen: Hogrefe, 1978.

Junker, H. Theorien der Beratung. In: W. Hornstein, R. Bastine, H. Junker & C. H. Wulf (Eds.) *Funkkolleg Beratung in der Erziehung*. Frankfurt a. M.: Fischer Taschenbuchverlag, 1977.

Kaminski, G. *Verhaltenstheorie und Verhaltensmodifikation*. Stuttgart: Klett. 1970.

Kanfer, F. Die Aufrechterhaltung des Verhaltens durch selbsterzeugte Stimuli und Verstärkung. In: M. Hartig (Ed.) *Selbstkontrolle*. München: Urban und Schwarzenberg, 1973.

Kanfer, F., & Karoly, P. Self-control: A behavioristic excursion into the lion's den. *Behavior Therapy*, 1972, *3*, 398—416.

Kanfer, F., & Phillips, J. *Learning foundations of behavior Therapy*. New York: Wiley, 1970. Dt.: *Lerntheoretische Grundlagen der Verhaltenstherapie*. München: Kindler, 1975.

Kanfer, F., & Saslow, G. Behavioral diagnosis. In: C. M. Francis, (Ed.) *Behavior Therapy: Appraisal and status.* New York: Mc Graw Hill, 1969.
Karras, W. & Asam, V. »Repräsentativität« und klinische Urteilsbildung: Eine Untersuchung zum Urteilsverhalten klinischer Experten. *Z. exp. angew. Psychol.,* 1976, *23,* 240—252.
Keil, S. (Ed.) *Familien- und Lebensberatung. Ein Handbuch.* Stuttgart: Kreuz-Verlag, 1975.
Kemmler, L. *Die Anamnese in der Erziehungsberatung.* Bern: Huber, 1974.
Kemmler, L. & Echelmeyer, L. Anamnese-Erhebung. In: L. Pongratz (Ed.) *Handbuch der Psychologie: Klinische Psychologie.* Bd. 8/2, Göttingen: Hogrefe, 1978.
Klein, M. *Zur Psychoanalyse des Kindes.* München: Reinhardt, 1971.
Kleinmuntz, B. Personality test interpretation by digital computer. *Science,* 1963, *139,* 416—418.
Kleinmuntz, B. The processing of clinical information by man and machine. In: B. Kleinmuntz (Ed.) *Formal representation of human judgement.* New York: Wiley & Sons, 1968.
Kleinmuntz, B. Clinical information processing by computer. In: Newcomb (Eds.) *New directions in psychology.* New York: Holt, Rinehart and Winston, 1970.
Koblank, E. *Die Erziehungsberatungsstelle.* Neuwied: Luchterhand, 1967.
Kovel, J. *A complete guide to therapy: From psychoanalysis to behavior modification.* New York, 1976. Dt.: *Kritischer Leitfaden der Psychotherapie.* Frankfurt a. M.: Campus, 1977.
Kraiker, C. Bemerkungen über die empirischen und theoretischen Grundlagen der Verhaltenstherapie. In: C. Kraiker (Ed.) *Handbuch der Verhaltenstherapie.* München: Kindler, 1974.
Krumboltz, J. *Revolution in counseling.* Boston: Hougthon Mifflin, 1966
Lazarus, A. A. *Multimodale Verhaltenstherapie.* Frankfurt a. M.: Fachbuchhandlung für Psychologie, 1978.
Leichner, R. Klinische Urteilsbildung. In: L. Pongratz (Ed.) *Handbuch der Psychologie: Klinische Psychologie.* Bd. 8/2, Göttingen: Hogrefe, 1978.
Lewis, E. C. *The psychology of counselling.* New York: Holt, 1970.
Lowen, A. The betrayal of the body. New York: Harper & Row, 1967.
Luria, A. R. & Judowitsch, F. J. *Die Funktion der Sprache in der geistigen Entwicklung des Kindes.* Düsseldorf: Schwann, 1973.
Lutz R. & Windheuser, H. J. Therapiebegleitende Diagnostik. In: D. Schulte (Ed.) *Diagnostik in der Verhaltenstherapie.* München: Urban & Schwarzenberg, 1976.
Lüders, W. *Psychotherapeutische Beratung.* Göttingen: Vandenhoeck & Ruprecht, 1974.
Mahoney, M. J. *Cognition and behavior modifikation.* Cambridge, Mass.: Ballinger, 1974.
Mahoney, M. J. *Kognitive Verhaltenstherapie.* München: Pfeiffer, 1977.
Marlatt, G. A. & Perry, M. A. Modelling methods. In: F. H. Kanfer & A. P. Goldstein (Eds.) *Helping People change.* New York: Pergamon Press, 1975.
Martin, D. G. *Gesprächspsychotherapie als Lernprozeß.* Salzburg: Otto Müller Verlag, 1975.
Martin, L. R. Ansätze einer Theorie der Bildungsberatung. In: K. Heller (Ed.) *Handbuch der Bildungsberatung.* Bd. II, Stuttgart: Klett, 1975.
Meehl, P. E. *Clinical versus statistical prediction.* Minneapolis: University of Minnesota Press, 1954.
Meehl, P. E. Reactions, reflections, projections. In: J. N. Butcher (Ed.) *Objective personality assessment.* New York: Mc Graw Hill, 1972.

Meichenbaum, D. H. Kognitive Faktoren bei der Verhaltensmodifikation: Veränderung durch Selbstgespräche. In: M. Hartig (Ed.) *Selbstkontrolle*. München: Urban und Schwarzenberg, 1973.

Meichenbaum, D. H. Self-instruction methods. In: F. H. Kanfer & A. P. Goldstein (Eds.) *Helping people change*. New York: Pergamon Press, 1975.

Meichenbaum, D. H. *Cognitive-behavior modification: An integrative approach*. New York: Plenum Press, 1977.

Meichenbaum, D. H. & Cameron, R. The clinical potential of modifying what clients say to themselves. *Psychotherapy, Research and Practice*, 1975, *11*, 103—117.

Meinhard, C. *Versuch einer vergleichenden schematischen Analyse der Fallbearbeitung in der Erziehungsberatung*. Unveröff. Dipl.-Arbeit. Psych. Institut der Uni Münster, 1976.

Menninger, K. A. & Holzmann, Ph. S. *Theorie der psychoanalytischen Technik*. Stuttgart: Frommann-Holzboog, 1977.

Merbaum, M. The modification of self-destructive behavior by a mother-therapistusing aversive stimulation. *Behavior Therapy*, 1973, *4*, 442—447.

Michel, L. Eine empirische Untersuchung zur klinischen Urteilsbildung. *Psych.Beitr.*, 1968, *10*, 572—590.

Miller, G. A. The magical number seven plus minus two: some limits to our capacity for processing information. *Psych. Review*, 1956, *63*, 81—97.

Miller, G. A. Galanter, E. & Pribram, K. H. *Strategien des Handelns*. Stuttgart: Klett, 1973.

Mischel, W. On the future of personality measurement. *American Psychologist*, 1977, *32*, 246-257.

Morgan, W. G. Nonnecessary conditions or useful procedures in desensitisation: a reply to Wilkins. *Psychological Bulletin*, 1973, *79*, 373—375.

O'Connor, R. D. Modification of social withdrawl through symbolic modelling. *Journal of Applied Behavior Analysis*, 1969, *2*, 15—22.

O'Leary, K. O. & Drabman, R. Token reinforcement programs in the classroom: a review. *Psychological Bulletin*, 1971, *75*, 379—398.

O'Leary, K. O. & O'Leary, S. G. (Eds.) *Classroom management: the successful use of behavior modification*. New York: Pergamon Press, 1972.

Oskamp, S. Overconfidence in case-study judgements. *Journal of Consulting Psychology*, 1965, *29*, 261—265.

Patterson, C. H. What is Counseling Psychology? *Journal of Counseling Psychology*, 1969, *16*, 23—29.

Patterson, C. H. *Theories of Counseling and Psychotherapy*. New York: Harper & Row, 1973.

Pawlow, I. P. *Conditioned reflexes*. London: Oxford University Press, 1927.

Perls, F. *Gestalt Therapy Verbatim*. New York 1969. Deutsch: *Gestalt-Therapie in Aktion*. Stuttgart: Klett, 1974.

Petermann, F. *Veränderungsmessung*. Stuttgart: Kohlhammer 1978.

Pfistner, H. J. *Erziehungsberatung*. Koblenz: Krieger, 1968.

Pongratz, L. J. *Lehrbuch der Klinischen Psychologie*. Göttingen: Hogrefe, 1973.

Quitmann, H., Tausch, A.-M. & Tausch, R. Selbstkommunikation von Jugendlichen und ihren Eltern, Zusammenhang mit Psychoneurotizismus und elterlichem Erziehungsverhalten. *Zeitschrift für Klinische Psychologie*, 1974, *3*, 193—204.

Rapaport, D. The structure of psychoanalytic therapy: a systematizing attempt. *Psychological Issues*, 1960, II, 2, New York: International University Press, 1—158.

Rogers, C. R. *Counseling and psychotherapy*. Boston: Houghton Mifflin, 1942. Deutsch: *Die nicht-direktive Beratung*. München: Kindler, 1976.

Rogers, C. R. *Client-centered therapy*. Boston: Houghton Mifflin, 1951. Deutsch: *Die klient-bezogene Gesprächstherapie*. München: Kindler, 1973.

Rogers, C. R. The necessary and sufficient conditions of therapeutic personality change. *Journal of Consulting Psychology*, 1957, *21*, 95—103.
Rogers, C. R. A theory of therapy, personality and interpersonal relationships as developed in the client-centered framework. In S. Koch (Ed.) *Psychology: A study of Science*, Vol. III. New York: Mc Graw Hill, 1959, 185—256.
Rogers, C. R. *On becoming a person*. Boston: Houghton Mifflin, 1961. Deutsch: *Entwicklung der Persönlichkeit*. Stuttgart: Klett, 1973 a.
Rogers, C. R. *Encounter-Gruppen*. München: Kindler, 1974.
Rollett, B. Kriterienorientierte Prozeßdiagnostik im Behandlungskontext. In: K. Pawlik (Ed). *Diagnose der Diagnostik*. Stuttgart: Klett, 1976, 131—148.
Rosen, J. N. *Psychotherapie der Psychosen*. Stuttgart: Hippokrates, 1964.
Rosenhan, D. L. On being sane in insane places. *Science*, 1973, *179*, 250—258.
Roth, H., Schlevoigt, G., Süllwold, F. u. Wicht, G, *Frankfurter Schulreifetest*. Weinheim: Beltz, 1965.
Rotter, J. *Social learning and clinical Psychology*. Englewood Cliffs, N. J.: Prentice Hall, 1954.
Ruffler, G. Kriterien für die Beendigung der psychoanalytischen Behandlung, *Psyche*, 1958, *12*, 88–123.
Sader, M. & Keil, W. Bedingungskonstanz in der psychologischen Diagnostik. *Arch. ges. Psychol.*, 1966, *118*, 279–308.
Schardt, L. P. Ansätze zu einer arbeitsorientierten Eignungsdiagnostik. In: J. K. Triebe & E. Ulrich (Eds.) *Beiträge zur Eignungsdiagnostik*. Bern: Huber, 1977, 214–240.
Scheller, R. & Heil, F. E. Beratung. In: Th. Herrmann, P. R. Hofstätter, H. P. Huber & F. E. Weinert (Eds.) *Handbuch psychologischer Grundbegriffe*. München: Kösel, 1977.
Schmidt, L. R. & Kessler, B. H. *Anamnese*. Weinheim: Beltz, 1976.
Schmook, C., Bastine, R., Henkel, P., Kopf, C. & Malchow, C. Verhaltensanalyse. In: W. J. Schraml & U. Baumann (Eds.) *Klinische Psychologie II*. Bern: Huber, 1974, 353—375.
Schott, F. Anwendungsmöglichkeiten einer Matrix aus zweidimensionalen Aufgabenklassen in der Psychologischen Therapie. *Psychologische Praxis*, 1973, *17*, 125—136.
Schraml, W. J. Das klinische Gespräch in der Diagnostik. In: W. J. Schraml & U. Baumann (Eds.) *Klinische Psychologie I*. Bern: Huber, 1975, 207—235.
Schubenz, S. Grundlagen und Anwendungen psychologischer Beratungen. *Psychol. Rundschau*, 1968, *19*, 1–8.
Schulte, D. Der diagnostische-therapeutische Prozeß in der Verhaltenstherapie. In: D. Schulte (Ed.) *Diagnostik in der Verhaltenstherapie*, München: Urban & Schwarzenberg, 1976, 2. Aufl., 60—73.
Schulte, D. und Kemmler, L. Systematische Beobachtung in der Verhaltenstherapie. In: D. Schulte (Ed.) *Diagnostik in der Verhaltenstherapie*. München: Urban & Schwarzenberg, 1976, 2. Aufl., 152—195.
Schultz-Hencke, H. *Lehrbuch der analytischen Psychotherapie*. Stuttgart: Thieme, 1951.
Schulz, D. Zur Fähigkeit des Diagnostikers linear bzw. non-linear zu kombinieren. *Zeitschrift für experimentelle und angewandte Psychologie*, 1975, *22*, 138—173.
Schulz von Thun, F. Psychologische Vorgänge in der zwischenmenschlichen Kommunikation. In: B. Fittkau, H.-M. Müller-Wolf & F. Schulz v. Thun (Eds.) *Kommunizieren lernen (und umlernen)*. Braunschweig: Westermann, 1977, 9—100.

Secord, P. F. & Backman, C. W. *Sozialpsychologie*. Frankfurt: Fachbuchhandlung für Psychologie, 1976.

Shapiro, M. B. A method of measuring psychological changes specific to the individual psychiatric patient. *British Journal of Medical Psychology*, 1961, *34*, 255—262.

Seidenstücker, G. & Weinberger, L. Entwicklung einer Angstliste. *Diagnostica*, 1978, *24*, 78—88.

Shemesh, S. S. Theoretical orientation and clinicans interpretation. *Psychol. Reports*, 1974, *34*, 714.

Shertzer, B. & Stone, S. C. *Fundamentals of Guidance*, Boston, Houghton Miffin 1976.

Siegfried, K. *Erziehungsberatung und Schulpsychologie*. Bern: Huber 1969.

Skinner, B. F. *The behavior of organism*. New York: Appleton century crofts, 1938.

Skinner, B. F. *Psychology in the understanding of mental disease* In: B. F. Skinner. *Cumulative record*. New York: Appleton century crofts 1959.

Skinner, B. F. *Contingencies of reinforcement*, New York: Appleton century crofts, 1969.

Skinner, B. F. *Science and human behavior*. New York: The free press, 1953. Dt. Übers.: Wissenschaft und menschliches Verhalten. München: Kindler, 1973.

Slavson, S. R. *Analytic group psychotherapie*, New York: Columbia University press, 1950.

Sletten, I. W., Schuff, S., Altmann, H. & Ulett, C. A. A stadewide computerized psychiatric system: demographic, diagnostic and mental status data. *Int. J. Soc. Psychiatry*, 1972, *18*, 30—40.

Spitznagel, A. Über die Gültigkeit einer Gültigkeitsuntersuchung. *Diagnostica*, 1967, *13*, 75—83.

Springbrett, B. Factors affecting the final decision in the employment-interview. *Canad. J. Psychol.*, 1958, *12*, 13—22.

Sullivan H. *The interpersonal theory of psychiatry*. New York: W. W. Norton & Company, 1953.

Tausch, R. *Gesprächspsychotherapie*, Göttingen: Hogrefe, 1975.

Tausch, R. & Tausch A.-M., Intrapersonelle Kommunikationsprozesse, Zusammenhang mit Psychoneutrozismus In: L. H. Eckensberger & U. S. Eckensberger (Eds.) *Bericht über den 28. Kongreß der Deutschen Gesellschaft für Psychologie in Saarbrücken 1972*. Göttingen: Hogrefe, 1974, 154—161.

Tausch, R. & Tausch, A.-M. *Erziehungspsychologie*, 8. Aufl. Göttingen: Hogrefe, 1977.

Taylor, H. C. & Russel J. T. The relationship of validity coefficients to the practical effectiveness of tests in selection. *J. appl. Psychol.*, 1939, *23*, 565—578.

Tharp, R. R. & Wetzel, R. J. *Behavior modification in the natural environment*, New York: Academic Press, 1969.

Tiedemann, J. Die Problematik der Schuleignungsdiagnose unter entscheidungstheoretischem Aspekt. *Z. Entw. Psychol. Päd. Psycholog.*, 1974, *6*, 124—132.

Triebe, J. K. *Das Interview im Kontext der Eignungsdiagnostik*, Bern: Huber 1976.

Triebe, J. K. & Ulich, E. Eignungsdiagnostische Zukunftsperspektiven: Möglichkeiten einer Neuorientierung. In: J. K. Triebe & E. Ulich (Eds.) *Beiträge zur Eignungsdiagnostik*. Bern: Huber, 1977.

Truax, C. B. & Carkhuff, R. R. *Toward effective counceling and psychotherapie*: training and practice. Chicago: Aldine Publ. Comp., 1967.

Überla, K. *Faktorenanalyse*. Berlin: Springer, 2. Aufl. 1971.
Waltert, A. Zur Formulisierung eignungsdiagnostischer Entscheidungsprozesse: Entwicklung und Evaluation eines Modells. In: J. K. Triebe & E. Ulich (Eds.) *Beiträge zur Eignungsdiagnostik*. Bern: Huber 1977.
Watzlawick, P. Beavin, J. & Jackson, J. *Pragmatic of human communication. A study of interactional patterns, pathologies and paradoxes.* New York, 1967. Dt. Übers.: *Menschliche Kommunikation. Formen, Störungen, Paradoxien*. Bern: Huber 1969.
Westmeyer, H. *Logik der Diagnostik*. Stuttgart: Kohlhammer 1972.
Westmeyer, H. Zur Beziehung zwischen Verhaltensdiagnose und Verhaltenstherapie. *Psychol. Rundschau*, 1975, 25, 282—288.
Westmeyer, H. The diagnostic process as a statistcal-causal analysis. *Theory and decicion*, 1975, 6, 57—86.
Westmeyer, H. Grundlagenprobleme psychologischer Diagnostik. In K. Pawlik (Ed.) *Diagnose der Diagnostik*. Stuttgart: Klett, 1976.
Westmeyer, H. Verhaltenstherapie: Anwendung von Verhaltenstheorien oder kontrollierte Praxis? In: H. Westmeyer & N. Hoffmann (Eds.) *Verhaltenstherapie*. Hamburg: Hoffmann & Campe Reader, 1977.
Wexley, K. N., Yokl, C. A. Kovacs, S. Z. & Sanders, R. E. Important of contrast effects in employment interviews. *J. appl. Psychol.*, 1972, 56, 45—48.
Wiggins, N. Individual differences in diagnostic judgements of psychosis and neurosis form the MMPI. *Educ. Psychol. Measment.*, 1971, 31, 199—214.
Wild-Missong, A. & Teuwsen. E. *Psychotherapeutische Schulen im Gespräch miteinander*. Salzburg: Müller, 1977.
Wilkins, W. Desensitisation: social and cognitive factors underlying the effectiveness of Wolpe's procedure. *Psychological Bulletin*, 1971, 76, 311—317.
Williams, C. D. The elimination of tantrum behavior by extinction procedures. *Journal of Abnormal and Social Psychology*, 1959, 59, 269—278.
Windheuser, J. & Niketta, R. *Eine deutsche Form der »Reinforcement survey schedule« von Cautela & Kastenbaum*. Vortrag, 4. Kongreß für Verhaltenstherapie, Münster, 1972.
Wolpe, J. *Psychotherapy by reciprocal inhibition*. Stanford: Standford University Press, 1958.
Wolpe, J. *The practice of behavior therapy*. Oxford 1969. dt. Übers.: *Praxis der Verhaltenstherapie*. Bern: Huber, 1974.
Wygotzky, L. S. *Denken und Sprechen*. Frankfurt: Fischer, 1972.
Zeck, T. Zur Entwicklung des Fernstudienlehrgangs »Ausbildung zum Beratungslehrer« des deutschen Instituts für Fernstudien an der Universität Tübingen. In: W. Arnhold (Ed.): *Texte zur Schulpsychologie und Bildungsberatung*. Bd. 2. Braunschweig: Westermann, 1977.

Autorenregister

Adler, A. 12,15,167
Ahrens, H. 53,167
Alexander, F. 15,167
Alisch, L.M. 38,167
Altman, H. 72,174
Anthony, E.J. 15,169
Arbuckle, D.S. 11,167
Argyle, M. 135,167
Asam, V. 66,67,171

Backman, C.W. 50,174
Balint, M. 15,167
Bandura, A. 111,118,119,124,167
Bänninger, A. 127,170
Barclay, R. 13,167
Bartlett, C. J. 52,167
Bastine, I. 10,49,167
Bastine, R. 45,80,167,170,173
Beavin, J. 12, 175
Becker, A.M. 16,167
Becker, W.C. 14,15,135,167
Bergold, J. 25,45,81,167,168
Berne, E. 12;168
Binswanger, L. 12,168
Bion, W.R. 15,168
Blanchard, E.B. 119,167
Blaser, A. 49,68,168
Blocher, D.H. 12,168
Böllner, G. 132,168
Bommert, H. 21,24,31,46,80,81,85,93, 94,98,100,168
Breuer, F. 78,168
Brickenkamp, R. 41,168
Bundeszentrale für gesundheitliche Aufklärung, 11,168

Cameron, R. 132,172
Carkhuff, R.R. 21,175
Cronbach, L.J. 72,168
Cunningham, L.H. 14,27,168

Dahlhoff, H.D. 21,168
Dehmelt, P. 41,42,168
Dornette, W. 32,168
Drabman, R. 125,172
Duhm, E. 9,10,168
Dustin, R. 10,168

Echelmeyer, L. 41,42,171
Eckardt, H.H. 67,71,72,168
Eckert, A.F. 42,168

Einhorn, H.J. 61,168
Eisele, V. 35,168
Ellis, A. 12,168
Engelbrecht, W. 71,72,169
Ertle, C.M. 11,12,169
Eysenck, H.J. 12,25,26,30,169

Fiedler, P.A. 42,113,169
Ford, D. 29, 169
Foulkes, S.M. 15,169
Frankie, G. 111,170
Frankl, V.E. 12,169
French, T.M. 15,167
Freud, A. 15,16,169
Freud, S. 12,14,15,17,18,30,169
Fritsch, G. 35, 168
Fromm, E. 12,15,169
Fromm-Reichmann, F. 15,169

Galanter, E. 32, 172
Garfield, J.C. 50,169
Gelfand, D.M. 113,169
Gendlin, E. 20,169
George, R. 10,168
Glasser, W. 12,169
Gleser, G.L. 168
Goldberg, L.R. 61,66,169
Goldfried, M.R. 81,169
Goldstein, A. P. 26,169
Gordon, T. 104,169
Gottwald, P. 125,127,170
Grabitz, H.J. 52, 169
Green, B.F. 52,54,55,56,64,65,167,170
Grusec, 124,167

Hämmerling-Balzert, C. 15,170
Haisch, J. 52,169
Hall, M.M. 21,170
Hartig, M. 129, 170
Hartmann, D.P. 113,169
Hayes, J.R. 64,65,170
Heigl-Evers, A. 15,170
Heil, F.E. 11,12,14,173
Hellhammer, D. 42,168
Henkel, P. 45,173
Hetherington, E.M. 111,170
Hoffmann, P.J. 61,170
Hollingshead, A.B. 50,170
Holzmann, P. S. 14,16,172
Horney, K. 12,15,170
Huppmann, G. 42, 168

Huston, A.C. 111,167
Hutter, D. 127,170

Innerhofer, P. 112,125,126,127,170

Jackson, J. 12,175
Jacobi, J.R. 10,15,170
Jankowski, P. 49,170
Jelinek, M. 31,168
Judowitsch, F. J. 132, 171
Jung, C. G. 15
Junker, H. 14,170

Kaminski, G. 32ff, 80, 170
Kanfer, F.H. 12,41,129,170f
Karoly, P. 129,170
Karrass, W. 66,67,171
Keil, S. 171
Keil, W. 11,51,173
Kemmler, L. 41,42,171,173
Kessler, B.H. 41,173
Klein, M. 15,171
Kleinmuntz, B. 56,57,170
Koblank, E. 11,170
Kopf, C. 45,173
Kovacs, S. 51
Kovel, J. 12, 170
Kraiker, C. 113,171
Krumboltz, J. 12,27,171
Kuhnert, W. 41,168

Landgraf, G. 31,168
Lazarus, A. A. 12,25,171
Leichner, R. 50,171
Leinhofer, G. 125,170
Lewis, E.C. 11,171
Lowen, A. 12,171
Lüders, W. 10,171
Luria, A. R. 132, 171
Lutz, R. 46,171

Mahoney, M. J. 26,80,171
Malchow, C. 45,173
Marlatt, G.A. 111,171
Martin, D. G. 21,171
Martin, L.R. 14,171
Meehl, P.E. 55,66,72,171
Meichenbaum, D.H. 12,113,132,172
Meinhard, C. 36,37,172
Menlove, F.L. 124,167
Menninger, K.A. 14,16,172
Merbaum, M. 123,172
Michel, L. 53,72,172
Miller, G.A. 32,52,172
Mischel, W. 70,172

Misek, K. 31,168
Morgan, W. G. 81,172

Niketta, R. 41,175

O'Connor, R.D. 111,119,172
O'Leary, K.O. 113,125,172
O'Leary, S. G. 113,172
Olbrich, M. 31,168
Oskamp, S. 53, 172

Patterson, C.H. 11,172
Pawlow, I.P. 25,110,172
Perls, F. 12,172
Perry, M.A. 111
Petermann, F. 47,172
Peters, M.J. 14,27,168
Pfistner, M.J. 11,172
Phillips, J. 12,170
Plessen, U. 31, 168
Pollack, E.A. 50,169
Pongratz, L.J. 14,25,29,172
Pribram, K.M. 32,172

Quitmann, H. 132,172

Rapaport, D. 12, 172
Redlich, F.C. 50,170
Ritter, B. 119,167
Rössner, L. 38,167
Rogers, C.R. 10ff,18,19,21ff,85,135, 172,173
Rollett, B. 72,173
Rosen, J.N. 15,173
Rosenhan, D.L. 51,173
Roth, H. 68,173
Rotter, J. 12,173
Ruffler, G. 16,173
Russel, J.T. 69, 174

Sader, M. 50,173
Sanders, R.E. 51, 175
Saslow, G. 41,171
Schardt, L.P. 72,173
Scheller, R. 11,12,14,173
Schleevoigt, G. 68,173
Schmidt, L.R. 41,173
Schmook, C. 45,173
Schott, F. 47,173
Schraml, W.J. 41,173
Schubenz, S. 9,173
Schuff, S. 72, 174
Schulte, D. 27,28,29,32,35,39,41,42, 45,173
Schultz-Henke, H. 15,173
Schulz, D. 61,173

Schulz von Thun, F. 93,173
Secord, P.F. 50,174
Seeger, F. 78,168
Seidenstücker, G. 41,174
Selg, H. 25,168
Shapiro, M. B. 25,26,174
Shemesh, S. S. 53,174
Shertzer, B. 10,11,174
Siegfried, K. 11,174
Skinner, B.F. 12,25,26,110,112,174
Slavson, S.R. 15,174
Sletten, I. W. 72,174
Spitznagel, A. 53,174
Springbett, B. 51,174
Stäcker, K. 53,167
Stone, S.C. 10,11,174
Süllwold, F. 68,173
Sullivan, H. 12,174

Tausch, A. 86 ff,132,168,172,174
Tausch, R. 21,86 ff,132,168,172,174
Taylor, H.C. 69
Teuwsen, E. 14,175
Tharp, R.R. 117,174
Tiedemann, J. 69,174
Triebe, J.K. 52,66,72,174,175
Truax, C.B. 21,175

Überla, K. 59,60,175
Ulett, C.A. 72,174
Ulich, E. 72,175
Urban, H. 29,169

Walters, R.H. 111,118,167
Waltert, A. 56,58,71,175
Watzlawik, P. 12,93,175
Weinberger, L. 41,174
Weiss, S. L. 50,169
Westmeyer, H. 30,42,53,62,63,64,72, 175
Wetzel, R.J. 117,174
Wexley, K.N. 51,175
Wicht, G. 68,173
Wiggins, N. 61,175
Wild-Missong, A. 14,175
Wilkins, W. 81, 175
Williams, C.D. 120,175
Windheuser, H.J. 41,46,171,175
Wolpe, J. 12,25,26,175
Wygotzki, L.S. 132,175

Yokl, C.A. 51,175

Zeck, T. 35, 175
Zierott, J. 31,168
Zinn, A. 41,168

Sachregister

Abstinenzhaltung 16
Änderungsintention 130
Änderungsquellen 82
Änderungswissen 35
aktuarisches Vorgehen 63, 66
Akzeptierung und Wertschätzung des Klienten 85
Anamnese 41
Arbeitsmethodik 132
Aufforderungsregel 126
Ausbildung 72
Ausgangsdaten 50, 54
Außenkriterien 70

Bedingungswissen 35
Beratungsdurchführung 45, 46
Beratungsplan 46
Beratungsschule 37,46,79
Bestrafung 123,125
Betroffenheit des Klienten 48
Beziehungsaspekt 78
— ebene 103
black-box-Strategie 54,55,58 64,66,70

counseling 10

Datenverarbeitung 54
Desensibilisierung 26,81
deskriptive Betrachtungsweise 53
Deutung 18
Diagnostik 25,27,32,48,108
diagnostisch-therapeutisches Handeln 28,35,39
Dimensionen zwischenmenschlicher Beziehung 86,107
Durchführungsobjektivität 50

Echtheit 20,23,85
Eigenaktivität 148
Eigensteuerungsmöglichkeiten des Klienten 114,118
Eigensteuerung von Verhalten 113, 128
Eigentumsregel 126
Eigenverantwortlichkeit des Klienten 148
einfühlendes Verstehen 20,85
Eingangsdaten 49,54
Eklektizismus 81
Empfänger 93,94
Encounter-Gruppe 135, 138

Entscheidungen
— institutionsorientiert 67
— klientenzentriert 67
Ereignisse, motivierende 126
Erfassen des Bedeutungsgehalts 96
Erinnerungslücken 18
Erste Informationen 38
Erwartungstabelle 63
Evaluation 148
explanativer bzw. explikativer Ansatz 54
Exploration 41,77
Extrempositionen 75

Fachkompetenz 148
— des Beraters 151
fading 117
freie Assoziation 15
Fremdsteuerung 131
fully functioning person 22
funktionale Diagnostik 35

Generalisierung 125
Gewissen 35
Gleichberechtigung von Erziehern und Kindern 92
Grundrate 116
Grundwahrscheinlichkeit 69,70
Güte der Diagnose 52

Handlungsanweisungen für den Berater 81
historische Entwicklung 14,19
Hypothesenbildung 38,73
Hysterie 14

Ignorierung 121
Indikation, differentielle 148
Informationen
— kognitive Bearbeitung der 51
— Verzerrung der 52
— Bewertung der 52
— veränderungsrelevante 76
Informationsangebot 52
Informationserhebung 42,70,73
— Planung der 39
— Durchführung der 39
— problemorientierte 43
Informationsgewinnung 73
Informationsmenge 52
Informationsquelle, Nützlichkeit der 73

Informationsverarbeitung 38,73
Inkongruenz 23
innerer Bezugsrahmen 20,22,23,96, 97,148
Integration 79,80,81
Integration von Behandlungselementen 149
Intervallpläne 116
Interventionselemente 78ff,84,147, 151
Interventionsstrategie, theoriegeleitete und empirisch geprüfte 80
intrapersonelle Klärung 84,136

kathartische Methode 15
Klassifikation 67
klassische Testtheorie 47
Klienten-Erfahrungsbögen 46
klientenorientierte Beratung 68
klinisches Gespräch 41
klinische Urteilsbildung 55
— Strategien bei der 56
kognitive Ansätze 80,115
kognitive Aspekte 125
kognitive Gesichtspunkte 114,124, 126
kognitive Strukturierung 125
Kombinationen 81
Kompetenz 39,77
— des Beraters 77
Kompetenzwissen 35
Komplexität 147
Konditionieren
— klassisches 110
— instrumentelles 110
Konditionierungslernen 110
Konfliktdynamik 15
Konfliktregelung, niederlage-lose 104
Konfrontation 140
Kongruenz 23,85
Kongruenz zwischen Selbst und Erfahrung 22
Konkretheit 99
Konsolidierung 131
Kontrasteffekt 51
Kriteriumsvalidität 63

Lernen am Modell 111,118,124,133
Lernkomponenten 82
— kognitive, aktionale und emotionale 82
Löschung 120,121

Menschenbild 14,15,21,26
Moderatorvariablen 84

Modifikationsstrategien 151
Münzverstärkersystem 125
multiple Regression 66

New-Haven-Untersuchung 50
nicht-direkte Beratung 19
normative Betrachtungsweise 54
normativer Ansatz 62,66

Omnipotenzvorstellungen 147
operantes (instrumentelles) Verhalten 110
operantes Konditionieren 26
Organisationslaboratorien 138

partnerzentriertes Zuhören 95
Persönlichkeitsbeschreibung 48
Persönlichkeitsmodell 26
Persönlichkeitstheorie 14,15
physiologische Meßwerte 42
Pläne
— fixierte 116
— variable 117
Plazierung 67
positive Verstärkung 114
Prediktorvariablen 63
primacy-effect 52
Privilegienentzug 122
Problemdefinition 109,138,142,150
Problemorientierung 78,80
prompts 117
Protokollanalysen 65
Prozeßerforschung 54,64,70
Prozeßmodell 36,40,147
psychoanalytische Grundregel 16
Psychodiagnostik 30
psychodiagnostische Testverfahren 40

Qualität der Beziehung 85
Quasi-Schutzraum 138
Quotenpläne 116

Reaktionsgeneralisation 127
Reflexion 128,135,137
Regelbefolgung 113
Regellernen 112,133
Regelsteuerung 113
Regressionsgerade 59
Regressionskoeffizient 60
Regressionsrechnung 58
— einfache lineare 59
— multiple lineare 60
Repräsentativität der Daten 66
Respondentes Verhalten 110
response cost 122
Richtigkeit der Diagnose, subjektive Einschätzung der 53

rule-governed-behavior 112

Schätzskalen 87,90
Schule
 — beratender Tätigkeit 74
 — therapeutischer Tätigkeit 74
Schule der Beratungstätigkeit 146, 147
Schulorientierung 78
Schul- und Leistungsprobleme 84
Selbst 20,21
 — Reorganisation des 20
Selbstbeobachtung 129
Selbstbewertung 129
Selbstentfaltung 16
Selbsterfahrung, problemorientierte 77,134,137,138
Selbsterfahrungspraxis, Kontinuum der 134
Selbstgespräche 129
Selbstinstruktion 129,134
Selbstkommunikation 132,133
Selbstkontrolltechniken 128
Selbstkonzept 21
Selbstreflektion 91
 — prozesse 108
Selbstverstärkung 131,132
Selbstverwirklichung, Tendenz zur 21
Selektion 67
Selektionsrate 69,70
Sender 93,94
 — Unterbrechen des 98
Sequenz klientenzentrierter Beratung 24
Shaping 117
shrinkage-theorie 52
Situationsmanipulation 132, 150
sozialer Ausschluß 122
soziale Klasse 50
soziales Feld 148
soziale Wahrnehmung 50
Speicher 35
spekulative Betrachtungsweise 54
Spielregeln 138
S-R-K-Modell 112

Taylor-Russel-Tafeln 69,70
Testprofil 61
Test-Validierungs- und Interpretationssystem 71
T-Gruppen 138
time-out 122
T-O-T-E-Modell 32
trait and factor Ansatz 13,14

Transparenz des Entscheidungsverhaltens 70

Übertragung 17
Überweisung 44
unbedingte positive Zuwendung 20,23
Urteilsverhalten 66

Veränderungsprozeß 81,84
Veränderungsstrategien 152
Verbalisierung emotionaler Erlebnisinhalte 23
Vergewisserungsfragen 98
Vergleichswissen 35
Verhalten
 — respondentes 110
 — operantes 110
Verhaltensanalyse 130
Verhaltensaspekt 78
Verhaltensbeobachtung 42,77,127
Verhaltensdrill 82,91
Verhaltensformel 41
Verhaltensformung 117
Verhaltenshilfe 117,119
Verhaltensinventare 41
Verhaltensregeln 113,116,118,125
 — Erarbeitung von 126
 — Vermittlung von 126
Verhaltensweisen, unerwünschte 84
Verletzungsregel 127
Vermeidungsverhalten 118
Verstärker
 — materielle 114
 — soziale 114,125
 — Aktivitäts- 115
Verstärkerentzug 122,123
Verstärkung
 — kontinuierliche 116
 — intermittierende 116,117
 — negative 118
Verzerrung der Realität 22
Video-feed-back 140,141

Wahrnehmung, Selektion der 52
Wahrscheinlichkeitsaussagen 72
Widerstand 18
Wiederholungen, echohafte 97
Wirkung des Klienten 136

Zielalternativen 36
Zielbestimmung 39,45,46
Zieldefinition 139,147,150f
Ziele 10,14,22,27,31,36,46,74,75,109,138
Zielkonflikt 139
Zielumsetzung 139,142

Klinische Psychologie

F. J. Mönks / A. M. P. Knoers
Entwicklungspsychologie
Eine Einführung
Unter Mitarbeit von F. J. van der Staay
1976. 192 Seiten. Leinen. DM 29,80. ISBN 3-17-002766-2

Walter Toman
Tiefenpsychologie
Zur Motivation des Menschen, ihrer Entwicklung, ihren
Störungen und ihren Beeinflussungsmöglichkeiten
Basisbuch. 1978. 272 Seiten. Kart. DM 36,—
ISBN 3-17-001626-1

Rainer Lutz
Das verhaltensdiagnostische Interview
1978. DM 10,—. Urban-Taschenbücher. Bd. 262
ISBN 3-17-004414-1

M. Reiss / P. Fiedler / R. Krause / D. Zimmer
Verhaltenstherapie in der Praxis
Ausgewählte Behandlungsbeispiele
1976. 192 Seiten. Kart. DM 22,—. ISBN 3-17-002390-X

Irmela Florin unter Mitarbeit von Gunther Haag
Entspannung — Desensibilisierung
Leitfaden für die Praxis
1978. DM 8,—. Urban-Taschenbücher. Bd. 293
ISBN 3-17-004915-1
Ziel des Buches ist es, mit dem therapeutischen Vorgehen
bei der Anwendung von Desensibilisierungsverfahren
vertraut zu machen. Möglichkeiten der muskulären
Entspannung und der systematischen Desensibilisierung
werden erörtert sowie unterschiedliche Möglichkeiten der
Gruppendesensibilisierung detailliert beschrieben und
diskutiert.

Verlag W. Kohlhammer
Stuttgart · Berlin · Köln · Mainz

Reihe Verhaltensmodifikation: Diagnostik - Beratung - Therapie

Stefan Schmidtchen

Handeln in der Kinderpsychotherapie

1978. Ca. 240 Seiten. Kart. ca. DM 28,–. ISBN 3-17-004872-4

In diesem Buch wird anhand einer allgemeinen Handlungstheorie das Therapeuten- und Klientenverhalten in der Kinderpsychotherapie analysiert. Danach diskutiert der Autor die Konzepte der Verhaltensanalyse, der Störungsbewertung der Ziel- und der Modifikationsplanung sowie der Kontrolle. Als Ergebnis dieser Diskussion werden bisherige Handlungskonzepte zum Teil neu definiert.
Im dritten Teil steht die Spieltherapiemethode mit Versuchen der Operationalisierung der Handlungsschritte im Zentrum der Betrachtung. Es wird geklärt, welche Techniken eingesetzt und wie sie gezielt eingesetzt werden und welche Klientenverhaltensprozesse Erfolgsindikatoren sind.

Alexa Franke

Klienten-zentrierte Gruppenpsychotherapie

152 Seiten. Kart. DM 22,–. ISBN 3-17-004891-0

Das vorliegende Buch bietet einen umfassenden Überblick über Entwicklung und derzeitigen Stand der Klientenzentrierten Gruppenpsychotherapie. Unterschiede zwischen Klienten-zentrierter Gruppenpsychotherapie, anderen gruppentherapeutischen Konzepten und Selbsterfahrungs-/Encountergruppen werden aufgezeigt. Besonderer Wert wird auf die kritische Darstellung der theoretischen und praktischen Implikation gelegt, die sich aus der parallelen Verwendung der Konzepte „Klienten-zentriert" und „Gruppe" ergeben. Es folgt eine ausführliche Zusammenfassung der wichtigsten Forschungsarbeiten auf diesem Gebiet. Abschließend stellt die Autorin empirische Arbeiten zur Überprüfung der Effektivität der Klienten-zentrierten Gruppenpsychotherapie vor.

Verlag W. Kohlhammer
Stuttgart · Berlin · Köln · Mainz